Sibylle Knauss:
Charlotte Corday

Roman

Deutscher
Taschenbuch
Verlag

dtv

Von Sibylle Knauss
ist im Deutschen Taschenbuch Verlag erschienen:
Ach Elise oder Lieben ist ein einsames Geschäft (11136)

Ungekürzte Ausgabe
Oktober 1995
Deutscher Taschenbuch Verlag GmbH & Co. KG,
München

ISBN 3-455-03863-8
Umschlaggestaltung: Dieter Brumshagen unter
Verwendung eines Gemäldes von Paul Baudry
(Musée des Beaux Arts, Nantes)
Satz: Utesch Satztechnik GmbH, Hamburg
Druck und Bindung: C. H. Beck'sche Buchdruckerei,
Nördlingen
Printed in Germany · ISBN 3-423-12077-0

Das Buch

Eigentlich heißt sie Marie. Aber Charlotte paßt besser für eine Mörderin, findet sie. Marie Anne Charlotte Corday. Am 9. Juli 1793 war sie, die vierundzwanzigjährige Tochter eines verarmten Landadeligen aus der Normandie, allein in eine Postkutsche nach Paris gestiegen. Wenige Tage später hat sie Jean Paul Marat getötet. Ihre Schönheit hat sie genutzt, um sich Zutritt zu ihm zu verschaffen. Sie glaubt, einen Bürgerkrieg zu verhindern, indem sie Marat ersticht: keine Kanonen, kein Massensterben; nur ein Küchenmesser unter dem Brusttuch verborgen und die Waffen einer Frau. »Sibylle Knauss erzählt von den letzten Stunden der Mörderin ohne Dramatik, fern aller bunten Historienmalerei. Ihr Buch ist still, sensibel, nuanciert; Gefühle sind wichtiger als Aktionen«, schreibt Eckart Kleßmann in der ›Frankfurter Allgemeinen Zeitung‹.

Die Autorin

Sibylle Knauss wurde am 5. Juli 1944 in Unna geboren und studierte Germanistik, Anglistik und Theologie in München und Heidelberg. Sie lebt heute in der Nähe von Saarbrücken. Weitere Romane der Autorin sind ›Ach Elise oder Lieben ist ein einsames Geschäft‹ (1981), ›Das Herrenzimmer‹ (1983), ›Erlkönigs Tochter‹ (1985) und ›Ungebetene Gäste oder Das Leben beginnt mit einem Versehen‹ (1991).

Wenn ich ein Mann wäre, hätte ich gelernt, wie man tötet. Wer sagt das?
Sie ist nicht richtig zu sehen. Es ist zu dunkel. Die Augen gewöhnen sich langsam. Die weiße Haube. Das Brusttuch. Der Schimmer eines Gesichts. Ein Umriß, von wo die Worte herkommen. Sprich, damit ich dich sehe.
Eigentlich heißt sie Marie. Aber Charlotte paßt besser für eine Mörderin, findet sie. Marie Anne Charlotte Corday (früher Corday d'Armont).
Also Charlotte Corday.
Das Licht kommt von der Seite, schräg von oben, von einem vergitterten Fenster. Es kommt von links. Rechts neben ihr das nie ausgeleuchtete Dunkel einer Gefängniszelle, das sich in die Ecken verkriecht und gegen Abend zum Sprung ansetzt, um den ganzen Raum einzunehmen. Sie auf der Grenze. Ihr Nasenrücken die Linie zwischen Schatten und Licht.
Sie sitzen sich gegenüber, nah genug, weit genug, so nah, so weit weg wie möglich. Zwischen ihnen die kurze Länge einer Tischplatte, auf der sein Skizzen-

blatt liegt. Manchmal beugt er sich darüber, setzt den Stift an, blickt auf, hält ihn wie einen Zauberstab ihr entgegen, der das Dunkel vertreiben kann, mißt ihren Ernst und ihr Lächeln, ihren Stolz, ihre Todesangst und setzt noch einmal den Stift an. Sprich, damit ich dich sehe.

Er hatte schon im Gerichtssaal angefangen, ihr Bild zu zeichnen. Es ging dort alles so schnell. Sie war so bald schon verurteilt. Er war noch nicht fertig. Er hatte ein paar Versuche abgebrochen. Dann stand sie in diesem wunderbaren Gegenlicht da, als einer der Richter sie fragte, ob sie noch etwas zu sagen habe, und sie verneinte und der Präsident das Todesurteil verlas. In diesem Augenblick sah er das Bild von ihr vor sich, das er machen wollte. Er warf schnell ein paar Striche auf das Blatt, da brachte man sie schon fort. Zwischen den beiden Gardisten, die nach ihr griffen, drehte sie sich nach ihm um. Nein, er irrte sich nicht. Der kurze Blick im Wegdrehen über die Schulter, dem er so oft schon gefolgt war. Er konnte sich gar nicht irren. Sie hatte ihn gemeint. Folge mir. Du kannst mir folgen. So ging er hinter ihr her. (Und es war also richtig gewesen, was er schon bei der Verhandlung deutlich gespürt hatte: Sie wandte sich ihm zu. Bei der Vernehmung der Zeugen, denen sie gleichgültig zuhörte, hielt sie ihm ihr Gesicht hin, sah ihn an, ist es recht so? Und er gab den Versuch auf, sie im Profil zu skizzieren. Er brauchte sie ganz, beide Augen, so wie sie ihn ansah. Er schob das Blatt weg, an dem er gearbeitet hattte, und begann wieder von neuem.)

Johann Jakob Hauer, aus der Gegend von Mainz stammend, fühlte sich oft als Deutscher. Obwohl er längst schon Franzose war und Jean Jacques hieß, überfiel ihn sein Deutschsein manchmal mit einer Heftigkeit, daß ihm heiß davon wurde. Er kam sich schwerfällig, bärenhaft vor, ein Gefühl, das ihn derartig lähmte, daß er tatsächlich bärenhaft wurde, langsam und linkisch. Es war am schlimmsten bei Frauen und in dem Augenblick, wenn er den Mund aufmachte und wußte: Sein Akzent verriet ihn.
Etwas von diesem Lähmungsgift war auch jetzt in ihm wirksam. Etwas von der peinlichen Hitze, die er gefühlt hatte, wenn er über Treppen und Hinterhöfe, um Ecken herum den Pariserinnen gefolgt war, nicht wissend, wo das hinführen sollte, nicht wissend, was zu tun war. Und wie so oft dachte er: Ich kann doch tun, was ich will. Ich brauche niemanden zu fragen. Er war nämlich stellvertretender Kommandant der Nationalgarden, Sektion Théâtre-Français. Er hatte Befugnis. Die Wachen ließen ihn durch, und vor der Tür ihrer Zelle befahl er den beiden Gardisten, die sie geführt hatten, abzutreten.
Möchten Sie lieber allein sein, fragte er sie (und da war er, sein deutscher Akzent).
Nein, durchaus nicht. Sie bat ihn herein. Er solle das Bild fertigmachen. Sie habe gesehen, daß er zeichne. Nur solle er sich beeilen, die Zeit nutzen, die noch blieb. Er wisse so gut wie jeder, daß man sie noch vor Abend hinrichten werde. Sie wolle ein Bild von sich haben, wünsche, daß er es mache, daß er eine Kopie an

ihre Familie sende, wenn sie nicht mehr da sei. Sie sagte: Zeichnen Sie, zeichnen Sie, aber so setzten Sie sich doch, Sie können beginnen.
Sie habe schon ein Gesuch an den Sicherheitsausschuß gerichtet und um die Erlaubnis gebeten, ein Porträt machen zu lassen, ja, sie habe sogar an das Entsetzen erinnert, das Bilder großer Verbrecher im Volke erregen, wodurch sie abschreckend wirken – man habe nicht reagiert, nicht einmal auf ihre Bitte, die sie noch angefügt habe, alleine schlafen zu dürfen, ohne daß einer der Wächter die ganze Nacht in der Zelle bleibe, was sie doch sehr bedränge.
Kann er nicht vor der Tür auf mich aufpassen? Glaubt man, ich gehe durch die Wände?
Aber so zeichnen Sie doch, sagte sie. Oder ist es zu dunkel? Sehen Sie überhaupt etwas? Brauchen Sie Licht? Wir werden die Concierge rufen, daß sie ein Licht bringt.
Nein, kein Licht. Es war gut so. Nur das Fenster links oben, das auf den Hof hinaus führte. Es genügte. Er sah sie. Er würde sie sehen. Er mußte abwarten, bis er sich an das Dunkel gewöhnt hatte. Zuerst ein Umriß, die Brauen, die überraschende Dunkelheit in ihrem Haar. Und dann am Ende die Augen, die ganz weit offenen Pupillen, die alles Sichtbare einließen, alles, was man sie noch sehen ließ.
(Die Hinrichtung begann ein paar Stunden später mit einer entsetzlichen Blendung: Aus dem Dunkel der Zelle, in der man sie gefangenhielt, führte man sie ans Licht. Im Hof der Conciergerie schlug ihr mit all den

Flüchen und Beschimpfungen, die die Menge bereithielt, ein Orkan an hochsommerlicher Helligkeit entgegen. Es war der 17. Juli 1793. Sie schwankte. Man hielt sie fest.)
Sprich, damit ich dich sehe. Ihre Stimme hat, anders als die Gestalt, die er nur ahnt, nichts Vages, nichts Unbestimmtes. Eine Stimme, die feststellt. Ist es nicht so? Es ist so! Eine Stimme, die jetzt schon losgelöst von dem Körper ist, dem sie gehört. So wie er sie bald hören würde, sein Leben lang, immer wieder, manchmal täglich, dann seltener, oft vergessen und plötzlich wieder da:
Wenn ich ein Mann wäre, hätte ich gelernt, wie man tötet.
Wie meinen Sie das, Mademoiselle?
Ich meine, wie die Soldaten. Haben Sie's nicht gelernt?
Doch, das hatte er. Mit dem Säbel, mit der Schußwaffe und mit dem Bajonett.
Sehen Sie. Das war's, was sie meinte.
Immer war ihr das seltsam erschienen, fremd und entsetzlich, das Waffenhandwerk der Männer. Ihre klirrenden, schönen, schweren Übungen im Grausamsein, mit soviel Aufwand betrieben, mit soviel Ernst und Geschicklichkeit. Allein wie sie davon sprachen, machte sie zu ganz anderen, abgetrennt von der Welt ihrer Familien und Frauen, die ihnen nicht einmal zusehen konnten und nur aus den Gesprächen und den Aufbrüchen zu Pferde ihr Bild gewannen von der hellblitzenden Größe und Eleganz und Schrecklichkeit dessen, was ohne sie stattfand.

Wie war es möglich zu lernen, was man vergessen muß? Denn so schien es ihr immer, daß das Lernen der Männer für den Krieg ein Vergessen war, die Handhabung der Waffen nur ein Spiel, das beherrscht wird, wenn man vergißt, was man tut. Den Schmerz vergessen, den Schmerz beim Eintritt der Klinge in das Fleisch, so grell und blendend, daß selbst der Täter einen Moment lang Opfer ist und nur im Schwung der Bewegung handeln kann, blind wie ein Pfeil, der fliegt. Nicht nur den Schmerz, den er zufügt, auch den eigenen vergessen. Aus vielen Wunden schon bluten und nichts fühlen und weiterkämpfen. Später erst den zerhauenen Körper daliegen sehen und denken: Das ist ja mein eigener.

Wie war das möglich? Sie hatte sich das oft gefragt. Jean Jacques Hauer war sprachlos. Er unterbrach seine Arbeit. Eine Zeitlang sah er wie sein eigenes Modell aus. Wie er auf einem Selbstporträt aussehen würde, wenn es eins von ihm gäbe. Mit dem Stift in der Hand, der gebannt auf halber Strecke zwischen Kopf und Bild verharrt, Mittler von Schein und Wirklichkeit, von Verborgenem und Sichtbargewordenem, das das Verborgene aufnimmt und wieder in sich verhüllt. Auf halbem Weg zwischen Worten, die auch Bilder sind, und einem Bild, das auch spricht.

So saß er unbeweglich, hörte ihr zu und dachte an den Augenblick, der erst eine Stunde zurücklag, an diesen einen Augenblick im Verlauf der Verhandlung, in dem sie schwankte und schwach war. Alles hatte sie zugegeben. Keinen Zweifel gelassen an ihrer Absicht zu

töten. Keinen Zweifel daran, daß sie sie ausgeführt hatte und daß sie es nicht bereute.
Aber als man ihr vorhielt, mit welcher Sicherheit sie das Messer geführt habe, indem sie von oben zustieß und scharf vorbei an den Rippen, ohne das Brustbein zu streifen, die Hauptschlagader durchtrennte, und als der Kläger sagte: Sie hatten wohl gut geübt – sah man an ihr das schwache Kopfschütteln der Verzweiflung.
Er hält mich für eine Mörderin, sagte sie leise.
Sie war nämlich eine Soldatin.
Jean Jacques Hauer begriff jetzt, daß sie eine Soldatin war. Sie war im Krieg. Sie tötete und ließ sich töten. Ihr Regiment war sie selber. Ihr Kommandant war ihr Wille. Es war ihr Krieg, den sie führte. Und sie hatte gewonnen. Daß der Tod ihr so nah war, wie er für alle Soldaten nah ist – er ist nie weiter weg als bis zum nächsten Gefecht –, das bedeutete gar nichts. Denn sie war siegreich. Vor Jean Jacques Hauer saß eine siegreiche Armee.
Und er entschloß sich, in Öl zu malen. Den Skizzenblock schob er von sich und griff den Rahmen mit Leinwand, den er an eine Wand gelehnt hatte, als er hereinkam, nicht wissend, ob er ihn brauchen würde, beinah etwas verschämt und hastig, als wäre es ihm peinlich, daß er so voll ausgerüstet zu ihr kam, beinah wie jemand, der fürchtet, im Übereifer ertappt zu werden, der ihn lächerlich macht. Eine Angst, die verwandt war mit seiner Angst, als Deutscher aufzufallen.
Er war nämlich eigentlich schüchtern.
Aber sie achtete gar nicht auf das, was Jean Jacques

Hauer tat. In ihrer Gleichgültigkeit lag etwas von Vertrauen, das ihn rührte, Vertrauen in ihn als Maler. Er würde wissen, was er zu tun hatte. Sie ließ ihn einfach gewähren. Und es war gerade die Art von Vertrauen, die Jean Jacques Hauer so brauchte, um sich gut zu fühlen. Es erzeugte in ihm die Wärme der Selbstachtung und Sicherheit, die ihm sonst fehlte.

War er ein guter Maler? Er brauchte nur die Gelegenheit, es zu beweisen. Und er fühlte auf einmal, daß sie da war. Sie saß vor ihm. Sie hatte sich ihm geboten. Angeboten hatte sie sich. In ihrer lächelnden, stillen, siegreichen Selbstverständlichkeit war sie da. So wie auf einmal die Liebe da ist, wenn man sie gar nicht gesucht hat.

Wie hatte er sich bemüht. Keine Triumphzüge, keine Aufmärsche auf dem Marsfeld. Auch keine heftigen Szenen aus dem Konvent. Keine Schlachtenbilder. Er wußte, daß er kein David war. Aber er war ein Historienmaler. Manchmal, wenn ein flüchtiger Anhauch von Selbstbewußtsein ihn streifte, fühlte er, daß er es war. Einige Seiten aus dem geheimen Bilderbuch der Revolution würden einmal von ihm sein. Ein paar bewegende Szenen.

Denn er hatte noch kürzlich zwei Bilder aus dem Temple gemalt. Innenansichten der sterbenden Monarchie. Die zukünftige Witwe Louis Capets wirft die Arme hoch, denen der König sich gerade entrissen hat. Alle erstarren im Schmerz dieses endgültigen Abschieds. Madame Royale und der kleine Louis Capet und Madame Elisabeth, die Schwester, sie alle bilden eine Gruppe der

lebhaftesten Verzweiflung, ihre Augen kreisrund vor Untröstlichkeit. Es ist der 20. Januar 1793. Am nächsten Tag hat man den König geköpft.
Natürlich war Jean Jacques Hauer nicht dabeigewesen. Natürlich saß ihm die Prominenz der Revolution nicht Modell. Auch nicht die Prominenten unter den Opfern. Er stellte sich alles im Kopf vor. Es war ein Bild, im Kopf von Jean Jacques Hauer entstanden. Vielleicht auch in seinem Herzen. In seinem Kopf war er nämlich ein Republikaner. Der König wurde beseitigt, weil niemand mehr Könige brauchte. Und zum Beweis seiner revolutionären Gesinnung brachte Hauer noch einen Wächter der Revolution ins Bild, einen Kommissar der Kommune. In seinem Herzen war aber unversehens ein Bildnis großen Leidens entstanden. Diese Szene, die zeigte, daß auch der König nur Mensch war, schwach, besiegt und zerrissen und geliebt von den Seinen, zeigte ihn eben als Menschen, eine im Kopf Jean Jacques Hauers nicht bedachte Nebenwirkung, derer er sich geschämt hätte, wäre sie ihm bewußt gewesen. Er hatte ganz unfreiwillig etwas von sich offenbart, was er lieber verborgen hätte, eine einfache, starke, warme Menschlichkeit, ein Stück von einem Herzen.
Und so hatte er denn auch keine Bedenken, ein Bild zu malen, das neue Leiden der Trennung in der Familie Capet darstellte. Am 3. Juli nahm man der Mutter den Sohn weg. Der kleine Louis Capet wurde dem Schuster Simon übergeben. An der sichersten Stelle im Turm des Temple wurde er untergebracht. Man sprach

davon, daß die Mutter eine Stunde gekämpft habe, bevor sie die Gardisten an sein Bett ließ. So etwas muß man sich vorstellen, Marie Antoinette, wie sie mit der Stadtwache kämpft. Nein. Es war nämlich verboten, sich das vorzustellen. Nicht durch Konventsbeschluß, sondern durch Übereinkunft. Wie ja die strengsten Verbote, die nicht das Handeln betreffen, sondern das Denken, auch nicht das Denken, sondern die Phantasie, durch Übereinkünfte wirken. Die letzte Freiheit ist Freiheit der Phantasie, die sich vorstellt, was geschehen kann. Oder was wirklich geschehen ist. Das ist verboten. Nur Unbelehrbare tun das.
In diesem Sinne war Hauer unbelehrbar. In der Dummheit seines Herzens verbarg sich ein harter Kern von Unbelehrbarkeit, die ihm nie in den Kopf stieg. Wie diese Bürgerin sich aufführt, sagte Hauer, wenn er von der Witwe Capet sprach. Und dann legte er sie wie einen Balken des Schmerzes über das Bild, das er malte, quer von einer Seite zur anderen. Vorn zog man den Dauphin weg, und er zog seine Mutter, die nicht von ihm ließ, über den Tisch mit sich fort. In ihrem furchtbaren Jammer sprengte sie alle Anstandsregeln des theatralischen Ausdrucks, indem sie sich auf den Tisch legte, bäuchlings und ohne Beherrschung. Hielt sie nun ihren Sohn oder hielt sie den Fortschritt zurück?
Beides, sagte Hauer, denn die Monarchie hemmt den Fortschritt. Aber er hatte schon wieder ein Zuviel an Leid abgebildet. Wieder war zuviel dem Mitleid des Betrachters anheimgestellt. In ihrer Horizontale war

die Königin ganz ohne Anstand und Würde, freigegeben für Spötter, aber war sie nicht auch eine gestrauchelte Schmerzensmutter, gestürzt und liegengelassen, herausgefallen aus allen Regeln der Schicklichkeit und der Bildkomposition?
Das Bild war schlecht. Jean Jacques Hauer wußte es selber. Wenn man ihn nur einmal ließe, hatte er oft gedacht, wenn er nur einmal wie andere an die Modelle herankäme, die Gesichter der Revolution. Tot sind sie immer am besten abzubilden. Tot halten sie lange still. Als man Le Peletier aufgebahrt hatte, war es David, der ihn malte. Und wer saß an der Bahre von Marat? Er natürlich. Er würde noch von dem jämmerlichsten Kadaver etwas wie ein Heiligenbild machen. Kunststück. Wenn die Revolution ihm Modell saß, ob tot oder lebendig. Davon konnte Hauer nur träumen.
In diesem Traum war er aufgewacht und sah, daß er sich erfüllte. Er öffnete seine Augen und hatte sie endlich vor sich, seine Gelegenheit, sein Modell, seine Chance. War er ihr nicht gefolgt, wie man der Geliebten im Traum folgt? Gezogen von der Verlockung, deren Erfüllung vorausgefühlt wird, weil sie nah ist? Sie kann nicht ausbleiben. Sie hat schon immer gewartet mit der Geduld der Geheimnisse, die sich auf einmal enthüllen.
Mochte David den Toten malen. Er malte die Lebendige. Die noch Lebende malte er, die noch nicht Tote. Und sie sprach zu ihm. Ihm offenbarte sie alles, was es zu offenbaren gab. Was hatte sie denn gestanden vor dem Gericht, das sie verurteilt hatte?

Ja, hatte sie gesagt, ja, ich habe ihn getötet. Und als man ihr das Messer zeigte: Ich kenne es, ja, ich kenne es.
War das alles? Die Richter und das Publikum schienen enttäuscht. Unbefriedigt. Wie? Das konnte doch nicht alles sein! Ein Geständnis enthüllt nichts, wenn es nicht widerstrebend gemacht wird. Etwas benommen verließen sie den Gerichtssaal. Ja, sagte jeder von ihnen, wenn er gefragt wurde, seltsam abwesend, ja, man hat sie verurteilt.
Nur Jean Jacques Hauer blieb ihr noch auf der Spur. Das Geheimnis, das sie in ihrem Geständnis verborgen hatte – ihm würde es zuteil werden. Zu ihm sprach sie. Ihm wandte sie ihr Gesicht zu.
Fangen Sie an, sagte sie jetzt, wir haben nicht mehr viel Zeit. Er mußte seine Skizze auf die Leinwand übertragen. Und er war schon dabei. Jeder Versuch wurde besser als der vorangegangene. Er arbeitete schnell. Mit einer Leichtigkeit arbeitete er, die er nicht an sich kannte. In der äußersten Anstrengung erfuhr er plötzlich die Freiheit von allem Angestrengtsein. Es war die Freiheit des Tanzes, mit der der Stift seine Linien beschrieb, eine Freiheit, die aus der strengsten Befolgung aller Gebote der Kunst erwuchs, die er auf einmal beherrschte.
Ja, selbst der Zeitdruck entmutigte ihn nicht wie sonst, er beflügelte ihn, indem er ihn von den Mühen zu großer Sorgfalt befreite. Denn er gehörte zu denen, die vor dem Anspruch der Aufgaben, die sie sich stellen, in die Gründlichkeit flüchten, die ein Verweilen im

Unfertigen, Nichtausgeführten erlaubt. Das war nicht möglich. So überließ er sich ganz der im Takt seiner Arbeit verrinnenden Zeit. Und während er mit der flüchtigen Treffsicherheit, die ihn an sich selbst überraschte, schnell die Züge skizzierte, aus denen sie ihn ansah, lauschte er auf die Stimme, die er nie wieder vergessen würde, die eigentümliche, beinah geschlechtslose Stimme eines Kindes, das feststellt:
Wenn ich ein Mann wäre, hätte ich gelernt, wie man tötet...

Als ich ein Kind war, sagte sie, schlug ich mich wie andere Kinder. Die Wut machte mich kühn und gefährlich. Ich war gefürchtet. Doch dann lernte ich mich zu schämen. Wie war ich häßlich. Wie war ich verabscheuungswürdig.
Schließlich war ich ein Mädchen. Eine Tochter war ich, ein Kind aus guter Familie. Papa war ein Gentilhomme.
Ein Edelmann und ein Bauer. Papa war beides.
Diese bittere Mischung, die aus Adel und Armut entsteht, das war die tägliche Speise, mit der sie groß wurde.
Gerstenbrei, gesüßt mit Honig, dann und wann ein Kaninchen, das Papa in den Wäldern schoß, die seinem Vater gehörten und seinem älteren Bruder gehören würden, aber nicht ihm, niemals ihm. Nicht einmal Le Ronceray, wo er mit seiner Familie lebte, war Papas Eigentum. Er konnte es nicht bezahlen. Jahr für Jahr fehlten ihm die fünfhundert Livres, die er der

Vorbesitzerin als Rente schuldete. Er brachte sie nicht zusammen. Jahr für Jahr das Gewicht einer wachsenden Grundschuld.
Dreieinhalb Hektar, mit Apfelbäumen bestanden, und ein Bauernhaus. Sie nannten es ein »Logis«. Zwei Kühe, ein Schwein und Hühner, ein paar Bienenkörbe und Cidre, Fässer voll Cidre. Das einzige, was es auf Le Ronceray im Überfluß gab, das war Cidre. Papa schnitt selber die Bäume im Frühjahr, nahm im Sommer die Sense, mähte das Gras, er mistete sogar den Stall aus, er, ein Corday d'Armont.
Er tat es nicht nur aus Not. Er tat es aus Trotz. Er tat es unter den Augen seines älteren Bruders, der im Schloß Glatigny wohnte und die dazugehörigen Ländereien bewirtschaften ließ, wie es sich für einen Landedelmann gehörte. Er tat es aus Wut auf das Erbrecht, das für einen nachgeborenen d'Armont nichts als Le Ronceray oder das Untertauchen im Militärstand vorsah. Er hatte Le Ronceray vorgezogen. Er war ein Einzelkämpfer. Und so kämpfte er mit dem Pflug, mit der Sense und mit der Feder.
Ja, er schrieb. Er ließ es nicht dabei bewenden, daß er so herausfordernd und das Unrecht, das an ihm geschehen war, zur Schau stellend Bauer war, er griff zur Feder, und so entstand eine Denkschrift mit dem Titel: »L'Egalité de Partages oder Supplement zum System der Gleichheit«.
Er wußte, wovon er sprach. Was Ungleichheit ist, wußte er. Nicht die Armen wissen es, die ganz Rechtlosen. Nicht die, die wirklich entbehren. Aber die Bei-

nah-Besitzenden kennen den Unterschied zwischen Nichtreichsein und Reichsein. Sie kennen den Schmerz der Entbehrung. Niemand weiß mehr um den Wert durch Geburt erworbener Rechte als nachgeborene Söhne. Und so glaubte d'Armont, daß es ums menschliche Glück allein deshalb so schlecht bestellt sei, weil man nicht einfach gleich teile.

Niemand las ihn. Seine Einsichten eines Zukurzgekommenen verhallten ganz ungehört. Immer, wenn er daraus vorlas, hatten es alle so eilig, seine Brüder und Freunde hatten dringend zu tun und verabschiedeten sich: Ein anderes Mal, Jacques François, bitte entschuldige mich jetzt. Und wenn er sich wie aus Träumen aufwachend plötzlich umsah – sein Manuskript in den Händen zitterte vor Erregung, die ihn beim Lesen befiel –, schien er die dunkleren, leeren Winkel des Raums abzusuchen, in die kein Licht mehr vom Feuer im Kamin drang: Wer ist da?, sagte er, und da saß sie, Marie.

Dann herrschte er sie an: Warum gehst du nicht spielen? Und sie drückte sich langsam an den Wänden entlang, bis sie die Tür erreicht hatte.

Gleichheit. Gerechtigkeit. Freiheit. Das Gehörte erschien ihr unverständlich und wunderbar wie in der Kirche. Und wie in der Kirche war es unmöglich zu fragen, was es bedeutet. Sie benutzte die Worte, die sie gehört hatte, einfach als leere Gefäße, in die sie einen Inhalt sammelte, jede mögliche Bedeutung. Später, als dann auf einmal alles von ihnen widerhallte, wußte sie längst, was gemeint war.

Ich war Revolutionärin lange vor der Revolution, sagte sie zu Jean Jacques Hauer. Ich war die erste Anhängerin von Papas Religion. Und ich wußte auch bald schon, welches sein gelobtes Land war.
Das war Amerika. Papa ertrug die Beschränktheit seines Lebens auf Le Ronceray, weil er von Amerika träumte. Hinter dem Ozean im Westen gab es ein Land der Freiheit, der Gleichheit und Gerechtigkeit. Ein Land, das niemandem gehörte außer den Wilden, die nichts damit anfangen konnten. Ein Land, in dem das Erbrecht außer Kraft war. Wo jedermann in Besitz nahm, was er brauchte. Davon träumte er. In Concorde, Massachusetts für die Freiheit zu kämpfen, für die Freiheit von allem, was versklavt und erniedrigt, nur untertan Gott, dem Schöpfer.
Aber auch später bei Yorktown war Papa nicht dabeigewesen. George Washington, Rochambeau und La Fayette vor den Zelten, als die geschlagene britische Armee an ihnen vorbeizog. Die Militärmusik spielte: The world turned upside ... Da begrub er gerade auf dieser Seite des Ozeans seine Frau. Er war ein Witwer mit vier unmündigen Kindern. Der Traum vom Kampf um die Freiheit war ausgeträumt. Die Geschichte fand ohne ihn statt.
Was Papa nicht wußte: Marie träumte für ihn weiter. Seit langem hatte sie mitgeträumt.
Einmal war sie am Meer. Da stand sie lange am Strand und hielt Ausschau nach den Schiffen, die zu den Küsten der Freiheit aufbrachen. Und als sie endlich am Horizont etwas wahrnahm, als sie die grauweißen

Segel ihrer Begeisterung sah und ausrief: Das fährt nach Boston oder nach Philadelphia – sagte ihr Bruder Alexis: Das ist ein Fischerboot, das fährt zurück nach Cabourg.
Aber trotzdem. Trotzdem sah sie manchmal am Himmel die weißen Wolkenschiffe der Freiheit über das Land treiben. Von Westen, immer von Westen. Zuerst kamen Strände, dann nichts mehr, dann kam die Küste der Freiheit. Zwischen Frankreich und den Vereinigten Staaten gab es nichts als das Meer, das die Segelboote befahren.
Büffeljagden und lange Ritte auf der Prärie, an denen sie als Mann teilnahm in ihren Träumen, ohne Sattel reitend, ohne Zügel und Zaumzeug – das war Amerika, Papas heimliche Heimat. Dieser Heißhunger auf Büffelfleisch, der ihr blieb und nie mit dem Kaninchenbraten gestillt werden konnte, den es auf Le Ronceray gab. Dieser Traum von der fast unendlichen Weite irgendwo hinter den Hügeln des Pays d'Auge. Dieser kräftige, derbe Geruch nach Pferdeschweiß, Leder, Heu und Wagenschmiere, der wieder in der Luft lag und die Parfumwolken in den Salons überdeckte, seit der Bote Amerikas da war: Benjamin Franklin, der Mann ohne Perücke. Mit seinem Knotenstock und den Gehröcken aus Wollstoff war er nach Frankreich gekommen und erschien so bei Hofe, indem er sich nicht verneigte, sondern nur mit dem Kopf nickte, auf dem er nichts als sein kurzes, schütteres Haupthaar trug, das ihm in dünnen Strähnen über den Kragen fiel.

Aber, sagte Papa, aber er hat ein Gerät, den Blitz abzuleiten, erfunden. Das stelle man sich vor!
In Le Ronceray war mehrmals der Blitz eingeschlagen. Während sich die Gesellschaft flüsternd, wie es der Brauch war, über Hofklatsch unterhielt, entwarf der Gast seine Pläne, die nutzbringend und einfach waren wie die Erfindung des Blitzableiters.
Es wirkt, sagte Papa, ich habe gehört, es soll nützen.
Und er beschloß, nie wieder Perücke zu tragen.
Anfangs fand ich es schrecklich, sagte sie. Papa sah aus wie ein Bauer.
Er war ein Bauer. Aber mußte er so aussehen?
Keine gerollten Locken mehr. Kein Zopf im Nacken, der seinen Rundschädel streckte und, sofern er nicht echt war, den Unterschied demonstrierte, der zwischen Herr und Knecht besteht. Nein, es war ihr nicht recht.
Die rosa schimmernde Kopfhaut unter den weißen Haaren hatte sie manchmal geniert wie ein Stück Nacktheit, das man nicht sehen können darf, nicht bei einem Vater. Jahre später noch sollte sie plötzlich erschrecken, wenn er den Hut abnahm. Ein Windstoß fuhr durch die leichten, seidigen Greisenhaare und legte dieses Stück Schutzlosigkeit für ihren Blick frei. Die Flecken auf seiner Weste, Spuren der äußerlichen Verwahrlosung, die manchmal aussahen, als wenn sie von innen her kämen, von lauter verborgenen Wunden, aus denen seine Körpersäfte still und unheilbar nach außen drangen, als wäre ihm nicht zu helfen.
Ihm war nicht zu helfen. Die Wut, die ihn besetzt hielt,

zwang ihn, am Schreibtisch zu sitzen und das Papier vollzuschreiben. Man durfte nicht zu ihm hineingehen. Aber man konnte ihn hören. Das spitze, schmerzhafte Kratzen des Gänsekiels auf den Blättern konnte man hören. Marie stand hinter der Tür, preßte ihr Ohr an das Holz und lauschte auf das unermüdliche kleine Zerstörungswerk, das er betrieb. Als wenn er immer dieselbe empfindliche Stelle zerkratzte, unterbrochen von kurzen, unregelmäßigen Pausen der Verzweiflung und Wut.

Nein, er konnte nicht einhalten. Er schrieb und schrieb. Und so trat er noch einmal mit einer Schrift hervor: »L'Idée de Procès«.

Sein Problem war ein grundlegender Irrtum: die Ineinssetzung von privaten und öffentlichen Belangen. So fand sich die Idee, von der die Rede war, in seinem Leben verkörpert in Gestalt des Prozesses, den er führte. Auch diesmal ging es um die Wiedererlangung von Rechten, die man ihm vorenthielt. Um das Vermögen seiner Frau ging es. Man wollte wieder nicht teilen.

Ihre Familie hatte ihm bei der Hochzeit zehntausend Livres versprochen und eine jährliche Rente von fünfhundert. Aber die Gauthiers waren nicht reicher als die Cordays. Ausgaben für eine Tochter, der es doch offenbar gutging, da sie ein Kind nach dem anderen zur Welt brachte, schienen nicht so sehr dringlich. Und so säumten sie Jahr für Jahr, während Papas Entrüstung in eine Feindschaft umschlug, die von Jahr zu Jahr wuchs.

Zu der Summe des Geldes, das man ihm schuldete, addierte er nämlich alles, was das Leben ihm schuldig blieb, und der Betrag schien gewaltig. Alles, was er unternommen hatte, war irgendwo im Sumpf des Geldmangels steckengeblieben, aus dem er nicht herauskam und in dem er mit jeder Anstrengung, die er machte, noch etwas tiefer versank.

Die Militärkarriere beim Regiment de la Fère, in dem schon viele Cordays gedient hatten, brach er ab. Das heißt, sie kam an ihr Ende, als er Lieutenant war und ihm das Geld fehlte, die Kompanie zu bezahlen, die gekauft werden mußte. So kam er wieder nach Hause, zurück nach Cauvigny, ins Logis der Cordays, ein überzähliger Sohn seiner Eltern, die acht lebende Kinder hatten, vier Töchter zu verheiraten, vier Söhne zu versorgen, davon nur einen standesgemäß – und das war nicht Jacques François. Das konnte nur der Älteste sein.

So nahm er eine Frau: Charlotte Marie Gauthier des Authieux aus Mesnival, das kaum eine Meile von Cauvigny entfernt liegt.

Sie hatten schon als Kinder gewußt, daß sie heiraten würden. Keiner von beiden konnte sich jemals an eine Zeit erinnern, in der sie es noch nicht wußten. Die Ehe, die sie schlossen, war schon mit ihnen geboren. So schien es später den Kindern, die sie hatten. So schien es jetzt noch Marie. So scheint es immer.

Und immer ist es das erste Unglück, das trifft, der große Schrecken der Kindheit: die Zerstörung des Märchens von der Verwandtschaft der Eltern.

Sind sie gar nicht eins? Gar nicht untrennbar und von Anbeginn an verbunden?
Sind sie nicht vielmehr uneins? Einander Fremde?
Sind wir überhaupt ihre Kinder?
Der Alptraum von der Zufälligkeit wird geträumt, mit der wir da sind, vielleicht am Wegrand gefunden, mitgenommen, belogen. Niemals werden wir wissen, wer wir wirklich sind. Unsere wirklichen Eltern sind für immer verloren, und wir für sie. Mit weitgeöffneten Augen liegen wir abends im Bett und stellen uns vor, wie sie irgendwo nach uns suchen.
Ja, es hatte Streit gegeben. Mit seiner offenen Feindschaft gegen die Gauthiers hatte Papa übertrieben. Mit dem Prozeß, den er anstrengte, zerriß er Mama das Herz. Keine Besuche mehr in Mesnival. Papa diktierte die Briefe, die sie noch an ihre Eltern schreiben durfte: Habe die Ehre zu sein Eure gehorsame Dienerin Gauthier d'Armont.
Dann saß sie am Tisch und weinte, als sich ein Wunder begab. Marie hatte es gesehen.
Es war ein Wunder von der Art, für die Kapellen gebaut werden, Wallfahrten unternommen, es war ein Tränenwunder, ein Herzmarienwunder, Mama wurde zum Gnadenbild, und Marie war dabei.
Charlotte Gauthier d'Armont hatte nämlich nur ein Auge. Das heißt, nur eins, das sehen konnte. Ihr anderes Auge war blind, leblos, erstarrt, ein Rest nur von einem Auge, bei einem Unfall zerstört, der in ihrer Kindheit geschehen war, etwas, wovon man nie sprach. Es war fast ganz bedeckt von einem Lid, das

herabhing, als habe sie dieses Auge niedergeschlagen, verschlossen vor allem, was es zu sehen gab. Als könne sie mit diesem Auge nur in sich hineinsehen.
Und es weinte jetzt. Mit dem lebendigen Auge gemeinsam vergoß es Tränen, die unter seinem Lid hervordrangen und die Wange hinabliefen, wie mancherorts in den Kirchen Märtyrer bluten und wie die steinernen Statuen wirkliche Tränen vergießen. Es tropfte sacht auf den Tisch.
Aber das Wunder, das vor seinen Augen geschehen war, zwang Papa nicht in die Knie. Er bemerkte es gar nicht. Von dem Quell der Vergebung, der Eintracht und der Liebe war er schon zu weit entfernt.
Er kämpfte weiter, unbeirrt seiner Feindschaft gegen die Gauthiers hingegeben, zäh, kompromißlos, befeuert von der hell lodernden Flamme seiner Gewißheit, im Recht zu sein, die alles andere verzehrte, was an Begabung und Kräften in ihm angelegt war. Er vernachlässigte die Bewirtschaftung von Le Ronceray. Er entschloß sich, seinen Wohnsitz nach Caen zu verlegen, um sich ganz und gar der Prozeßführung widmen zu können, nachdem die Richter in Exmes einen Spruch gefällt hatten, der ihn nicht befriedigen konnte, und die Sache in zweiter Instanz vor das Gericht in Caen kam.
Es war das Ende der Kindheit auf dem Lande. Marie war zehn. Man zog in die Stadt um. Le Ronceray wurde verpachtet und ein noch kleineres Haus im Faubourg St. Gilles gemietet.
Er tue es nur für sie, sagte er manchmal, für seine Frau

und die Kinder. Es waren vier, die noch lebten: Alexis, Marie Charlotte, Eléonore und Charles. Die Last, Familie zu haben, bedrückte Jacques François schwer. Mit jedem Kind, das geboren wurde, wuchs sein Zorn auf das Schicksal, das ihn selber als nachgeborenen Sohn traf. Die Liebe zu seinen Kindern schlug immer wieder in Selbstmitleid um. Und das Selbstmitleid entlud sich in dem Kampf, den er kämpfte. Alles in ihm schien gestorben, seine Güte, sein Witz, seine Fürsorglichkeit, sein Arbeitsfleiß, nein, all das lebte noch in ihm, aber es war in Dienst gestellt, ging restlos auf in dem einen Ziel, seinen Prozeß zu gewinnen. In diesem Klima der Wehrhaftigkeit und des Kampfes, in diesem eisigen Zugwind aus immer derselben Richtung geriet nur eines zur Blüte, seine Beredsamkeit. Er lebte mit seiner Feder. Vor Tag saß er schon am Schreibtisch, unruhig, randvoll mit Ideen. Nichts durfte auf sich beruhen, solange er nicht sein Ziel erreicht hatte. Das war die Aufgabe, die ihm gestellt war: nichts auf sich beruhen zu lassen. So entstand Denkschrift um Denkschrift, teils zur Verbesserung der Welt, teils zur Verwendung vor den Gerichten verfaßt. Ja, beides war ihm längst eins geworden. Es ging nicht nur um die Rente, die seiner Frau zustand, nein, um das Recht als solches, um die Gerechtigkeit selber. Er kämpfte für Reformen, für Gleichheit und für Freiheit. Er war verloren.

Und so wich das Glück von ihm, das sich an seiner Seite gehalten hatte, solange es möglich schien. Das einäugige Glück.

Mit dem geschlossenen Auge hatte Mama schon immer in eine andere Richtung geblickt, ins Unsichtbare, nach innen, wo sie mit sich allein war. Und als sie ihren Mann verließ auf diesem einzigen Wege, auf dem es möglich war, nahm sie nur das letzte Kind mit, das sie bekam: in den Tod.
Das Haus im Faubourg St. Gilles war nicht groß genug, daß im Verborgenen, Stillen geschehen konnte, was ihr geschah. Der Lärm des Todes drang bis in alle Winkel. Schmerzensschreie und Schritte auf der Treppe, ein Hin und Her wie an Tagen schwerer Arbeiten, bei denen Kinder nur stören, und dann das schreckliche, unüberhörbare Klopfen an der Haustür, als der Pfarrer kam. Sie saßen alle im Dunkeln, und mit weit offenen Augen, Eléonore an Marie Charlotte geschmiegt und Charles an Alexis erfuhren sie die Belehrung, die den Tod und die Sünde betrifft, das Leben, das Fleisch und die Liebe. (Nur eine sehr robuste Geschlechtlichkeit übersteht solche Lektionen.) Dann horchten sie in die Stille, die entstanden war, hielten, noch immer umarmt, den unerträglichen Ansturm von Entsetzen und Hoffnung aus, als man sie endlich holte. Und sie umstanden das Bett, auf dem die Mutter lag, und sahen, daß das Auge ihres Lebens so fest geschlossen war wie das Auge des Todes. Es würde sich nie mehr öffnen.
So war sie auf und davon und hatte ihre vier Kinder, die vier lebenden, bei Jacques François gelassen. Ja, Papa war verloren. Und er war schuldig. Auf eine bestimmte, nicht zu erklärende Art war er am Tod von

Mama schuld gewesen. Und er schien es zu wissen. Marie kam es manchmal so vor, als habe er sie verlassen und Mama sei geblieben. Ihre Gegenwart, obwohl verwandelt, war spürbar. Aber wo war Papa?
Wo er immer gewesen war: Er saß am Schreibtisch und schrieb. Man durfte nicht mit ihm sprechen. Man durfte ihn nicht berühren. Er verstand nichts. Er schrieb. Er führte seinen Prozeß fort, obwohl sein eigentlicher, der eine große Prozeß, den er gegen das Leben führte, jetzt entschieden war: Papa war der Verlierer. Aber er gab nicht auf. Unentwegt schrieb er weiter. Eine Denkschrift zur Steuergesetzgebung war im Entstehen. Darin vertrat er den Standpunkt von der Gesundung der wirtschaftlichen Strukturen durch Anhebung der Steuern. Je mehr wir Steuern bezahlen, desto reicher sind wir. Dagegen war nichts zu sagen.
Und er entwickelte daraus seine Vision einer Prosperität, an der er teilhaben würde: Wer hohe Steuern bezahlen muß, der will teuer verkaufen. Und wer teuer verkaufen will, der baut, soviel es geht, an. Also hat jedermann Arbeit. Also hat jedermann Geld, von dem er hohe Steuern bezahlen wird, so daß die Sache in Gang bleibt. Er wollte ein Exemplar seiner Schrift an den Minister Necker schicken.
Sie weiß nicht, ob er's getan hat.
Er war nach Cauvigny gezogen mit seinen Kindern. Er kam wieder einmal zurück in das Haus seiner Eltern. Nach diesem neuen Verlust, dem furchtbarsten seines Lebens, kehrte er wieder zurück an den Ort seiner alten Niederlagen, an den Ort seines Ursprungs. Die

Bewirtschaftung der dreieinhalb Hektar nahm Jacques François wieder auf. Sie half ihm, so gut sie konnte. Sie war dreizehn Jahre alt und seine älteste Tochter.

Marie Corday d'Armont.
Marie d'Armont war Charlotte Corday geworden. Sie hatte noch ihre Züge. In dem Gesicht der Frau, die Jean Jacques Hauer Modell saß, mußte man sie noch erkennen.
Ein Bauernmädchen. Ein kleines Landedelfräulein, ein Halbwaisenkind, nicht ausreichend geliebt, die etwas überforderte Nachfolgerin ihrer Mutter. Denn das war sie. Das sind sie, die ältesten Töchter früh verlassener Witwer. Eine Liebe, mit der sie nichts anfangen können, eine Zuwendung, die ängstigt, wird ihnen zuteil. Wer darf den Witwer begleiten? Wer auf dem Platz sitzen, auf dem die Mutter sonst saß? Die älteste Tochter. Du gleichst ihr, sagt er versonnen, du gleichst ihr mehr als die anderen, früher fiel mir das nicht auf...
Irgendwann fühlt sie die Kette oder ein Tuch auf den Schultern, das sie wie ein Gewicht drückt, und sie springt auf, sieht im Spiegel die beinah Auferstandene, nein, ich will das nicht, ruft sie, indem sie sich an den Hals greift. Perlen rollen am Boden, eine Kaskade, ein Sturzbach unbegriffener Trauer. War es so?
Möglicherweise ist es so ähnlich gewesen.
Nein, sie war nicht ihre Mutter. Sie war ganz anders. So wollte sie nicht sterben. Und sie wußte schon früh, daß sie dann auch nicht so leben durfte. Sie wollte etwas erreichen.

Nie habe ich mein Leben höher geschätzt als den Nutzen, den es bringen kann, sagte sie zu Jean Jacques Hauer.
Er sah sie an, wie ihr Vater sie manchmal angesehen hatte, überrascht, nichts begreifend. Dann wandte er sich wieder seiner Leinwand zu, die er in schattigem Graugelb grundiert hatte. Und er versuchte die weicheren, noch nicht endgültigen Züge Marie d'Armonts festzuhalten.
Räderrasseln und Stimmen. Schritte im Gang und auf dem Hof. Türen fielen ins Schloß. Wer rief? Eine Frage, Befehle. Arbeitsgeräusche. Ein dumpfes Hämmern, das von weither kam. Glockensignale. Die Zeit.
Die Zeit hatte ihr gleichmäßiges Vorbeirauschen aufgegeben. Sie ballte sich irgendwo in ihrem Zentrum zusammen. Von dorther sandte sie Stöße wie wilde Sturmböen aus, die mit den hellen Geräuschen des Sommmernachmittags an den Zellenwänden verebbten, den dicken Mauern der Capetinger, die immer schon geschützt und abgewehrt hatten, die Bedrohung von außen und die Gefangenen im Innern, die den gefährlichen Traum vom Freisein geträumt hatten.
Am Ende fanden sich alle in der unwirklichen Stille wieder, die sie einschloß. Sie hörten den Lärm des Lebens, wie er heranbrandete und vor den Wänden zurückwich, und fühlten mit dem Entsetzen, das sie um den Verstand brachte, sich selber als die Mitte aller Bewegung, das stille Auge des Sturmes.
Die Gefangene war müde. Sie hätte Schlaf gebraucht. Hauer konnte es sehen.

Sie sind müde, sagte er. Sie hatte nicht mehr geschlafen, seit sie es getan hatte. Seit drei Tagen hatte sie nicht mehr geschlafen. Ein endgültiges Wachsein war ihr auferlegt.
Sie hatte vorher geschlafen. Im voraus war sie müde gewesen. Im Schlaf hatte sie sich auf ihre Tat vorbereitet. In der Kutsche, in der sie nach Paris fuhr, und im Hotel de la Providence, wo sie abstieg – wie hatte sie geschlafen. Schlafend hatte sie sich nach dem Gesetz der Träume, in denen alles erlaubt ist, in den Besitz eines Messers gebracht. Schlafwandlerisch versteckte sie es an der Brust. Sie schlief und träumte. Paris war eine Traumstadt. Sie war nie dort gewesen. Sie kannte es nur aus Träumen.
Aber jetzt war sie wach. Alle Träume ihres Lebens waren zu Ende geträumt. Rue des Cordeliers 30 war sie aufgewacht, abends am 13. Juli. Seither war sie nicht mehr eingeschlafen. Ja, sie war müde. Sie glaubte, daß ein Gewitter kommen werde. Hörte man nicht in der Ferne etwas wie Donnergrollen? Wollte der Himmel Blitze zu ihrer Hinrichtung schicken?
Es hat noch Zeit, sagte Hauer.
Ich habe Zeit, sagte sie. Aber Sie haben keine. Ich habe nichts mehr zu tun. Es liegt jetzt alles bei Ihnen.
Und er täuschte sich nicht: Sie war zufrieden. Sie hatte alles getan. Sie war von der Arbeit ermüdet, von einer erschöpfenden Arbeit. Dabei stand ihr noch das Letzte bevor: ein großer Auftritt, der Tod. Und das Mitleid, das Hauer fühlte, galt dieser Anstrengung, galt der Erschöpften und Müden.

Fürchten Sie sich vor Gewitter? sagte sie.
Wie bitte? Nein.
Aber sie fürchtete sich. Immer schon hatte sie sich vor Gewittern gefürchtet, vor der Heimtücke, mit der sie auf Cauvigny und Le Ronceray niedergingen, als kennten sie ihre Ziele.
Hoffentlich kommt kein Gewitter, wenn wir zur Place de la Révolution fahren, sagte sie. Werden Sie mich begleiten?
Und er verbeugte sich etwas, als habe sie eine Einladung ausgesprochen, durch die er sich geehrt fühlen müsse – oder beugte er sich nur tiefer über die Leinwand, damit sie nicht sein Gesicht sah? – Nein, Mademoiselle, sagte er, ich muß das Bild fertig machen, und dachte: Es wird noch naß sein. Wenn sie schon nicht mehr am Leben ist, wird es noch naß sein. Als läge darin das Schreckliche ihres Todes, das Grausame, das man ihr antat. Seine Mittäterschaft lag darin auf seltsame, unklare Weise beschlossen. Und als er wieder aufblickte, sah er die kleine Enttäuschung deutlich in ihrem Gesicht. Sie hatte begriffen.
Werden Sie eine Kopie an meinen Vater schicken? sagte sie, er wird bestimmt gut bezahlen. Und sie nannte ihm die Adresse in Argentan, Rue du Beigle. Ich habe ihm auch geschrieben, sagte sie, er wird es ja doch erfahren, wenn es in den Zeitungen steht. Ich habe ihn nämlich belogen. Er denkt, ich gehe nach England. Er denkt, daß ich emigriere.
Wußten Sie, daß ich dem Droschkenkutscher, der mich zur Rue des Cordeliers fuhr, gesagt habe, er solle war-

ten? Ich wollte hinterher fliehen. Ich wollte wirklich nach England. Ich dachte wirklich, vielleicht, daß es möglich sein würde: sofort hinaus und die Treppe hinunter, über den Hof, auf die Straße und in die Kutsche, dem Kutscher zurufen, fahren Sie, fahren Sie – es war natürlich unmöglich. Sie wissen ja, was geschehen ist. Es war nur wegen Papa.
Wie konnte sie ihm die Wahrheit sagen? Nur indem sie der Lüge, die sie dazu benutzte, nachträglich eine Chance gab, sich in Wahrheit zu verwandeln. Geschah das nicht, so war gewissermaßen nicht sie daran schuld. Sie hatte getan, was sie konnte. Es war ein altes Spiel, das sie mit sich und Papa und niemand anderem als Gott spielte, der die Ereignisse lenkte und letzten Endes entschied, was Wahrheit und was Lüge war. Er hätte ihr einen Fluchtweg freihalten können. Er hatte das nicht getan. »Adieu, mein lieber Papa, der Himmel verwehrt uns das Glück, zusammen zu leben, wie er uns auch anderes verwehrt hat.«
Wie konntest du mich belügen, würde Papa gesagt haben. Und das hieß immer: Wie konntest du mich enttäuschen? Denn das Dilemma der Lüge, in das Papa sie verstrickt hatte, war ein Dilemma der Liebe. Es war das alte Dilemma, ihn nicht enttäuschen zu wollen, indem sie war, wie sie war. Die Wahrheit, die sie selber war, mußte sie vor ihm verbergen.
»Ami de la vérité« nannte er sich. So unterschrieb er die Briefe, die er an seine Prozeßgegner schickte, Briefe voller Beteuerungen, Schwüre und letztgültiger Klarstellungen. Ami de la vérité. Aber es war eine

Wahrheit, die nur ihn selber zum Freund hatte und sonst niemand. Mit der er ganz allein war.
Ein Freund der Wahrheit ist kein Freund kleiner Mädchen, die alles tun, daß man sie liebhat. Ein Freund der Wahrheit mag keine erfundenen Geschichten, in denen Kinder so mutig sind, wie sie gern wären. Ein Freund der Wahrheit als Vater liebt eher Eléonore als Marie. So muß Marie ein bißchen anders sein, als Marie ist. Ein Freund der Wahrheit mag gern, daß man ihn belügt. Anders läßt er sich nicht lieben.
Du enttäuschst mich – wie hatte sie sich gefürchtet, das zu hören, worin soviel Kränkung mitschwang. Und so verriet sie ihm nie etwas über sich selber.
Der Tag, an dem sie die Kette bekam, die er Mama zur Hochzeit geschenkt hatte. Du enttäuschst mich, rief er, und sie kniete am Boden, rutschte den rollenden Perlen nach, die in den Spalten der Dielenbretter verschwanden. Es tut mir leid, sagte sie, es tut mir leid, Papa, bitte verzeih mir …
»Verzeihen Sie, mein lieber Papa«, hat sie ihm geschrieben, »daß ich ohne Ihre Erlaubnis über mein Leben verfügt habe …«
Sie hat ihm alles erklärt. Die Wahrheit. Diesmal die Wahrheit ohne Beimengung von Lüge, wie sie die Liebe gebietet.
»Wenn ich versucht habe, Sie davon zu überzeugen, daß ich nach England gehe, geschah es, weil ich gehofft hatte, das Inkognito wahren zu können. Aber ich mußte erfahren, daß es nicht möglich war …«
Kein Inkognito mehr. Er muß sie sehen, wie sie ist.

Jetzt kann sie sich ihm zuliebe nicht mehr ändern. Nein, kein Inkognito mehr. Er wird von der Mörderin lesen und seine Tochter erkennen. Der Brief, den er bekommen wird, ist schon von einer Toten: »Adieu, mein lieber Papa, ich bitte Sie, mich zu vergessen.«
Und dann, ein letztes Mal, hat die Hoffnung sie überwältigt, er könne verstehen: »Vielmehr freuen Sie sich«, hat sie geschrieben. Papa, es gibt Grund, sich zu freuen ...
Wenn sie ihm alles erklären könnte. Wenn er begriffe. Wenn er ein einziges Mal statt: Du enttäuschst mich, sagen würde: Ich habe mich getäuscht.
Hatte sie noch mehr tun können, um ihn soweit zu bringen?
Und Jean Jacques Hauer verstand jetzt, was seine Aufgabe war. Es war nicht einfach: Ein Bildnis für ihren Vater.
Eins, das ihm seine Tochter so zeigte, wie sie war. Wie sie jetzt war. Der Brief war kurz und mißlungen. Alles kam auf sein Bild an.
Ich werde eine Kopie machen, sagte er. Sie wird gut. Ganz bestimmt.
Wohin war er geraten? Wichtigkeit wuchs ihm zu. Er war einer der ersten, die eine neue Schule begründeten, für die die Zeit gerade reif war. Die Malerei der Tröstungen war im Entstehen. Die zukünftigen Toten riefen nicht mehr nach dem Priester, sie brauchten keinen Arzt mehr, keinen Notar, sei brauchten nur einen Maler. In dieser kurzen Spanne zwischen Nochsein und Nichtmehrsein, in diesen wenigen

Stunden gab es nur eins, das von Wichtigkeit war – gemalt zu werden. Der einzig mögliche, der einzig denkbare Abschied.
Und während sie noch einmal, ein letztes Mal, ein Bild abgaben, das sie mit wachsendem Schrecken entstehen sahen, in dem sie das Vermächtnis ihres einzigen Besitzes weitergaben: sich selber, erfuhren sie die Verwandlung, die sich vollzog, ihre eigene Verwandlung ins Bildnis, die gefürchtete letzte Rückkehr in die Materie, die endgültig ist, das Herz, die Seele, das Leben geronnen zu einem fremden, seltsamen Farbenspiel, das sie schon nicht mehr erkannten, wenn man es ihnen zeigen wollte. Wer ist das, sagten sie, ich?
Und mit der Anzahl der Toten, die er wachsen sah, sah Hauer auch die Anzahl der Porträts wachsen. Immer mehr Tote riefen nach immer mehr Malern. Immer mehr Hinterbliebene verlangten den Trost der Bilder. Söhne, Brüder und Väter, Ehegatten verabschiedeten sich und kehrten en miniature zurück, eingeschlossen in kleine Medaillons einer schließlich versiegenden Trauer.
Ja, mit den Generalen, den Gardisten, Konventsmitgliedern, Richtern und Scharfrichtern waren es jetzt auch die Maler, die Konjunktur hatten. Und er war einer von ihnen. Die Malerei kam ohne ihn aus. Aber die Kunst der Tröstungen war etwas für Jean Jacques Hauer.
Die schwüle Hitze, die an dem Tag auf Paris lag, drang nicht bis in die Gefängniszellen. Trotzdem spürte man etwas davon als Beengung des Atems, als das Gefühl,

im geschlossenen Raum zu ersticken. An solchen Tagen ist das Gebrüll der Gefangenen lauter, als es gewöhnlich ist. Sie trommeln gegen die Türen, ziehen sich am Fensterkreuz hoch. Die Luft stand still. Es gab keine Zirkulation mehr. Nur der Lichtstrahl, der vom Fenster in den Raum fiel, hatte sich weiterbewegt. Er traf jetzt Hauers Palette.

Und er mischte den Farbton, den er brauchte, etwas Gelb, etwas Ocker, etwas Helligkeit, etwas Licht von der Sonne, aufgeblitzt und erloschen, wie er es auf ihrem Haar gesehen hatte, ein kleines Wärmegewitter.

Auf einmal trat das Gefürchtete ein. Er sah das Tier, wie es lauschte. Im Aufruhr seiner Sinne sah er es, aufgerichtet, gespannt, wie es in dem Moment ist, auf den es ankommt, in dem Moment der Bewährung, wenn es ums Leben geht. Wenn es am Ende soweit ist.

Die Schritte, die sie gehört hatte, kamen näher. Dazu Stimmen und die Geräusche des Schlüssels. Dann trat Madame Richard in den Raum, die Concierge.

Ich bringe den Priester, sagte sie und machte Platz, um den Abbé einzulassen.

Guten Tag, Abbé. Kennen Sie Monsieur Hauer? Monsieur Hauer. Abbé Lothringer.

Hauer zog sich zurück. Auf das Gebiet seiner Arbeit zog er sich höflich zurück. So schien es ihm taktvoll. Gespräche der Seele mit Gott? Er wollte nicht stören. Es war ja alles sehr dringlich. So brauchte er etwas länger, um zu begreifen, was dem Abbé widerfuhr.

Abbé, wir sind beschäftigt, hörte er. Es war sehr freundlich von Ihnen, sich zu bemühen. Aber die Zeit, die mir bleibt, möchte ich mit Monsieur Hauer verbringen, Sie verstehen.
Der Abbé verstand gar nichts. Aber die Seele. Und Gott. Hauer beugte sich tief über die Leinwand. Dann war es eine Art Wechsel von der Tonart der Priesterlichkeit in die der Förmlichkeit, was Hauer nicht überhörte. Eine größere Entfernung, ein Abstandnehmen war deutlich, etwas wie: Fahr doch zur Hölle, was der Abbé bestimmt nicht gesagt hatte.
Wenn Sie mich noch brauchen sollten, sagte er eben, dann lassen Sie mich rufen. Ich werde mich bereithalten. Meine Pflicht. Ihr freier Wille. Sündenlast. Ewigkeit. Ende.
So fand sich Hauer nach kurzer Zeit wieder allein mit seinem Bild und der nicht losgesprochenen Mörderin, die sein Modell war.
Er war erleichtert. Als wenn sich noch einmal alles zum Guten gewendet hätte, fühlte sich Hauer erleichtert und nahm wieder seinen Platz ein. Als wäre es jetzt erwiesen, daß niemand anderes als er ihr Retter sein könne. Als sei der Auftritt des Priesters und sein Verschwinden ein Zeichen dafür, daß ihr nichts passieren könne, solange er, Hauer, da war. Die lange Übung des Lebens, das ohne Pause vom Tod bedroht wird, festigt die alte Gewohnheit, jeden Aufschub für Rettung zu halten.
Als Madame Richard zurückkam, hatte sie denselben Ausdruck einer törichten Erleichterung im Gesicht.

Möchten Sie jetzt etwas essen?
Nein, nur etwas trinken.
Aber Sie müssen sich stärken, sagte sie zu der Gefangenen.
Ich fühle mich stark genug. Vielleicht möchte Monsieur Hauer...
Nein danke, nicht bei der Arbeit. Madame Richard verschwand.
Seine Arbeit. Die Bilder von Todgeweihten, Louis Capet und Familie mit hochgerissenen Armen, wildbewegt, schmerzverzerrt. Hilflos verzweifelte Totentänze. Etwas daran war verkehrt.
Mögen Sie keine Priester, fragte er, sind Sie nicht gläubig? Weil er sich taktlos vorkam, setzte er schnell hinzu: Der Abbé Lothringer ist natürlich vereidigt.
Nein, das ist es nicht, sagte sie, ich will gar keinen Priester, ob er auf die Verfassung geschworen hat oder nicht. Ich brauche keinen.
Sie dachte gar nicht daran, sich zu erklären. Die Zeit der Rechtfertigung war endgültig vorbei.
Warum erschrak Jean Jacques Hauer? Er glaubte an die Vernunft. An die Freiheit und Gerechtigkeit glaubte er, nicht an den Gott der Priester, den hergelaufenen Tröstergott, der sich tief bücken muß, um in die Stuben der sterbenden Bauern zu treten und ihnen größere Freuden in einer anderen Welt vorzugaukeln. Wer die Armut abschafft, schafft auch ihren Gott ab. Und damit auch seine Verkünder. So dachte Hauer. Das höchste Wesen bewohnt nicht Beichtstühle und Bauernstuben, sondern das Universum.

Warum also erschrak er? Hätte er sie etwa gern auf ihren Knien gesehen, sich segnen lassend, bekennend? Hungrig. Wonach? Nach Vergebung. Angewiesen auf etwas. Worauf? Auf Absolution. Loslösung von ihren Sünden: Sie war gelöst. Beinah von allem. Nicht erlösungsbedürftig. Absolut nicht.

Und Jean Jacques Hauers Erschrecken hatte etwas von dem Schauer, mit dem man eine Erscheinung sieht, einen Moment lang vernahm er das unhörbare Flügelrauschen, das kleine Wunder, von jähen tiefen Einsichten begleitet, ja, es schien ihm auf einmal, als sei in ihrem Prozeß das Wichtigste nicht zur Sprache gekommen, als habe man etwas vergessen. Aber was war das Wichtigste?

Wie sollte Hauer das wissen? Er forschte in dem Gesicht, das er vor sich hatte, als suche er eine Antwort auf die Frage, die er nicht kannte. Aber er sah nicht sie selbst an, sondern das Bild, das er machte, die halbfertige Skizze auf gelbgrauer Grundierung. Er wußte, daß etwas falsch war. Ist es wahr, daß Sie im Kloster waren, fragte er. (Er sprach jetzt mehr mit dem Bild.)

Alles ist wahr, was ich vor Gericht gesagt habe.

Wenn sie sich über ihn lustig machte, würde alles mißlingen. Vorsichtig zog er die Linie ihrer Brauen nach. Er glättete sie etwas. Leichte, freundliche Geradlinigkeit. Er vertrug keine Ironie.

Er stellte sich ihr Gesicht umrahmt von Ordenstracht vor. Und er sah: Es war möglich. Ja, es ging sogar gut. Sie war eine prächtige Nonne. Fast widerwillig umriß er die weiße Spitzenhaube, die sie statt dessen trug.

Der erste von den fünf Träumen

Es war ein Traum vom Aufwachen. Ein Traum vom Zuspätkommen war es: Sie hat zu lange geschlafen. Wenn sie sich nicht beeilt, wird der Wagen ohne sie abfahren.

Sie ist in Cauvigny. Aber das Haus hat kein Dach mehr, und die Gefahr kommt von oben. Sie muß die anderen wecken, Großeltern, Eltern, Geschwister: Es ist niemand mehr da.

Sie läuft durch die Räume im Dachgeschoß, über sich den freien Himmel drohenden Unheils, und sie begreift, daß sie abgereist sind, schon lange, man hat sie vergessen.

Jetzt fällt ihr wieder die Kutsche ein. Vielleicht kann sie sie noch erreichen. Aber es kommt ihr so schrecklich vor, daß niemand dasein wird bei der Zerstörung des Hauses.

Niemand? Es ist jemand da. Aber sie kann ihn nicht finden. Und sie hat eine große, drängende Pflicht: Sie muß die Kutsche erreichen.

Als sie hinunterkommt, trifft sie den Bruder. Nicht Charles, nicht Alexis, ein anderer. Und als er sich zu ihr umdreht, weiß sie auf einmal: Das Unheil ist schon gekommen. Sie hat die Rettung verschlafen. Sie rennt ins Freie. Sie flieht, den Verfolger im Rücken.

Bergauf den Weg schlimmer Träume, der ein Hohlweg ist, an beiden Seiten von hohen Erdwällen begrenzt. Flucht ist nur möglich nach vorne, und der Grund ist morastig, immer schwieriger wird es, die Füße vom Boden zu heben. Sie darf sich nicht umschauen. Sie muß die Straße erreichen, die über den Kamm der Hügel oberhalb von Cauvigny führt. Matsch haftet an ihren Schuhen, macht ihr die Füße schwer, und sie fühlt, daß die Kutsche lange schon abgefahren ist, niemand hat auf sie gewartet. Und im Aufwachen, während der Traum sich verflüchtigt, weiß sie noch, daß sie zu spät aufgewacht ist, hundert, zweihundert Jahre. Nichts ist mehr so, wie es war.

Manchmal sah Cauvigny aus, als ob es schlafe. Es träumte zwischen den Hügeln. Das Logis der Cordays liegt unterhalb der Straße, die von Trun nach Livarot führt und weiter nach Lisieux. Man erreicht es durch den Hohlweg, der auf dem Hügelkamm oben von der Straße abbiegt und scheinbar nirgendwohin führt, bis sich auf einmal der Blick über das Tal hin auftut, das weite Tal der Cordays mit Ulmen, Erlen und Weidenbäumen, das Tal der Felder und Wiesen, die von Hekken gesäumt sind, das Tal der fischreichen Monne, ein Garten, ein lieblicher Garten, von Anbeginn der Welt an für die Cordays reserviert, von Gott, dem Schöpfer, vor ihre Füße gelegt: Seid fruchtbar und mehret euch. Aber das galt für die Kühe und die Schafe und Apfelbäume, das galt nicht für die Cordays. So war die Sünde gekommen ins Tal der Monne, die Erbsünde der Familie: zu viele Kinder zu haben. Damit begann die Vertreibung aus dem Paradies des Landbesitzers. So wird die Sünde bestraft.
So waren sie nur noch Gäste, wenn sie nach Cauvigny kamen, Jacques François und seine Kinder. So war der

Augenblick, wenn sie aus dem Hohlweg heraustraten und das Haus sahen, wie es ahnungslos über das Tal hinweg träumte, ein Augenblick des Zögerns und der beginnenden Rücksichtnahme. Seid leise, Kinder, sagte Papa dann, als dürfe man das Haus nicht wecken. Schmal und hoch stand es da im strengen Schwarzweiß seines Fachwerks, so als ob es noch wachsen wolle, nicht in die Breite, nach oben. Dann flog plötzlich ein Laden auf oder die Haustür. Sie liefen. Jacques François rief: Bleibt stehen, Kinder, langsam. Sie waren schon auf der Schwelle und eben doch nach Hause gekommen, eben doch endlich zu Hause.

Aber sie konnten nicht bleiben. Großmütter sind keine Mütter. Und Töchter sind irgendwann auch keine Kinder mehr. Es war nur für einen Sommer.

Für den letzten, den Sommer der Sommer. Eine Jahreszeit lang war sie ungebändigt gewesen. Nicht Junge, nicht Mädchen, nicht Kind, nicht erwachsen, niemandes Tochter und Schwester. Ein Wald- und Wiesengeist war sie, in hohlen Baumstämmen, Ackerfurchen, in Hecken hat sie gewohnt. Käuzchen- und Kuckucksruf war ihre Sprache, das zarte Pfeifen der Feldmäuse, das hohe Bellen der Füchse. Ihre Fußsohlen glichen sich den Schründen des Bodens an. Kletterarme bekam sie, schwang sich in Baumwipfel, wiegte sich sanft in den Winden. Sie war niemandes Kind mehr, nur der Erde und Luft und des Wassers Kind, das mit den Bächen zu Tal floß.

Und nah am Herzen des Sommers, tief in den heimlichen Gründen, in die sie eindrang wie in eine Fremde,

empfing sie auch die Befehle zu den Spielen, die stattfinden mußten. Letzte, glühende Spiele der sich neigenden Kindheit, immer etwas zu weit gehend, immer etwas zu ekstatisch, in denen sie wie von selber Königin war. Die Kinder von Glatigny, von Le Renouard und die Häuslerkinder des Tales scharten sich um sie und warteten auf ihr Kommando. Denn sie war eins von den Mädchen, die ganz am Ende der Kindheit zu Königinnen berufen sind. Königinnen eines Sommers. Während die Jungen noch glauben, daß immer weitergespielt wird, wissen sie, daß es vorbei ist. Nie wieder werden sie Ritter sein, nie wieder mutig und stark, nie wieder wird es auf ihre Kühnheit ankommen. Und die Geste, mit der sie Kampf und Aufbruch befehlen, die stolze Geste der Herrschaft, hat schon etwas von dem Abschied, der bevorsteht, ist schon ein verzweifeltes Winken. Der nächste Sommer wird wie alle folgenden sein: ein fernes, schmerzliches Glühen.
Es war Anfang September, als sie auf einmal fühlte, wie das Kriegsglück sich wendete. Jenseits des Bachlaufs, an dem sie einen Trupp Späher entlangführte, all ihre Sinne geschärft in der ungeheuer belebenden Nähe des Gegners, tauchte die Silhouette eines Reiters auf, drohend, im Gegenlicht schwarz. Sie war beobachtet worden. Ihre Leute verflüchtigten sich. Die unsichtbare Standarte entsank ihren Händen. Der wahre Feind war erschienen.
Marie.
Papa.
Komm nach Hause, ich muß mit dir reden.

Sie kam ins Kloster. Es war eine große Ehre für sie und Eléonore und für die Familie. Sie sollten von der Abbaye-aux-Dames in Caen aufgenommen werden. Unentgeltlich. Zwei arme, aber wohlgeborene Mädchen, Stipendiatinnen des Ordens, ausgewählt unter den vielen mittellosen Landedelfräulein der Gegend. Papa war nicht ohne Beziehungen. Er hatte einmal etwas erreicht.
Wieder fuhr sie in den Hohlweg ihres zukünftigen Lebens. Diesmal ging es bergauf, und der Wagen blieb stecken. Es hatte nur noch geregnet, seit Papa sie am Bachufer aufgespürt hatte. Die Wagenräder versanken im tiefen Morast. Sie stiegen aus. Alle halfen. Man holte weitere Pferde von der Koppel und spannte sie ein. Es dauerte lange. Sie standen genau an der Stelle, wo Cauvigny in der ersten Wegbiegung aus dem Blick verschwindet.
Es blieb. Sie sah es dort liegen in seinem Schlaf auf dem Hügel, das einzige, was Bestand hatte, unveränderlich, verläßlich, gleichgültig ihrer Zukunft seinen Rücken zuwendend, wie es in zweihundert Jahren daliegen würde. Etwas zu klein für seine Bedeutung, Stammhaus der Cordays zu sein, etwas zu schmal. Und in der langen Bedrängnis dieses zerdehnten Abschieds, während Regen zu Tränen wurde und Tränen wieder zu Regen, eilte sie sich weit voraus in ihr Leben, kehrte wieder zurück und fand das Haus ganz verlassen, leer und verödet. Sie weinte über sich selbst. Und als sie wieder im Wagen saßen, der die Straße erreicht hatte, war sie schon sehr weit weg.

In der Pracht ihrer Mauern lag die Abbaye-aux-Dames auf ihrem Hügel über den Dächern von Caen. Krone des Faubourg St. Gilles.
Wenn eure Mutter das wüßte, sagte Papa. Er sagte es immer wieder während der Fahrt nach Caen. Es war alles, was er noch sagte. Als sie die Rue des Chanoines hinauffuhren, auf das Klosterportal zu, sagte er es noch einmal, fast geflüstert, kaum hörbar: Wenn eure Mutter das wüßte.
Ja, es war nämlich Mamas Welt, die sie betreten sollten. Es war der Ort ihrer Sehnsucht. Sie wäre gern Nonne gewesen. So wie Papa gerne Offizier wäre. Aber: Es war zu teuer. Die Mitgift für ein Kloster wie die Abbaye-aux-Dames war für die Gauthiers so unerschwinglich gewesen wie für die Cordays der Preis für eine Kompanie beim Regiment de la Fère. Sie waren Kinder des Mangels, die beiden Mädchen, die jetzt aus der Kutsche ausstiegen. Eigentlich war es die Armut, der sie ihr Leben verdankten. So gingen sie an Mamas Hand über die Schwelle des Klosters – unsichtbar, wie sie seit einem halben Jahr war. Papa kam hinterher.
Sie waren manchmal mit ihr in der Abteikirche gewesen. An hohen Festtagen. Sonst gingen sie in die Pfarrkirche St. Gilles.
Das Wunderbare war ein Vorhang. Mitten durch die Eglise de la Trinité ging der Vorhang, der das Profane vom Heiligen, das Diesseits vom Jenseits, die Welt vom Himmelreich trennte, die Auserwählten vom Volk, zu dem Marie und die anderen und leider Mama auch gehörten. Sie standen möglichst weit vorne, vor

sich das weinrote Meer des im Luftzug sich bauschenden Samtes, dessen Bewegung erkennen ließ, wann die Tür im nördlichen Querschiff geöffnet wurde, durch die man vom Kloster aus eintrat. Man hörte nur den Gesang. Sie schienen zu schweben. Eine Bewegung von großer Langsamkeit fand jetzt statt. Von unsichtbaren, unendlich behutsamen Händen wurde der Vorhang geöffnet, Gott selber öffnete ihn, und gab den Blick auf die beiden langsam fortschreitenden Reihen heiliger Frauen frei, deren Singen und Gehen eins war. Wie Schwaden von Weihrauch zogen sie am Altar vorbei durch den Chor, schwerelos wie die Hymnen, die sie sangen. Kein Fuß berührte den Boden, bis sie hinter dem Altar zu einem Bildnis erstarrten, einem Halbkreis dunkler Engel, deren Gesichter zu leuchten begannen, das Kerzenlicht überstrahlten und die Kirche bis dahin, wo Marie stand, in den Abglanz ihrer gleißenden Heiligkeit tauchten.
Wenn der Vorhang wieder zuging, wachte sie wie aus einem seligen Traum auf.
Sie konnte es gar nicht glauben, daß sie jetzt hinter dem Vorhang war, als sie unter den hohen Säulen im Vestibül stand. Bald würde sie wissen, daß wirklich hier der Zugang zur Kirche war. Von hier aus waren sie immer hereingekommen, herabgeschwebt von der Treppe, die breit und licht und geschwungen in den Himmel darüber führte, den sie nur ahnen konnte, weil sie den Kopf tief gesenkt hielt, während sie mit Papa und Eléonore dieselbe Treppe hinaufging, direkt hinauf zur Äbtissin, ins Parloir der allerehrwürdigsten

Mutter, und noch immer zu Boden blickte, fest und fromm, nicht in Schüchternheit, sondern in Ehrfurcht, wie sie ihr angebracht schien, erwartend, daß man sie segne oder verdamme oder was immer, alles erwartend, nur nicht, daß sich die Hand der Äbtissin flaumweich und kühl an ihr Kinn legte, dieselbe Hand, die den Krummstab hielt beim Hochamt in der Kirche, den Hirtenstab mit der Ampel, die einen kleinen Heiland einschloß – die zarteste Berührung, die sie seit langem erfuhr.

Marie?

Sie blieb stumm. Sie konnte einfach nichts sagen.

So begann ihr neues Leben. So, erwählt und gezeichnet durch die Hand der Äbtissin, spürte sie nichts von dem Abschied, der noch bevorstand. Eine leichte Umarmung, aus der sie sich schon befreit hatte, während sie stattfand.

Und sie ahnte noch nicht, was zwischen ihrem Vater und der Äbtissin besprochen wurde, als man sie zu den Zimmern im Nordflügel des Klosters führte, neu, eben fertiggestellt, ein eigenes Zimmer für jede, für Marie und Eléonore, die bisher in einem Bett schlafen mußten: ein Bett, ein Stuhl, ein Andachtsschemel für jede. Und während sie noch nicht wußten, wie man all das in Besitz nimmt, während jede für sich in ihrem Zimmer stand und die Jungfrau Maria um Verhaltensmaßregeln anging, war Monsieur d'Armont noch immer, seinerseits unbekümmert um die Einhaltung dessen, was Respekt und Anstand gebieten, im Gespräch mit der Äbtissin und rettungslos in sein

Laster verfallen, zu viele Worte zu machen. Er war nämlich keineswegs dankbar, wie man es für angebracht halten konnte, und bereit, seinen Abschied zu nehmen – er stellte eine Bedingung (Marie erfuhr erst später davon): kein Eintritt in den Orden. Kein Überhandnehmen der Religion in den jungen Gemütern. Und die Äbtissin versprach, ein Auge darauf zu haben. Es ging um die Mitgift. Sie wußte, daß es um nichts anderes ging. Madame Belsunce de Castelmoron, die sechsundvierzigste Äbtissin der Abbaye-aux-Dames, verstand sich aufs Finanzielle. Als sie ihr Amt übernommen hatte, war das Kloster hoch verschuldet. Die Einnahmen aus den Besitzungen in Ouistreham, Calix, Vaucelles und andernorts wurden verschlungen von Schuldzinsen für den Neubau, der vor der Fertigstellung des Nordflügels eingestellt wurde. Das ließ Madame keine Ruhe. Vor die Frage gestellt, ob man von den Ländereien etwas verkaufen solle oder der Nachwelt den halben Klosterneubau im Stil der Zeit überliefern, entschied sie sich für etwas Drittes, denn sie war weder für Halbheiten noch für die Realisierung von Verlusten. Sie entschied sich, einen Baukostenzuschuß der Krone zu erbitten. Und er wurde gewährt. 120 000 Livres in sechs Jahren und dann noch einmal 20 000. Es war Madame also gelungen, als Bauherrin in die Geschichte des Klosters einzugehen, ohne es zu ruinieren. Der ganze Nordflügel war unter ihrer Herrschaft entstanden, der auch die Zellen der sechs Stipendiatinnen enthielt, einen Unterrichtsraum und ein eigenes Refektorium.

Madame Belsunce nahm es hin. Sie konnte nichts daran ändern. Die sechs Freiplätze, die das Kloster gewährte, waren nämlich die Zinsen für den königlichen Baukostenzuschuß. Sie waren die Bedingung, die die Krone gestellt hatte, eine der typischen Gesten königlicher Huld. Die nobelste Währung, in der der König sich auszahlen ließ, was man ihm schuldete: Fürsorge für die Armen unter den Untertanen (sofern sie von Adel waren). Die Äbtissin tröstete sich mit dem Anblick, der sich ihr bot, wenn sie auf dem Weg durch die Gärten in das Geviert der Klosteranlage eintrat, die lichte Ebenmäßigkeit seiner Flügel, die gebändigte Weltlichkeit, mit der ein Giebel dem anderen antwortete, und in der Mitte der Vorbau, der die wahrhaft fürstliche Treppe vom Vestibül zu den Empfangsräumen einschloß, nicht darbot, wie es bei Schlössern üblich ist, die ihre prachtvollen Treppen außen haben, sondern im Innern verbarg und überhöht war, freiwillig sich überragen ließ vom Vierungsturm der Kirche, der dahinter lag. Ihr Werk in seiner Vollendung. Das Ergebnis erfolgreich von ihr geführter Verhandlungen in Versailles.
Nein, sie war keine Freundin armer Landedelfräulein. Es war ein Zugeständnis gewesen, daß sie sie aufnahm. Die Unterredung mit Vätern, die keine Mitgift bezahlen konnten, versuchte sie auf das Notwendigste zu beschränken. Monsieur d'Armont war schon wieder an seine Grenzen geraten. Schon wieder gab man ihm überdeutlich zu verstehen, daß er genug gesagt hatte.

Gott lenkt die Herzen der Menschen, bemerkte Madame Belsunce, aber ich will darauf sehen. Es war der Satz, mit dem sie gewöhnlich ihre Audienzen beschloß. Monsieur d'Armont verabschiedete sich, ohne daß er seine Töchter noch einmal sah.

Der erste Eindruck der überdurchschnittlichen Eignung für das Klosterleben, der stillen Demut beharrlich gesenkter Scheitel war sowieso trügerisch. Jedenfalls was Marie betraf. Bei Eléonore war es anders. Sie war nämlich von Natur aus zur Demut und zur Sanftmütigkeit bestimmt. Sie trug die Last ihres Lebens sichtbar auf ihrem Rücken, einem Buckel, der ihr als heimtückischer Reiter zwischen den Schultern saß und sie ohne alles Erbarmen zu der Geduld verdammte, mit der sie ihn trug, ohne je davon ausruhen zu können.

Paß auf sie auf, hatte Papa zum Abschied gesagt. Er liebte sie nämlich. Er liebte sie mehr als Marie. Sie war sein Eigentum. Niemand würde sie nehmen. Sie war gezeichnet als eine, die für ihren Vater bestimmt war. Eléonore würde bei ihm sein in seinem Alter. Sie würde für ihn sorgen. Söhne verlassen die Eltern. Töchter gehen aus dem Haus. Eine buckelige Tochter bleibt ihnen bis zum Ende.

Wenn sie nur kräftig genug war. Marie, paß auf sie auf. Wir sollte sie auf sie aufpassen? Eléonore war in der Gewalt ihres Buckels. Er wuchs. Er wuchs auf ihre Kosten. Alle Kraft schien in ihn zu gehen, und für Eléonore blieb zu wenig. Klein, blaß und zart war sie, selbst ihre Stimme fand nicht genug Kraft zu tönen.

Auch als sie zwanzig war, sprach sie in diesem feinen Vogelgezwitscher, mit dem manche Töchter das Herz ihrer Väter anrühren.
Ja, sie rührte sein Herz an. Und auch das von Marie. Seit dem Tod ihrer Mutter fühlte sie sich als Beschützerin von Eléonore, die zwei Jahre jünger war, und Papas letzte Worte blieben nicht ungehört. Aber sie mußte auch auf sich selber aufpassen. Es war viel schwieriger. Es war beinah unmöglich. Der letzte Sommer in Cauvigny und der erste Herbst in der Abbaye-aux-Dames folgten zu dicht aufeinander.
Sie war ein Dorfkind gewesen. Jetzt wurde sie eine Dame. Sie war ein Bauernmädchen gewesen und sollte ein Stiftsfräulein werden. Sie war fromm gewesen, und jetzt wurde sie religiös.
Man unterwarf sie der Regel. Schluß mit dem Wildwuchs. Schluß mit dem Stolz und der Freiheit. Ab jetzt galten Ordnung und Demut. Und der Prozeß der Erziehung – denn es war ein Prozeß, in dem es Kläger und Angeklagte gab, Urteilsfindung und Strafmaß –, der Prozeß ihrer Erziehung begann damit, daß sie sich schämte.
Die dunkle Wurzel von allem Lobenswerten, Erreichten: Wer bist du? Ich bin nichts.
Wer Erziehung treibt, weiß es: Man lasse den Zögling sich schämen. Man zeige ihm, daß er nichts ist. Er wird nicht ruhen. Er wird lernen, bauen, unternehmen, regieren. Der eine Augenblick, in dem er sich geschämt hat, unverziehen, unerträglich, treibt ihn von Leistung zu Leistung, läßt Kathedralen entstehen,

Regierungen fallen, fördert die Karrieren. Nur wer sich schämt, wird erzogen. Wer sich einmal geschämt hat, ist zu dem Kraftaufwand fähig, der nötig ist, um zu vergessen. Ich?, rufen die Generäle in die Welt hinaus, die Bischöfe und Präsidenten, ich soll ein Kind gewesen sein, nackt geboren? Niemand schämt sich so wie sie.

Marie sah sich im Kloster. Da, wo es keine Spiegel gab, sah sie sich selber im Spiegel des Ordenslebens, im Spiegel von Gleichmaß und Würde, von Stille und Regelmäßigkeit. Was sah sie? Sie sah, daß sie nichts war. Sie war verwildert und ungeschickt, sie war ungebildet und wußte sich nicht zu benehmen. O Gott, sie mußte sich schämen.

Ja, sie war in das Räderwerk strenger Erziehung geraten, und da war niemand, der es für sie anhielt. So wurde sie erzogen.

Sie lernte fleißig und pünktlich sein, still und ordentlich und fast ohne Bewegung. Das war die schwere Lektion für ihren Körper: beinah bewegungslos sein. Langsam gehen, knien und sitzen. Anderes war nicht erlaubt. Auf die Scham folgte Entmutigung, auf den Versuch das Mißlingen, und sie fing wieder von vorn an, indem sie sich schämte. Manchmal stand sie so heftig von ihrem Betschemel auf, daß der Schwung der Bewegung alles mitriß, was nicht fest war, Rosenkranz und Gebetbuch, die mit Gepolter zur Erde fielen und sie schon wieder verrieten. Und es geschah, daß die Türen, durch die sie ging, wie plötzlich vom Luftzug der Jugend angeweht, ins Schloß krachten. Dann hallte

der laute Schrecken, den ihre Ungezähmtheit verbreitete, über die langen Flure und kündete von den Klagen, zu denen sie wieder Anlaß gab. Sie mußte gezähmt werden.
Man zähmte ihre Hände, indem man ihnen zu arbeiten gab. Sie hatten Spitzen zu klöppeln. Man zähmte ihre Füße, indem man sie lange knien ließ, ihre Fußsohlen nach oben, ruhiggestellt, dargebracht. Ihr unruhiger Körper wurde gezähmt, indem er Haltung annahm, gerade sitzen im Refektorium, stehen bei den Stundengebeten. Ihr Geist wurde beim Lesen heiliger Schriften und beim Auswendiglernen der Litaneien gezähmt. Und ihr Herz? Wie wurde ihr Herz gezähmt, das sich in Baumwipfeln im Tal der Monne gewiegt hatte, das auf den Flügeln der Reiher aufgestiegen war, um dem Bachlauf zu folgen? Es schwang sich jetzt in den Himmel über der Abbaye-aux-Dames. In wilden Aufschwüngen nahm es jedes Hindernis, in Gebet, Lobpreis, Lektüre, in Beichte, Buße und im Empfang der Vergebung stürzte es sich auf den Weg zu nichts Geringerem als Gott. Ihr Herz war unbezähmbar. Es war dem Frommsein verfallen.
Als Papa im nächsten Sommer mit der zweispännigen Kutsche vorfuhr, um seine Töchter für ein paar Wochen nach Cauvigny zu holen, nahm er zwei stille, kleine, züchtige Stiftsfräulein mit, die nur noch redeten, wenn sie gefragt wurden, und erst Erlaubnis einholten, bevor sie sich setzten. Zukünftige Benediktinerinnen. Selbst in Cauvigny gingen sie jeden Morgen zur Messe. Papa beschwerte sich bitter bei der Äbtis-

sin, als er sie wieder zurückbrachte. Gott lenkt die Herzen der Menschen, sagte Madame Belsunce. Darauf war nichts zu entgegnen.

Und Gott lenkte Maries Herz.

Außer der Ordnung und Sittsamkeit zeigte er ihr etwas anderes: das großzügige Leben. Aus den schmalbrüstigen Landhäusern des Pays d'Auge, aus ihren rußgeschwärzten Küchen und den angrenzenden Spinnstuben, den viel zu kleinen Salons, in denen ein großer Kamin aus dunklem Marmor das einzige Zeichen der Herrschaftlichkeit war, kam sie in die helle Weitläufigkeit der Abbaye-aux-Dames. Sie fand sich zwischen den Säulen im Vestibül und Kapitelsaal, sie folgte dem Schwung der Treppen und den weiten Fluchten der Wandelgänge. Sie war geblendet vom Licht, das aus dem neuen weißen Sandstein selber zu kommen schien und nicht nur die Räume erfüllte, in denen kein dunkler Winkel blieb, sondern das ganze Leben, das man dort führte, durchdrang. Es fand in vollkommen heller Unverborgenheit statt, im Tageslicht der Gemeinschaft, in der sie lebten, und noch das eigene Zimmer, die Zelle, die sie umschloß, hatte gleichsam durchsichtige Wände, war in seiner schmucklosen, schönen, ebenmäßigen Helligkeit offen für alle, die in den gleichen Zellen lebten, das gleiche taten und dachten und nur in nächtlichen Träumen, in denen sie sich nicht kannten, jede für sich die Wand durchschritten und den unendlichen Schauplatz des eigenen Lebens betraten.

Der zweite von den fünf Träumen

Es war ein Traum vom Geborenwerden. Ein Traum vom Anfang und Ende, von der Reise im Walfisch, der uns ans Land gespien hat.

Alles war anders, Licht und Geräusche waren von größerer Dumpfheit. Hart und weich gab es nicht mehr, statt dessen etwas Drittes, das weder hart noch weich war, die andere Art der Berührung. Wie war sie hergekommen? War sie nach oben gestiegen oder hinab in die Tiefe?

Sie war geschluckt worden. Weder gedrängt noch gezogen, weder vor- noch zurückbewegt, sondern geschluckt. Im Walfischbauch des Schiffes, das sie ersehnt hatte, fuhr sie über das Meer. Sie war auf der Reise.

Aber war sie auch sicher? War sie auch genügend versteckt? Die blinden Passagiere dürfen sich nicht finden lassen. Sie werden ausgespien.

So kam sie immer tiefer ins Verborgene. Bis dahin, wo das Versteck am allersichersten ist. Bis dahin, wo es auf einmal offenbar wird: Es ist eine Falle, die längst schon zugeschnappt ist. So fand sie sich in der Krypta der Kirche La Trinité.

Es gab keinen Ausgang. Das heißt, es gab einen, den sie nicht kannte und den sie finden mußte, bevor es zu spät war. Die schmalen Säulen boten nur unvollständigen Schutz. Vergeblich suchte sie sich in ihrem Schatten zu halten. Das Licht fiel nur von vorn ein, wo der Altar stand. Es kam von dort her, wo ihre Rettung herkam. Sie schlich von Säule zu Säule, nutzte die

Deckung, sah sich bedrängt von den Köpfen, die aus den Kapitellen wuchsen und sich in feindlicher Absicht auf sie herabbeugten, beinah leere Gesichter, schemenhaft aus einem Strichmund und dem Dreieck der Nase bestehend, alles wissend, bedrohlich, mit nichts anderem als vollkommenem Bescheidwissen drohend, ihre Augen weit offen, Augen, die vor nichts verschlossen wurden. Sie ergab sich. Sie würde ausgespien werden. Das war ihr Weg ans Licht.
Und so saß sie am Boden, zog ihre Knie an, legte die Arme darum und wartete in der Haltung des Hingekauertseins, in der man jeder Gefahr trotzt, auf das, was kommen mußte. Sie hatte fast keine Angst mehr. Schon im Aufwachen spürte sie, wie es anfing.

Steht im Kloster die Zeit still? Sie ist gar nicht vorhanden. Was geschieht, das geschieht gleichzeitig mit allem anderen, was schon geschehen ist und noch geschehen wird. Selbst der notwendige, zähe Generationswechsel der Nonnen, das verzögerte Sterben langlebiger, starker Frauen aus der Region um Caen, deren Plätze von ebensolchen Novizinnen ausgefüllt werden, so daß es über Jahrhunderte dieselben Frauen zu sein scheinen mit ihren ruhigen, gerahmten, grobhäutigen Gesichtern – ist nicht dies einzige Merkmal der verrinnenden Zeit Siegel der Unveränderlichkeit, der Wiederkehr des immer Gleichen, beinah schon Ewigkeit, beinah schon nicht mehr vergänglich?
Als Madame de Belsunce starb, war sie der Stifterin Mathilde, der sie schon immer geglichen hatte, noch

ähnlicher geworden. Um so viel ähnlicher, wie es braucht, um ebenbildlich zu werden. Das Sterben einer Äbtissin der Abbaye-aux-Dames war schon immer ein Übergang in die Ebenbildlichkeit gewesen, in der sie all ihren Vorgängerinnen gleich wurde, von deren jeder gesagt werden konnte, was auf der schwarzen Marmorplatte des Epitaphs der Königin Mathilde im Chor der Kirche geschrieben stand: »Trösterin der Armen und fromm, selber arm, war sie nur reich im Geben, so hat sie teil an der Ewigkeit.« Und dann wurde die Stelle notgedrungen mit einer Lebendigen besetzt.

Madame de Pontécoulant war beinah etwas zu lebendig für die Aufgabe, die sie in der Abbaye übernahm. Dabei schien es nur so. Der unsichtbare Mantel der Amtswürde scheint immer nur dem Amtsvorgänger zu passen. Madame de Pontécoulant war kleiner, rundlicher, reger als Madame de Belsunce. Es konnte geschehen, daß sie lachte. Aber derselbe Prozeß von Gleichwerdung stand ihr bevor, der eine Sache des Amtes und nicht der Person ist. Am Ende würde sie aussehen wie Madame de Belsunce, die wie ihre Vorgängerin aussah, und so in zeitloser Reihe neben der Stifterin stehen. (Damals wußte noch niemand, daß sie die letzte sein würde.) Nur kurz spürten die Frauen im Kloster etwas wie Veränderung, etwas vom Sog der Zeit, als habe die alte Äbtissin bei ihrem Weggehen eine Tür aufgelassen, durch die ein Luftzug hereinkam. Und es war Aufgabe der Amtsnachfolgerin, diese Tür wieder zu schließen.

Der Luftzug der Veränderung, kaum wahrnehmbar und vorübergehend, hatte für Marie genügt. Sie war achtzehn. Und sie vermutete Welten jenseits der ihr bekannten Welt, Räume hinter den Räumen, in denen sie lebte, eine größere Ordnung als die des Klosters, die davon nur ein Teil war. In allem, was man ihr darbot, ahnte sie, was man ihr vorenthielt. Sie ging in den Gärten spazieren, die sich östlich des Klostergevierts erstreckten, geometrische Anlagen, Baumschulen und Spaliere, in denen Rechtwinkligkeit und Diagonale vorherrschten, und sie sog tief die Luft ein, die vom Meer kam. Irgendwo in einer Nähe, die noch spürbar war, fing das Meer an. Jenseits der Mauern der Strand.

Und im Dehnen der Lungen, im sehnsüchtigen, tiefen Atemholen erfuhr sie die eigenen Grenzen bis zu dem äußersten Augenblick, in dem Ein- und Ausströmen eins sind, diesem Moment eines kleinen körperlichen Ersatzglücks, der oft geübten Erprobung unserer fehlenden Flügel.

In dieser Zeit der Ungenügsamkeit und Sehnsucht, der schweren Seufzer und Träume, war sie jedoch sehr erfolgreich. O es gab keine erfolgreichere Klosterschülerin als sie. Sie machte die schönsten Spitzen, hatte Cervantes und Milton gelesen und die Geschichten der Heiligen, bei denen sie sich auskannte wie in der eigenen Familie. Mit den Fingerspitzen war sie über den Globus gereist, der in der Bibliothek im Südflügel des Klosters stand, diesen Schauplatz der Kämpfe zwischen den Guten und Frommen und den Bösen und

Gottlosen, der die Welt ist. Und mit dem Staunen der Kinder, die zum erstenmal diesen Spielball in ihren Händen halten, ihn drehen, betasten, sich wundern, langsam begreifen, dachte sie: Ich bin hier, hier, wo Europa ans Meer stößt, und legte ihren Zeigefinger darauf. Die abenteuerliche Reise ihres Lebens nahm von hier ihren Ausgang, und sie zweifelte nicht daran, daß sie weit wegführen würde. Sie spürte es schon voraus.

Dabei war die Frage entschieden, die sich beiläufig gestellt hatte, als Papa Eléonore abholte, um sie endlich ihrer Bestimmung zuzuführen, seine Tochter zu sein – er hatte sich geduldet, bis sie sechzehn war und wollte nicht länger warten –, die Frage: Was wird aus Marie?

Marie blieb vorläufig im Kloster.

Und es hatte die Zeit der Vorläufigkeit ihrer Lebensumstände begonnen, die Zeit der Zwischenlösungen in Maries Leben. Es würde nichts anderes geben. Sie war keine Nonne, und sie war kein Mädchen zum Heiraten. Was also war sie? Sie war irgend etwas dazwischen. Und nur eine Art Wunder, eine sehr große Liebe oder ein sichtbares Zeichen ihrer Erwähltheit vor Gott, konnte Eindeutigkeit schaffen. Oder vielleicht eine große, außergewöhnliche Tat.

Noch war die Zeit der kleinen, unwesentlichen Beschäftigungen, die aber beinah etwas Professionelles annahmen: Marie war nützlich. Sie unterwies junge Mädchen vom Faubourg St. Gilles im Klöppeln. Abbé Gombault, der Beichtvater des Klosters, hatte etwas arrangiert, und Marie schien ihm geeignet. Ein paar Töchter der Armut, zu dem Leben bestimmt, das die Bedürftigkeit für sie bereithält, ein bißchen Schmutz und viel Mühsal, kurze Freuden und lange Zeit, sie zu büßen, ein paar von ihnen wurden täglich im Kloster zuerst satt gemacht und dann zur Arbeit angehalten. Unter Maries Anleitung entstanden bald Spitzen, die den Vergleich mit der Arbeit durchaus anständiger Bürgerinnen aushielten. Ja, es gab bald so etwas wie eine Werkstatt, eine kleine Manufaktur in einem Raum, der zur Klosteranlage gehörte, und Mademoiselle d'Armont sah sich in der Lage, in geschäftliche Verhandlungen mit einem Abnehmer, Monsieur Alain in Paris, Rue Dauphine, einzutreten. O ja, sie war beschäftigt. Die Zeit des träumerischen Müßiggangs zwischen Kirche und Klostergarten, zwischen Blumenrabatten und Lesepult war vorbei. Die Zeit der ungezügelten Frömmigkeit in Gedanken. Denn auch die Frömmigkeit hatte zu tun bekommen. Sie war nicht mehr müßig. Die vernachlässigten Seelen der kleinen Klöpplerinnen nahm sie sich vor. Ihrer Liederlichkeit begegnete sie mit Geschichten, die ihnen während der Arbeit vorgelesen wurden, Geschichten von großer Treue, Glaubensstärke und Standhaftigkeit, wie sie sich nur im Leben der Heiligen finden, Geschichten von großem Leiden, unvorstellbaren Entbehrungen, mit Gleichmut ertragenen Mühen, die den langen Weg zur Selbstvervollkommnung begleiten. Sie waren so überzeugend, so lehrreich, diese Geschichten. Sie duldete keine Unruhe, keine Gespräche, kein Nachlassen der Aufmerksamkeit bei der Lesung. Und die verfertigten Spitzen, je makelloser sie waren, nahm sie als Resultat ihrer Arbeit an den Seelen.

Madame de Pontécoulant, anfangs skeptisch und nur auf das Drängen des Abbé Gombault hin bereit, ihre Zustimmung zu geben, begünstigte das Unternehmen, denn ihr praktischer Sinn konnte dem nachgewiesenen Erfolg einer Arbeit nicht widerstehen. Die angewandte Methode der gleichzeitigen Beschäftigung von Händen und Seelen gefiel der Benediktinerin. Sie begann Marie zu mögen und schloß sie in ihr Gebet ein, wie sie es mit den Novizinnen tat, nicht anders. Und sie sann darauf, ihrem Verbleib im Kloster das Vorläufige zu nehmen, den Zwischenlösungscharakter. Als sie sie langsam und Schritt für Schritt zu ihrer Privatsekretärin machte, übersah sie die Mängel in Maries Orthographie, die eine Folge der Sorglosigkeit waren, mit der man sich auf dem Lande der Ausbildung von Mädchen widmete. Sie sah darüber hinweg, hielt sich an die schöne Handschrift, die Marie schrieb, ihre gleichmäßigen Schwünge, die so kräftig nach unten ausschlugen, die Freimütigkeit wohlabgewogener Bögen linksherum bei aller Tendenz nach rechts und die energischen, manchmal vier Buchstaben langen Querstriche ihrer t, die dem Geschriebenen etwas Definitives verleihen und die nur anbringt, wer wirklich glaubt, was er schreibt.

Ja, Marie war geeignet. So wollte es die Äbtissin. Und sie behielt auch recht. Unter ihrem Diktat schrieb

Marie in Schönschrift die Briefe, die an die Advokaten gingen, die Gutsverwalter und Lieferanten des Klosters, sie schrieb an Kanzleien, an Rechnungshöfe und Ämter, manchmal sogar nach Versailles. Und sie sah das Geflecht der vielfältigen Verbindungen, wie sie, weit ausgespannt, am Ende wieder zurückführten, zur Verknüpfung mit anderen Fäden bestimmt, so daß immer ein Muster entstand, ein kalkuliertes und wohlabgewogenes Miteinanderverschlungensein vieler Interessen, wie ein gelungenes Stück Spitze erst im nachhinein, wenn alle Fäden verknüpft sind, in seiner Schönheit erkennbar und zum Vorzeigen bestimmt ist.

Die Überführung des Chaos, das man vorfindet, in die zu schaffende Ordnung bereitete ihr Vergnügen. Die Übergänge entzückten sie immer wieder wie alle Menschen, die zum Tätigsein bestimmt sind. In ihrem Hang zum Systematischen, in ihrer Liebe zur Ordnung glaubte sie gern ans System, die bestehende Ordnung der Dinge. War sie nicht selbst ein Teil davon? Trug sie nicht selbst dazu bei?

(Und so nahm sie ein paar Jahre später, als alle Fäden verwirrt waren, heillos verknäult, unentwirrbar, das Messer und schnitt sie durch.)

Am 22. Juni 1786 bekam Caen Besuch vom König. Ludwig XVI., auf der Fahrt nach Cherbourg, wohin er sich zur Inspektion der Hafenanlagen bemühte, durchfuhr mit großem Gefolge seine Stadt Caen, und auf der Rückfahrt am 26. Juni blieb er sogar über Nacht. Seit 1620 war der Stadt keine solche Ehre mehr widerfah-

ren. Sie stürzte in einen Taumel der Vorbereitungen für das große Ereignis.
In kurzer Zeit wurden Straßen und Brücken befestigt, Häuser abgerissen und Triumphbögen errichtet. Selbst an den Feiertagen im Juni, sogar am Tag des St. Jean, dem ein großes Fest als Schutzheiligem eines Stadtviertels zustand, wurden die Arbeiten fortgesetzt. Es gab einfach Prioritäten.
Der Beitrag der Ordensfrauen in der Abbaye-aux-Dames bestand in langen und fast ausschließlichen Gebeten um gutes Wetter und eine glückliche Reise von Versailles über Verneuil, Argentan und Falaise. Mochten die Wege trocken sein, der Himmel blau und die Flüsse kein Hochwasser führen. Andererseits keine Hitze, wie sie auf Reisen beschwerlich ist.
Die Bitten fanden Erhörung. Als der Geleitzug die Orne überquerte und auf der Place Dauphine hielt, beschien eine milde Sonne das Spektakel: Auf einem goldenen Tablett wurden dem König die Schlüssel dargereicht, die Schlüssel zu einem Stadttor, das es gar nicht mehr gab, Nachbildungen in Silber, in die die Worte eingraviert waren: »unnötig, wo die Herzen schon geöffnet sind« – was in lateinischer Sprache zum Glück nicht so banal klingt.
Der lange Zug der Vertreter städtischer Körperschaften, angeführt vom Bürgermeister, dem Comte de Vendœuvre, hatte sich schon um neun Uhr von St. Pierre aus in Bewegung gesetzt, gemessenen Schrittes, wie es sein sollte, exakt berechnet und abgestimmt auf die Kutsche, mit der der König sich

näherte, so daß das Treffen dort stattfand, wo es geplant war. Minütlich erschienen Kuriere, warfen dem Grafen ein Wort zu, das den jeweiligen Ort bezeichnete, den der König erreicht hatte, Ufer der Orne, sagten sie, oder: Pont Frileux überquert, und der Graf zischte kurze, sogleich befolgte Kommandos, schneller, sagte er, oder: stehenbleiben, Pause.
Und es gelang. Die Übergabe der Schlüssel fand genau an dem Platz statt, an dem sie geplant war.
Marie stand an der Straße. Sie hatte vor sich die Schultern von zwei Soldaten des Regiments d'Artois, das für die Aufrechterhaltung der Ordnung zuständig war, die delikate Balance von Begeisterung der Massen für ihren Souverän und der gebotenen Dezenz, mit der sie artikuliert werden durfte. Zwischen den betreßten Schultern sah Marie hindurch auf die Kutsche, erkannte nichts als die Hand, die weiß und winkend hervorkam, und war unfähig zu jubeln. Die hohen Wogen der Untertanenbegeisterung brandeten über sie hinweg, ohne daß sie sie erfaßten. Sie stand stumm und reglos. Keine Hand an ihr hob sich. Kein Laut drang ihr aus der Kehle. Sie wußte selbst nicht, warum. Etwas beherrschte sie ganz, lähmte sie, ein Gefühl, von dem sie später erst wußte, daß es Scham war.
Der Zug des Königs durch Caen hinterließ seine Spuren nicht nur in den Gemütern, sondern auch auf den Straßen. Eine Sandschicht blieb zurück, zentimeterhoch, weißlich, als wenn die vielen Gepuderten in den Kutschen ihre Perücken geschüttelt hätten, um ihren

Weg zu markieren. Es war der Sand, den man vorher aus Mondeville hatte kommen lassen, hundert Wagen voll, und in den Straßen verteilt, damit die Pferde nicht ausgleiten konnten. Er verwehte nur langsam, verteilte sich auf den Dielen der Geschäfte und Wohnungen, ja, er fand sich in Betten, in Suppenschüsseln und Rockaufschlägen, er schien sich einfach gleichmäßig überallhin zu verteilen, so daß die ganze Stadt wie mit Puderzucker bestäubt war. Sogar das Brot, das man in diesen Tagen in Caen aß, knirschte zwischen den Zähnen. Aber niemand beschwerte sich. Niemand nahm es zur Kenntnis, und erst die nächsten Regengüsse wuschen die Stadt wieder sauber.

Währenddessen erzählte man sich die Geschichte von der Huld des Monarchen, wie sie bei der Berührung mit einem Mann aus dem Volk zum Ausdruck kommt. Diese Berührung, verboten, nicht auszudenken, unglaublich, beinah obszön: Im Gedränge, das von den Ordnungskräften nur unvollständig beherrscht wurde, fiel ein Mann neben der Kutsche, in der der König saß. Er glitt halb unter den Wagen, und um nicht überrollt zu werden, griff er nach oben und hielt sich an der Hand des Königs fest, die er über sich fand. Lassen Sie, sagte der König mit der gutartigen Sanftmut, für die er bekannt war – dem herbeieilenden Kommandanten der Regimentsgarden drohte die Demission –, lassen Sie nur, und mit einem Blick auf die Menge, die im Augenblick stumm war: das Ganze macht mir großen Spaß.

Stand die Zeit still?

Die Bauern in Giberville, in Louvigny und Verson säten, ernteten und brachten ihre Erträge auf die Märkte in Caen. Die Kaufleute machten Profite. Die Leute von Stand machten Landpartien und Soireen und verheirateten ihre Töchter. Das Militär exerzierte und hielt die Ordnung aufrecht, indem es anwesend war. Die Priester lasen die Messe und nahmen Beichten ab, und in den Klöstern ließ man nicht ab vom Gebet.

Aber die Zeit ging nur scheinbar in Wiederholungen auf. Die Wiederkehr des immer Gleichen war trügerisch wie die Ruhe, mit der wir schlafen und wachen und unsere Arbeit verrichten, als ob nichts wäre. So tun wir: als ob nichts wäre. So möchten wir gerne leben.

Die Bauern säten und ernteten, als ob nichts wäre, aber sie ernteten wenig, und auf den Märkten in Caen stiegen die Preise. Die Händler machten Profite, als ob nichts wäre, und freuten sich an der Teuerung. Das Militär hielt die Ordnung aufrecht und die Geistlichkeit den Glauben, während die Armen hungerten und ihre Kinder aussetzten. Die Gewohnheit griff um sich, kein Tag, an dem in den Kirchen nicht ein paar wimmernde Bündel lagen, bis die Obrigkeit übereinkam, Sammelstellen zu schaffen, die Eltern aufsuchen konnten, um sich der sozialen Last, die untragbar war, zu entledigen. Von dort aus wurden die Kinder irgendwohin aufs Land geschickt, wo unerschöpfliche Ammen manchmal drei bis vier Kinder nährten, die schon ein paar Jahre später in die Stadt zurückkehrten

als die zukünftigen Armen, die irgendwann ihre Kinder aussetzen würden. Es geschah, als ob nichts wäre. Und die Leute von Stand machten Landpartien und Soireen, schickten die Söhne auf Militärakademien und hatten feuchte Augen bei den Hochzeiten der Töchter, aber man sah immer öfter, wie sie die Stirne runzelten und kleine duftende Tücher an die Schläfen führten, um sich den Schweiß abzutupfen. Die Befolgung des Grundsatzes, lebenserhaltend, gemeinschaftsbildend, so zu tun, als ob nichts wäre, wurde für sie immer schwerer. Die Angst, die zuerst noch grundlos war, die ihren Grund noch nicht kannte und ihn sich selber schuf, sie begann nämlich bei ihnen.
Und sie trachteten danach, sich zu beruhigen. Denn die Angst quälte und lähmte sie. Man mußte sie beschwichtigen. So sannen sie auf ein Mittel, das zur Beschwichtigung der Angst taugen kann, versuchten es mit Zerstreuungen, wie man sie kannte, mit Jagdgesellschaften und sogar mit leichter Arbeit, fanden das alles nicht wirksam genug, suchten nach etwas Stärkerem und entdeckten den sänftigenden und wohltuenden Einfluß, den die Vermehrung des Landbesitzes auf die Gemütsruhe hat.
So kauften sie saure Wiesen, Sümpfe, Brachland und sahen im Traum ihr Besitztum, wie es sich rundete, anwuchs zu Ländereien. Im Wachen hatten sie blasse Visionen von Entwässerungsprojekten und modernen Kulturen, etwa der nahrhaften Pflanze, die man Kartoffel nennt, aber wenn sie im geheimen die städtische Bevölkerungsrate bedachten, sie fortschrieben, be-

rücksichtigend, daß sie anstieg, und, indem sie die mageren Erträge des Landes dazu in Relation brachten, den Preisanstieg kalkulierten, ja, wenn sie überschlugen, wieviel Hektar sie davon zusätzlich aufkaufen konnten, wurden die Träume des Tages schnell von denen der Nacht ausgelöscht, und es blieb alles beim alten. Eine Zeitlang bekämpften sie die Angst so.

Der Schlafwandel des Täglichen war es, der sie in Bann hielt, diese merkwürdige Abwesenheit im Geschäft. In allem Ordnen, Verwalten, Kaufen, Verkaufen, Briefeschreiben, Empfangen, in allem Bauen und Abreißen, Entschlüssefassen, Zurkenntnisnehmen, Vergessen, trotzdem Bescheidwissen, in allem Tun wieviel Träume, wieviel seltsame Unangefochtenheit, wieviel Fehlen von Zweifeln, von Bedenken und Ratlosigkeit. Wie fest verschlossene Augen.

Es kam nämlich ganz anders, als die Leute von Stand gedacht hatten. Während sie sich dem Schlafwandel ihrer Geschäfte und Zerstreuungen überließen, geschah die große Veränderung.

Wo sind wir?

Wo sind wir, wenn etwas geschieht?

Wir sind abwesend. So ist es. Wir sind niemals dabei. Reiche entstehen, gehen unter, irgendwer gibt die Macht irgendwem weiter. Söhne folgen auf Väter, die wenig später fast unbemerkt einfach verschwinden. Selbst unser eigenes Leben findet auf seltsame Weise ohne uns statt. Eines Tages finden wir alles verändert.

Unversehens sind wir an fremde Orte gelangt. Niemand kann etwas erklären. Nach den alten Vertrauten fragend, erfahren wir, daß sie tot sind. Wie kann es sein, daß das alles unbemerkt von uns geschehen ist? Wo sind wir denn gewesen, als die Vergangenheit abhanden kam? Haben wir denn getrauert über den großen Verlust? Wie konnten wir ihn ertragen?
Indem wir abwesend waren. So haben wir die Geschichte möglich gemacht. Sie passiert, weil niemand da ist. Niemand ist wirklich zugegen, wenn sich die Welt gerade ändert. Sonst würde: Einhalten, einhalten! gerufen werden, rückgängig machen! Hat man das jemals gehört? Die Geschichte geschieht nur, wenn gerade niemand dabei ist. In unserer Abwesenheit geschieht sie.
Außer wenn Revolution ist. Das ist die Zeit der Anwesenheit des Menschen in der Geschichte. Auf einmal sind alle da. Alle haben sich eingefunden, wissen nicht, woher sie kommen, wissen nicht, wohin sie gehen, wissen nur, daß sie da sind, greifen sich an die Köpfe, denken, ich glaube, ich träume, denken, nein, ich bin wach, ich bin da, denken sie, ich bin wirklich dabei. Ich bin mitten in der Geschichte. Und werden nie wieder die sein, die sie gewesen sind. Werden ihr Leben lang denken: Aber das ist doch nicht möglich, ich habe es doch gesehen, ich bin dabeigewesen, es kann doch nicht sein, daß nichts war. Werden erzählen: So war es. Werden von nichts anderem reden, solange sie leben. Ich war dabei, sagen sie zu ihren Enkeln, ich habe es wirklich gesehen. Nein, nicht

gesehen, ich war es. Ich war es, der es getan hat. Werden ausgelacht werden. Du hast geträumt, sagt man ihnen. Nein, ich war nie so wach, rufen sie, es war ein großes Aufwachen, ja, das war es. Und noch in ihren Träumen werden sie unterwegs sein zu den alten Versammlungsorten, in ihren Köpfen die Sätze, die einmal etwas bedeutet haben, Worte, prall von Bedeutung, die sie nie wieder finden können. Dieselben Worte bedeutungslos, abgenutzt, schal. Die Straßen leergefegt, die Plätze verlassen und in der Ferne, kaum hörbar, etwas wie Trommelwirbel und Schlachtenlärm, das monotone Hintergrundgeräusch sich ereignender Geschichte.

Wo war Jean Jacques Hauer gewesen, als die Bastille gestürmt wurde?

Er war dabei.

Wo war er gewesen, als das Volk nach Versailles zog, um den König zu holen?

Er war dabeigewesen. Er war ein Revolutionär. Einer in der dichten Menge, die zur Bastille zog. Ja, er war auch bewaffnet, wie sie alle bewaffnet waren, nicht um Blut zu vergießen, sondern um sich und den anderen Mut zu machen. Denn wer dabeisein will, bedient sich gerne der Waffen. Ist nicht die Gegenwärtigkeit des Bewaffneten eine ganz andere? Ist er nicht dann erst Teilnehmer der Geschichte, wenn er sich endlich bewaffnet hat, sei es nur mit einem Knüppel?

Ja, die Ereignisse selber scheinen mit Knüppeln bewaffnet und wie mit Schlagstöcken auf das Bewußtsein zu wirken, das sich im jähen Schmerz der Wahr-

nehmung krümmt, getroffen von der Erkenntnis: Was da geschieht, geschieht wirklich.
Als Jean Jacques Hauer für Augenblicke abgedrängt wurde und sich danach wieder umsah, sah er den Kopf de Launays, des Kommandanten der Bastille, auf eine Pike gespießt. Er träumte nicht. Er war wach.
»Von hier und heute geht eine neue Epoche der Weltgeschichte aus, und ihr könnt sagen, ihr seid dabeigewesen«, sagte der Dichter in Valmy. Keiner, der in Paris war, brauchte die Lektion des Dichters, um zu begreifen. Sie wußten es alle selber und sagten sich ohne Unterlaß: Ich bin dabei.
Jean Jacques Hauers Bewußtsein hatte sich unter dem Schmerz der Knüppelschläge seiner Wahrnehmung gekrümmt. Er war gegenwärtig gewesen. Und er sehnte sich manchmal nach dem Zustand seiner vorrevolutionären Abwesenheit in der Geschichte, den träumerisch-dämmrigen Zeiten, als sie noch ohne ihn stattfand. Er hatte zuviel gesehen. Er sah schon oft nicht mehr hin. Straßenkämpfe und Hinrichtungen, festliche Aufmärsche, Standgerichte und Reden, er drehte kaum noch den Kopf, wenn all das an ihm vorbeizog. Er hatte genug gesehen.
Dabei war er Maler. Er war nicht nur Revolutionär und Nationalgardist, er war auch Maler. Die Kunst des Hinsehens hatte er lange geübt.
Und er sah jetzt genau hin. Seit langer Zeit sah er wieder einmal genau hin. Im Dämmerlicht dieses Raumes in der Conciergerie, wo man ihn mit einer Mörderin eingesperrt hatte, öffneten sich seine Augen, wei-

teten sich die Pupillen derartig, daß sich Hauer in einem Zustand der äußersten Anspannung und Entspannung befand, was nichts anderes als ein Reflex war, aber gleichzeitig dem Zustand der schöpferischen Erregung gleichkommt, in dem die Werke entstehen. Für ein paar Stunden war Hauer außer sich. Für ein paar Stunden war er, was er sonst nicht war, weder im Tun noch im Denken, weder als Künstler noch als Revolutionär: leidenschaftlich. Das war er nur in der Liebe.

Und es gab ein paar Pariserinnen, die davon wußten. Die schöne Ungeduld, die ihn über sich selbst hinaustrug, der grenzenlose Erfindungsgeist, der ihn beseelte. Die Menschlichkeit, die dabei war, eine Art höheres Mitleid, das ihn weit über jeden Perfektionisten erhob und beinah unwiderstehlich machte, weil er nicht blind liebte, sondern mit offenen Augen. So wie er diesmal ein Bild machte. Ja, er sah genau hin.

Als die Concierge noch einmal zu ihnen hereinkam und fragte, ob man etwas brauche, sagte er: Gehen Sie, Madame, aber gehen Sie doch endlich. Sehen Sie denn nicht, daß Sie stören? Sie erschrak und kam nicht wieder.

Endlich allein mit der Frau, die sein Modell und seine Gefangene war. Staunend genoß er das Wunder, daß sie sich ihm freiwillig überließ. Ist es gut so? Wie schon bei der Gerichtsverhandlung saß sie lächelnd ihm zugewandt, mit dem Ausdruck eines Vertrauens, das ihm galt, dieses Vertrauens, das grenzenlos ist und an dem man das begabte Modell erkennt. Es überläßt sich dem Maler, dem es nicht das geringste von sich vorenthält und den es dadurch befähigt, sich ein Bild zu machen.

Jean Jacques Hauer war Maler. Und er war Polizist. Endlich einmal war er beides, hatte er die Professionen, denen sein Leben gewidmet war, auf überraschende Weise in eins gebracht. Immer war es ihm erschienen, als seien sie so verschieden wie zwei verschiedene Personen, zwei, die einander brauchen, weil sie allein nicht genug sind. Der Polizist mußte Maler sein, weil er ein schlechter Polizist war, und umgekehrt, weil der Maler nicht als Maler genügte, um einen Mann auszumachen, einen Revolutionär. Jetzt hatten sie sich vereinigt: Während der Polizist die Frau bewachte, war sie das Modell des Malers, der sich ein Bild von ihr machen wollte, und während der Maler sie malte, machte der Polizist sie zu der Gefangenen, die ihm gehörte und seinem Schutz anvertraut war. Denn die Gefangenen sind ja auch zu beschützen. Sie wissen nicht, wie sie geliebt sind von den Bewachern, die alles von ihnen fernhalten, alle Gefahren, die Freiheit eingeschlossen. Wer kennt die Trauer der Wärter, denen man die Gefangenen wegnimmt.

Man würde sie ihm bald nehmen. Die Zeit drängte. Er konnte ihr Drängen spüren. Sie kam von hinten heran, wo in seinem Rücken die Tür war. Während seine Hände auf der Leinwand tätig waren, drängte von hinten die Zeit heran, der er sich mit dem Rücken entgegenstemmte. Ein Nachmittag kann sehr lang sein. Aber der letzte Nachmittag ist unerbittlich zu kurz.

Manchmal hörte man wieder Schritte auf dem Gang draußen. Es konnte jedesmal sein, daß man sie abholte. Jedesmal sah er, wie sich die senkrechte Linie zwischen ihren Brauen bildete und langsam wieder verschwand, dieses kaum sichtbare Zeichen ihrer Nervosität. Keine Einkerbung, eher eine leichte Anschwellung, eine Ader, die hervortritt, eine Ungeduldsader, eine Empfindlichkeitsader, eine Ader der Reizbarkeit und auch der Skepsis. Tretet mir nicht zu nah, ich ertrüge es nicht, war die Botschaft, deren Zeichen die Linie auf ihrer Stirn war, und sie hielt damit alle Irrtümer, Anzüglichkeiten, alle Vertraulichkeiten und Annäherungen in Schach. Sie hielt sie auf Abstand. Es war eine Rühr-mich-nicht-an-Ader, die ihr jetzt nichts mehr nützte.
Denn man würde sie anrühren. Sie würden irgendwann kommen. Eine furchtbare Berührung stand ihr bevor. Und all die vielen Signale, die wir aussenden, die Strategien und Kniffe, die der Verteidigung unserer Unantastbarkeit dienen, würden umsonst sein, überflüssig geworden, weil es allein darauf ankam, bereit zu sein für die eine große Berührung.
(Darum kämpften sie nicht. Darum ließen sie es geschehen, die man vom Pont au Change zum Quai de la Mégisserie führte, über die Rue Honoré, die Rue Florentin und Rue Nationale zur Place de la Révolution, wo das Schafott stand. Sie ließen alles geschehen. Seit man sie angerührt hatte und auf den Karren gestoßen, waren sie so gut wie tot.)
Ja, die Zeit drängte. Sie drängte ihn zu begreifen, wer

sie war, die vor ihm saß, sie drängte ihn zu bewahren, was er von ihr begriff. Am liebsten wäre er aufgestanden, zu ihr gegangen und hätte ihr die Leinwand aufs Gesicht gelegt wie das Schweißtuch der Veronika, um mit den Fingern über die Linien zu fahren, die ihre Brauen bildeten, ihr Nasenrücken, die Lippen, daß sie für immer eingeprägt blieben, unverlierbar und unverwechselbar ihre.
Aber er mußte den Umweg über den Pinsel nehmen, den zeitraubenden Umweg, auf dem sich Irrtümer einschleichen, Abweichungen, die bald schon unkorrigierbar sein würden. Es blieb ihm nichts anderes übrig. Es entstand ja nicht nur ein Bild. Tausend Bilder entstanden, von denen eins aus dem anderen in kaum wahrnehmbaren Übergängen hervorging. Dieser mühsame Anstieg über die Vorstufen. Dieser gewaltige Umweg, der direkt zur Kunst führt. Der Umweg über die Arbeit, über den Fleiß und die Gründlichkeit. Fleiß im Weglassen. Gründlichkeit im Überspringen.
Jean Jacques Hauer arbeitete unermüdlich. Während er fleißig im Weglassen war und seltsam sorglos bei der Arbeit, durchlief sein Bild die Stadien der Verwandlung. Im nur Umrissenen, der Leere zwischen den Linien, saß noch der Schrecken des Ungestalteten, nahm jede mögliche Form an, Tiergesichter und Schädelknochen, langsam sich wölbende Stirnen, hinter denen Gedanken entstehen, Worte sich formen und überraschende, wundersam ähnliche Bilder.

Der dritte von den fünf Träumen

Es war ein Traum von großer Helligkeit, ein Traum vom Aufruhr der Freude, die unvermutet hereinbricht. Es war der Traum von der Nachricht, daß alles anders wird, von nun an und für immer.

Jemand stürmte die Treppe herauf: Ganz Paris ist bewaffnet, das Volk hat die Bastille genommen!

Sie war an dem Tag in der Stadt, um Botengänge für die Äbtissin zu machen. Es war auf den Stufen zur Kanzlei des Advokaten Lenôtre, wo sie von der Welle erfaßt wurde, eingeholt und überrollt in Gestalt eines Bürogehilfen, der von draußen kam, augenblicks an ihr vorbeizog und seine Botschaft laut ausrief. Auf dem obersten Treppenabsatz sah sie durch offene Türen den Advokaten am Schreibtisch stehen, einen Moment unbewegt. Und sie vernahm noch in den angrenzenden Räumen die kurzen Rufe des Überwältigtseins. Dann hatte sie sich schon umgedreht, war sie schon von der Treppe auf die Straße gelaufen, lief sie schon in Richtung Kloster, rannte die Rue des Cordes hinauf, war sie selbst der Kamm der Welle, mit der die Nachricht sich ausbreitete, ihr Lauf der Lauf der Ereignisse, die bald das Kloster erreichten, die Pforte durchstürmten, die Treppe zum Parloir nahmen, zwei, drei Stufen auf einmal, wo die Äbtissin ganz plötzlich hoch aufgerichtet stand, unbewegt wie Lenôtre, als er die Nachricht empfing, und, überrollt von der Welle, sich langsam wieder setzte. Da rief man schon in den Fluren, im Kreuzgang, in der Küche die Botschaft einander zu.

Sie lauschte lange auf ihr Echo, wie es sich fortsetzte und in konzentrischen Kreisen, in deren Mittelpunkt sie sich befand, immer weitere Räume erfaßte, und sie sah um sich die völlig veränderte Welt, noch ungewandelt, aber schon nicht mehr die alte.
Sie fühlte sich wie aus langem, tiefem Schlaf aufgewacht. Es war gar kein Traum. Es war wirklich.

Von da an war das Leben nicht mehr nur unser eigenes. Es wurde öffentlich. Es verlor seine Privatheit.
Am Anfang stand ein großes, allgemeines Auslöschen der Erinnerung. Ein Überhandnehmen der Gegenwart auf Kosten des Vergangenen. Wie hatten wir gelebt? Es wußte niemand zu sagen. Niemand wußte genaueres. Wir konnten uns kaum erinnern, was wir getan hatten alle die Jahre. Familienstand, Professionen – und was sonst noch? Hatten wir denn geliebt? Waren wir glücklich gewesen, voller Hoffnungen? Welche? Wir sprachen nie mehr darüber.
Aus dem Schuldturm der Vergangenheit, aus der Bastille unserer dumpfen, nicht mitteilbaren Erinnerungen an eine Zeit, die vorbei war, in der wir jeder für sich gelebt hatten, stolperten wir ins Freie, schwankten noch, fanden uns mit vielen anderen, die gerade ins Freie stolperten, schwankten und sich aneinander hielten. Wir erkannten noch nichts. Wir rieben uns noch die Augen.
Und als erstes sahen wir: Wir standen ja auf der Straße. Was geschah, geschah nicht mehr in Salons und Gesindestuben, in Kanzleien, in Werkstätten, Kase-

matten, in Vorzimmern und Ratssälen, Markthallen, Wachstuben, Hinterhöfen, auch nicht in Kirchen und Schlössern – es geschah auf der Straße. Das Leben hatte den Schauplatz, an dem es stattfand, verlegt.
So kam am 18. Juli die Reisekutsche aus Rouen an, hielt vor dem Bureau de postes, wen wundert es, daß Marie zu der Zeit gerade vorbeikam, und es entstiegen ihr ein paar muntere junge Leute, die etwas Rundes am Hut trugen, unübersehbar und dreifarbig, eine Kokarde. Nie hatte sich eine Mode so rasch und vollkommen durchgesetzt. Schon am Abend konnte man die paar Verweigerer und Ignoranten von der Masse der anderen unterscheiden, die begeisterungsfähig und erleuchtet genug waren, um die Zeichen der Zeit nicht zu übersehen.
In dieser Zeit des Augenreibens, der Blendung, die der plötzliche Wechsel vom Dunkel ins Licht, vom Geschlossenen ins Freie hervorruft, in dieser Zeit, in der niemand deutlich wahrnahm, nur Schatten, Helligkeit, Umriß, konnten die Dinge geschehen, die sonst nicht geschehen können. Schreckliches. Unvorstellbares. Dinge, die nicht sein durften. Nicht so öffentlich. Die Zeit verminderter Wachsamkeit war ihnen günstig. Und selbst, als sie schon geschehen waren, konnte man glauben, man hätte sich einfach getäuscht.
Es geschah auf der Straße. Bei hellem Tageslicht, an das noch niemand gewöhnt war, fand die nicht heimliche und nicht verhinderte, die öffentliche Zerfleischung von Henri de Belsunce statt.

Hatte denn niemand gesehen, wie sich das Furchtbare ankündigte, wie es sich vorbereitete, langsam Notwendigkeit annahm, bis das nur Mögliche wirklich wurde? Nein, niemand.
Henri Vicomte de Belsunce war Major des Bourbonen-Regiments, das in Caen in Garnison lag. Er war ein junger Verwandter der verstorbenen Äbtissin. Ein Offizier von so hinreißender Arroganz, daß seine Truppe ihm in einem Maße ergeben war, daß es an Schwärmerei grenzte. O man muß ihn gesehen haben. Allein die Art, wie er seinen Mantel um sich schlug, immer als wenn gerade der Monarch selbst auf ihn blickte. So diente er seinem König. Mit Eleganz. Mit Hochmut. Mit schneidigen Worten und mit gepflegten Fingernägeln. Und leider auch mit unbesiegbarer Dummheit.
Zwar hatte er die Gesetze der Strategie und Ballistik studiert, etwas Latein und Rhetorik, aber sein Geist reichte nicht hin, um zu wissen, was Hunger bedeutet. Er besaß nicht die geringste Spur Phantasie.
Mit der zivilen Obrigkeit in der Stadt Caen war das anders. Ihre Aufgabe war schwer: die minimale Versorgung der Bevölkerung mit Grundnahrungsmitteln bei weitgehender Wahrung des erfreulichen Preisniveaus. Denn nicht nur der Comte de Vendœuvre, auch seine Stellvertreter und die Ratsmitglieder besaßen Güter in der Umgebung von Caen. Das Mittel hieß: Kontingentierung von Getreidevorräten. Ein Apparat zur beliebigen Steuerung von Preisen unter Vermeidung zu krasser, zu unerfreulicher Hungersnöte.

So fuhren täglich die vollbeladenen Wagen über den Pont de Vauxelles, die Rue St. Jean, an St. Pierre vorbei bis zur Festung, wo man die Lager anlegte. Und es war notwendig, daß sie ausreichend eskortiert wurden. Denn die vollen Getreidesäcke mußten an leeren Mägen vorbeigeführt werden, das geht nicht ohne Eskorte. Da war Henri de Belsunce zur Stelle mit einigen seiner Leute, und es gelang, jeden Zwischenfall zu verhindern. Niemand war so verhaßt.

Eines Abends hielt er es für seine Pflicht, in der Vorstadt Vauxelles die öffentliche Ordnung zu garantieren. Es war aber kein Aufruhr, den er verhinderte, keine Plünderung, kein Verbrechen, sondern ein Freudenfest. Ein paar junge Leute hatten in der Rue d'Auge eine Holzpyramide errichtet, die die Aufschriften »Vive le roi« trug, »Vive Necker« und »Vive le tiers état«. Sie schmückten sie mit Girlanden aus Rosen und Eichenlaub, als de Belsunce hinzutrat und die Versammlung aufzulösen befahl. Das Glück des Volkes zerriß ihm das Herz, hat jemand gesagt, der dabei war. Ein junger Mann zog die Pistole, wurde sogleich entwaffnet, man wich in die nächsten Gassen und Toreinfahrten zurück. Von da aus sah man de Belsunce vom Freudenfeuer beleuchtet, das jetzt erst richtig zu lodern begann, wie er die Stellung hielt, die vorgeschobene Schulter, die die Achselstücke trug wie der Monarch seine Krone, und seine Augen, die stets halbgeschlossenen Lider, unter denen sein Blick von oben herab auf die fiel, die unter ihm waren, und gesenkt war vor dem, was über ihm stand, die schweren, flä-

chigen Lider der Arroganz, die ja auch immer devot ist, immer auch Dienst an der Macht, die sich nicht zeigen will. Und so sahen sie ihn stehen in der Unschuld seines Anspruchs, Stellvertreter der Macht zu sein und sonst gar nichts, in der vollkommenen Selbstgenügsamkeit, die sich darin offenbarte – und sie hatten Lust, ihn zu töten.
Hinterher schien es so, als wäre das, was geschah, nur geschehen, um diesen Augenblick herbeizuführen: Zusammenstöße der Bürgerwehr mit Soldaten des Garnisonsregiments, erbitterte Diskussionen um Vormacht und Zuständigkeiten, die durchaus nicht verbal blieben, nachts, am Pont de Vauxelles die alte Frage »qui vive?«, von einem Wachtposten der Milizen gestellt, vielleicht ein bißchen zu scharf, ein bißchen zu triumphierend, jedenfalls unbeantwortet von einem Offizier des Bourbonen-Regiments, der ohne Umstand passieren wollte, hatte er das etwa nötig, und dem man sich in den Weg stellte, zwei Griffe zu den Pistolen, rasch, bei Dunkelheit, und ein Schuß in die Augen des Regimentsoffiziers, die Stadt aufgeschreckt, hochfahrend aus dem ersten Schlaf, in den das Erinnern an Versäumtes, Verdrängtes wie ein Peitschenschlag führt, und schon der Ruf in den Straßen, aus Fensterhöhlen und Torbögen hallend, die aufgesperrt wurden wie lauthals schreiende Münder, zu den Waffen, und ihre Bewohner ausspuckten, die noch beim Läuten der Sturmglocken aller Kirchen, noch im Schutz der Rechtfertigung allen Handelns, die es verlieh, die Munitionsdepots plünderten. Sie füllten

Taschen und Hüte, trugen im Laufschritt die Beute fort, diesmal nicht Korn, sondern Pulver, lauter schwarzgraue Spuren, die vom Schloß in die Straßen hinabführten, in Hinterhöfe und Keller, was erst der nächste Tag ans Licht brachte und in der Nacht nur als dichter Schwefelgeruch in der Stadt hing, als habe der Leibhaftige seine Spur durch die Straßen gezogen, als sei die Hölle los, und das war sie, Aufmärsche, Drohungen, Ultimaten, Panik beim Nationalkomitee, dessen Mitglieder flohen, sich versteckt hielten, Auffahren von Kanonen, aber was wollen sie, was wollten sie denn, und plötzlich wußten sie selber, was sie wollten, auf einmal wußten es alle, sie wollten Henri de Belsunce. Der war von Anfang an sicher gewesen, daß es um ihn ging. Der hatte gar nicht gezweifelt. Ich bin bereit, sagte er zu seinen Leuten, die ihn noch immer verehrten, aufs Rathaus zu gehen und zu verhandeln. Hier bin ich, sagte er zu den Milizen, die man zu seiner Begleitung beordert hatte. Man hätte ihn ja vergessen. Aber als er vor das Tor trat, erkannten ihn alle wieder, und es fiel ihnen ein, wozu sie spät in der Nacht aufgestanden waren. Ein paar Verwünschungen wurden laut, spielerisch flogen Steine, die ihn an Kopf und Schläfen trafen, ein kurzes Stück ließ man ihn noch in seinem eigenen Leichenzug mitgehen, dann lösten sich alle Schüsse, die man für diesen Moment gespart hatte, auf einmal, überstürzt, unaufhaltsam.

Was folgte, war unbeschreiblich. Wie wenn man ein Stück Brot in einen Karpfenteich wirft. Ein Gewimmel von Leibern, die an derselben Stelle zusammenstießen

und einen einzigen Leib bildeten, der kämpfte, zuckte und wogte. Dann begann an den Rändern ein Sichauflösen und Auseinanderrennen. Ein Fortschleppen der Beute. Niemand hatte genau hingesehen. Niemand konnte sich an Einzelheiten erinnern. Trotzdem widersprach niemand, wenn man später das Ende von de Belsunce beschwor: sein Körper in Stücke gerissen, Teile davon durch die Straßen getragen, sein Herz gebraten, verschlungen von einer Wildgewordenen namens Sosson, die, als der Rausch vergangen war, immer noch durch die Straßen lief und ihre blutigen Hände den sich abwendenden Augen darbot.
Wer hat es wirklich gesehen? Wieder niemand?
Wer war dabei? Wieder alle? Niemand war so ganz sicher. Alle hatten sie Zweifel. Denn die Gewalt widersteht der exakten Bezeichnung. Sie wird verübt und erlitten und tritt im übrigen ausschließlich als ein Phantom auf, mal klein, fast niedlich, geschrumpft wie ein Flaschengeist, dann wieder riesenhaft, über die Maßen bedrohlich, so daß ganze Armeen sich in Marsch setzen, um Gegengewalt zu üben.
Gewalt ist etwas für Täter und für Opfer. Ausschließlich. Sie findet selbst auf den Straßen unter Ausschluß der Öffentlichkeit statt.
Augenzeugen? Selbst Opfer.
Herbeieilende Helfer? Selbst Täter.
Was sollte man also tun? Es zeigte sich, daß Dabeisein nicht einfach Anwesendsein meinte. Anwesendsein war nicht möglich, ohne daß man auch dabeigewesen war.

So war das also. So war das mit der Revolution.
Und es gab immer mehr, die sich auf- und davonmachten, weil sie nicht anwesend sein konnten, ohne daß sie auch dabei waren. So wählten sie etwas Drittes. Nämlich die Emigration.
Und so war bald schon ein Leererwerden der Szene zu beobachten. Bei den Abendgesellschaften, die der Comte de Faudoas gab, fehlte der eine oder andere. Niemand fragte nach ihnen. Die Übereinkunft, so zu tun, als ob nichts wäre, blieb nämlich weiter in Kraft. Und während man in den Gärten buchsbaumgesäumte Wege durchschritt, während man angeregt plaudernd sich zu den Bildern standesgemäßer Geselligkeiten gruppierte, zu den lebenden Bildern, die die zukünftigen Toten darstellten, hübsch geschminkt und frisiert, während man von der Reise an den Rhein sprach wie früher von der Fahrt an die Loire, als handle es sich wie früher um die Einladung eines bedeutenden, wenn auch nicht näher genannten Gastgebers auf seine Schlösser, währenddessen geschah es, daß der eine oder andere aus dem Bild lautlos verschwand, als habe irgendein Maler seine Stelle unauffällig übermalt, bis nur noch ein paar Übriggebliebene da waren, locker gruppierte Figuren zwischen den Blumenrabatten. Auf Wiedersehen in Koblenz.
Alexis ging nach Barcelona, um in der Armee des spanischen Königs zu dienen, und Charles nach Brabant, wo schon ein Corday war, Pierre, ein Bruder des Vaters. Und Jacques François? Und Papa? War er dabei? War er nicht dabei? Wo war er, als Revolution war?

Schwer zu sagen. Monsieur d'Armont blieb im Lande. Er blieb in Cauvigny. Hatte er nicht gewonnen? Hatte er nicht die Prozesse, die er seit Jahren führte, mit einem Schlage gewonnen? Abgeschafft die Privilegien der Großgrundbesitzer, abgeschafft das Feudalrecht, die Frondienstbarkeit und der Kirchenzehnte.
Papa, denk nur, sie haben die Bürgerrechte verkündet! Wie in Amerika. Freiheit. Sicherheit. Und das Recht zu besitzen. Alle Menschen sind gleich von Natur aus, wie Rousseau sagt. Freust du dich nicht?
Er reagierte zerstreut. Ja. Sieh an. Und er griff wieder zur Feder. Er entwarf seine Pläne, die zur Verbesserung der Welt dienen sollten, ganz so, als ob nichts wäre. Als ob gar nichts geschehen sei, verteilte er neu den Landbesitz, verbesserte die Methoden zur Steigerung der Erträgnisse, bekämpfte Mißbrauch und Ungerechtigkeit, Ungleichheit und Unterdrückung, ganz für sich schuf er neue Welten der Freiheit und Gleichheit und der Brüderlichkeit, nach der er sich sehnte, er schuf sie in seinem Kopf und hielt sie fest in den Worten, mit denen er das Papier vollschrieb. Er sah davon gar nicht auf.
So war er einer der letzten in ganz Frankreich, die lebten, als ob nichts wäre. So blieb er, der doch immer für das Neue gekämpft hatte, jetzt dem alten treu. Es war ihm unentbehrlich. Sie konnte es nicht begreifen.
Als sie im nächsten Sommer wieder nach Cauvigny kam, fand sie ihn noch etwas tiefer über die Seiten gebeugt. Er lebte nicht mehr im Haupthaus bei seinen Eltern, er hatte die Ferme des Bois bezogen, die zum

Gut gehörte, und lebte dort wie ein Häusler in seiner Bauernkate, ein Stück weit weg, in den Wäldern. Nicht einmal Eléonore teilte diese Einsamkeit. Sie blieb im Haupthaus und sah von dort aus nach ihm. Von ihr wußte Marie, daß er manchmal nach Argentan fuhr. Und sie war beinah erleichtert, als sie das hörte.
Verglichen mit Le Ronceray war die Ferme des Bois noch ein Abstieg. In den Zeiten der Gleichheit, die er doch selbst herbeigesehnt hatte, wollte Papa mit der Ungleichheit imponieren, die zwischen seiner Person und den Lebensverhältnissen herrschte, die er gewählt hatte. Niemand achtete darauf. Man übersah ihn vollkommen. Und er ahnte nicht, wie richtig er sich verhielt, indem er so unauffällig adlig war wie nur möglich, indem er sich wie ein Hase in der Furche in der Ferme des Bois duckte. Das kam fast der Emigration gleich, was aber nicht in der Absicht Monsieur d'Armonts lag. Nach wie vor war er der Meinung, daß eigentlich nichts geschehen sei und daß die Revolution, wenn sie denn stattfinden wolle, noch einmal ganz von vorn anfangen müsse mit der Entdeckung der Schriften, die er verfaßt hatte. (Er redigierte gerade »Les Principes de Gouvernement«.)
Ach, er wußte noch nicht, daß er entdeckt werden würde. Ja, man wird nach ihm fragen. Bald schon. In diesen Tagen. Vielleicht jetzt schon. Sie suchen ihn, werden ihn finden. In Argentan, Rue du Beigle, wo er zur Zeit lebt. Wohin ein Brief adressiert ist, der bald ankommen wird, »Verzeihen Sie, mein lieber Papa... ich hoffe, man wird Sie nicht quälen, auf jeden Fall

denke ich, daß Sie Fürsprecher in Caen haben werden... Vergessen Sie nicht, Papa, den Vers Corneilles: ›Das Verbrechen macht die Schande aus, nicht das Schafott.‹« Welche Schande, Papa? Welche Schande? Wußten Sie, was Ihre Tochter vorhatte, wird man ihn fragen, wissen Sie, was sie getan hat? Und obwohl er nichts wußte, nichts geahnt hat, wird er in jähem Erkennen sagen: Ich habe es gewußt.

Sommer bis tief in den Herbst hinein, lange, schwülwarme Sommer, an deren tiefblauen Himmeln plötzlich Gewitter aufzogen, die wieder schnell einem neuen, noch blendenderen Licht wichen – die Jahreszeit der Revolution war der Sommer.
In Caen war man daran gewöhnt. Dieses Licht, das aus einem beinah weißen Himmel kommt, der sich bedeckt hat, ohne daß man vorher Wolken heraufziehen sieht, der schnelle Wechsel von Helligkeit und Verfinsterung und wieder Helligkeit war so vertraut wie der Wechsel von Tag und Nacht in der Stadt. Man kniff ein wenig die Augen zusammen und machte sich an die Arbeit.
Madame de Pontécoulant, beschwingt und freundlich und immer bereit, Trost zu spenden, widmete sich ihrer Aufgabe mit dem Elan, der ihr eigen war, und selbst jetzt noch gelang es ihr, Zuversicht auszustrahlen, als sie nämlich die Ordensfrauen und nicht nur sie, auch Marie und ein paar Laienschwestern, ins Refektorium rief und ihnen mitteilte, was mitgeteilt werden mußte. Sie las es von einem Blatt ab, das sie in

ihrer allerdings zitternden Hand hielt, die Abschrift eines Dekrets, das aus Paris kam. Es gibt, sagte sie, keinen Ordensstand mehr. Die Gelübde sind nicht mehr in Geltung. Und dann las sie, bezwungen von ihrem Wunsch, selbst jetzt noch zum Guten zu leiten, die Bestimmungen, die folgten, mit einer Wärme, als wenn sie dafür werben wolle, als läge es ihr am Herzen, daß man davon erführe: Wer die Klöster verließ, bekam eine Rente, von der man leben konnte. Denen, die blieben, stand nur etwas mehr als nichts zu. So war die Zukunft der Ordensleute geregelt. Die Schließung der meisten Klöster ergab sich daraus von selber. Madame de Pontécoulant fügte etwas hinzu von der Klosterzelle der Herzen und von der Macht unausgesetzter Gebete, so privat sie immer seien. Sie wußten alle, daß sie sich nachts unter Tränen mit der Stifterin Mathilde beraten hatte. Wobei es sich um die Tränen handelte, die die Stifterin vergoß. Madame de Pontécoulant war zuversichtlich geblieben. Sie hielt das alles für einen kurzen, vorübergehenden Spuk. Was sie anbetraf, war die Ehe, die sie mit Gott führte, derartig glücklich, daß sie die Scheidung weder für sich noch für andere in Betracht zog. Was eher in Frage kam, war so etwas wie die Reise, die man in unruhigen Zeiten macht und von der man eines Tages wohlbehalten zurückkehrt, indem man sein Haus so vorfindet, wie man es verlassen hat. Denn letzten Endes bleibt immer alles beim alten – das war die Überzeugung, auf die sich der Seelenfriede der Äbtissin gründete und die sie mit der Mehrzahl der Emigranten teilte. Also, um hinreichend deutlich zu werden, es konnte sein, daß sie alle das Kloster würden verlassen müssen, für kurze Zeit vielleicht, bis zur glücklichen Wiederherstellung alter Zustände und Rechte, für die sich alle Heiligen ohne Ausnahme und ohne Unterlaß an höchster Stelle verwandten. Gott segne euch, meine Töchter. Und dann sah man doch Tränen, wie sie die Wangen herabliefen und das weiße Brusttuch ihres Ordenshabits durchnäßten. Die Tränen der Stifterin Mathilde.

Es war dann aber so, daß sie vorläufig noch bleiben konnten, wenn auch als Gäste in ihrem eigenen Haus, das ihnen nicht mehr gehörte. Denn bald darauf kam die Staatsmacht und nahm die Abbaye-aux-Dames zu eigen, indem sie sich alle Urkunden aushändigen ließ, alle Besitztitel, Schuldverschreibungen, Verträge.

Bis auf die, die man am Morgen in einen kleinen Tresor versenkt und wohlverschlossen irgendwo im Park vergraben hatte. Die Heiligen hatten alle ihre Zustimmung gegeben. Selbst die Stifterin beruhigte sich nach und nach. Wenn auch zögernd. Denn es geschah seit mehreren hundert Jahren zum erstenmal, daß ein Mann das Kloster betrat, um vor nichts haltzumachen, nicht vor den Zellen der Nonnen, nicht vor dem Refektorium und dem Kapitelsaal, ja, nicht einmal vor der Zelle, besser gesagt, dem geräumigen, fast eleganten, bequemen Schlafzimmer der Äbtissin. All das gehörte jetzt ihm, nein, dem, den er vertrat, dem Staat, wer immer das sein mochte.

Es war Bougon-Longrais, dem diese Aufgabe zufiel

und der sich ihr mit allem nur möglichen Taktgefühl unterzog.
Monsieur Bougon-Longrais. Mademoiselle d'Armont. Ein tüchtiger junger Mann wurde einer tüchtigen jungen Frau vorgestellt. Der Wohlerzogene einer Wohlerzogenen. Der Intelligente der Klugen. Es würde sich schon Gelegenheit finden, ihm darzutun, daß sie arm war.
Charles Bougon-Longrais war erst fünfundzwanzig, aber er war im Begriff, Karriere zu machen. Er war bereits Departementssekretär, und er würde schon bald zum procureur général aufsteigen. Diese aufsteigende Linie schien in ihm selbst angelegt. Er konnte nichts tun als ihr folgen, und zwar unabhängig von dem System, das ihn trug. Es trug ihn so, wie die Luft ihre Vögel trägt und das Meer seine Schiffe. Ein Element, das sich ihm anschmiegte, war das System, dem Bougon-Longrais diente. Während er sich so verhielt, als wenn es um das System ginge, während er all seine Kräfte und seine glänzenden Fähigkeiten ganz in den Dienst einer Sache stellte, verhielt sich das System so, als ginge es nur um ihn. Zwecke, an die er niemals wirklich gedacht hatte, ganz eigennützige Zwecke fanden sich plötzlich befördert. Manchmal sah er von den Akten auf, die er gerade bearbeitete, dachte auf einmal, wo bin ich, oh, ich bin in der Würde des Departementssekretärs, dachte er und rief sich mit noch mehr Fleiß und Leistungswillen zur Ordnung. Aber es war nicht nur Fleiß und Selbstdisziplin, was seine phantastische Eignung, befördert zu werden, ausmachte, es

war nicht einmal die Summe seiner Fähigkeiten, nein, es war noch etwas anderes.
Er war so angenehm. Er war in allen Funktionen, die er ausübte, so angenehm, daß er den Eindruck wachrief, als sei es eine Auszeichnung, eine höchst günstige Fügung, mit ihm zusammenarbeiten zu dürfen. Es war sein Glück und sein Unglück.
Ja, ein Stück weit ist es die politische Unschuld, die die Karriere befördert. Eine Unschuld, die Anmut verleiht, Leichtfüßigkeit beim Tanz durch die Institutionen. Sie bezaubert. Im Departement Calvados war man sich da völlig einig. Wer mag geeignet sein? Bei dieser Frage gab es unter denen, die sich die Macht teilten, immer ein paar, die riefen: Niemand als Bougon-Longrais.
Aber die Unschuld übt diesen gar nicht unschuldigen Reiz aus, der zu ihrer Zerstörung führt. Wer würde Bougon-Longrais in ein paar Jahren sein? Die Höhe, zu der er aufstieg, bezeichnete auch die Tiefe seines möglichen Sturzes.
Marie sah ihn von der Seite und empfand nichts als einen unbestimmten Vorbehalt, der weniger in Bedenken, die sie hegte, als darin gründete, daß sie schüchtern war, ungeübt nämlich im Umgang mit jungen Männern, außer den Kanzleigehilfen bei Lenôtre und außer dem Abbé Gombault. Aber das war nicht dasselbe.
Es ist nicht wahr, dachte sie, als Bougon-Longrais den Schlüssel zum Kapitelsaal entgegennahm, nachdem die Äbtissin lange danach gesucht hatte im Faltenwurf

ihres Gewandes – sie trug ihn nämlich am Gürtel, wo ihn Madame de Belsunce getragen hatte und alle ihre Vorgängerinnen in der fast unendlichen Reihe –, das kann doch nicht wahr sein, dachte Marie und blieb draußen vor der Tür stehen wie der Abbé Gombault, der bis hierher gefolgt war und vor dem Anblick zurückwich, der sich bot, als die alte Ordensfrau dem jungen Mann folgte, wie er einfach aus dem Dunkel in das Licht des Kapitelsaals trat, ein freundlicher, schöner Todesengel, der gerade die Schwelle zwischen hier und dort überschritt, zwischen der Welt, wo wir leben, und dem Unbetretbaren.

Der Abbé löste sich langsam aus seiner Erstarrung und, als besänne er sich auf das, was seine Pflicht war, ging er schnell hinterher. Marie folgte zögernd.

Sie fand sich in der Leere eines schmucklosen Raumes wieder, dessen Geheimnislosigkeit sie überraschte, lichtdurchflutet wie alle Räume im Kloster. Sie wußte einen Moment lang nicht, wohin sie sich wenden sollte.

Und Sie? sagte Bougon-Longrais auf einmal, und Sie? Was werden Sie tun?

Würde sie bleiben? Würde sie fortgehen?

Ich weiß noch nicht, sagte Marie.

Was hätte ich denn tun sollen?

Heiraten, sagte Hauer. Sie hätten heiraten sollen. Ein schönes Mädchen wie Sie.

Ach, sagte sie und lächelte auf die Art, die ihm ans Herz griff. Ach ja, die Cousins.

Es war nämlich ein Kinderspiel, Hauer begriff das nur langsam. Ein Spiel aus den frühen Zeiten, bevor Marie ins Kloster gekommen war. Man spielte es in den Scheunen, an Wiesenrändern und Bachläufen. Geht, sagte man zu den Kindern, wenn die Familien zu Festen und Namenstagen zusammenkamen, geht doch spielen.

Es waren immer dieselben. Aber es waren nicht wenige. Irgendwie waren ja alle, die Grund und Boden besaßen, auch miteinander verwandt. Alle Cousins und Cousinen. Geht, sagten die Erwachsenen, nun geht doch ruhig etwas spielen. Und dann sah man sie ausschwärmen, die kleinen Junker und Landedelfräulein. Das reife Korn teilte sich über heimlichen Fährten, es raschelte im Gebüsch und wisperte in den Scheunen. Dann und wann stieg Gelächter auf, hallten Rufe. Gegen Abend nahm beides zu: die Heimlichkeit und das Lärmen. Und die Erwachsenen, selber für ein paar Stunden ganz im Bann des erhitzten Beieinanderseins, schienen sie zu vergessen. Es wurde Nacht, bevor jemand nach ihnen rief.

Sie, die doch sonst so wachsam waren, ja, selbst die älteren Tanten schienen sich keine Sorgen zu machen. Grasflecken, zerknautschte Kleider, alles entging ihnen. Sogar die Gefahr der Verkühlung, die sonst so wichtig genommen wurde, schien auf einmal nicht so groß. Zitternd von der gehabten Aufregung, hellwach vor Übermüdung, schlich man an ihnen vorbei und legte sich in die Betten zu den Geschwistern. Nach solchen Abenden waren alle Cousins und Cousinen im Pays d'Auge kreuz und quer miteinander verlobt. Wenig später verließen sie die Familien, traten in Klöster ein und Regimentsschulen, aus denen sie dann nach Jahren erst zurückkehrten. Und sie vergaßen es nie.

So kam nach aller Verteilung des Besitzes an allzu viele Nachkommen doch nach ein, zwei Generationen wieder ein wenig zusammen. Das war erwünscht und gut. So sahen es selbst die Tanten, und so bezwangen sie Wachsamkeit und Besorgnis, die in ihrer Natur lagen, für ein paar Stunden im wohlverstandenen Interesse ihrer Familien. Ja, etwas von der Erregung solcher Abende teilte sich ihnen mit, machte sie weich und ahnungsvoll und gab ihnen auf einmal das Gefühl, daß sie lebten.

So hatte einst Jacques François Charlotte Gauthier gefunden, seine einäugige frühe Liebe unter den Cousinen. Und sie hatte gewartet, während er auf der Kadettenschule war, dem Regiment beitrat, erst Fähnrich wurde, dann Lieutenant. Sie hatte auf ihn gewartet, immer das Schicksal der Tanten vor Augen, ungewiß, ob er jemals wieder zurückkommen würde. Es dauerte fünfzehn Jahre. Dann aber gab es auch keine Fragen mehr. Dann wurden sie Maries Eltern.

Ja, die Cousins und Cousinen waren dazu bestimmt, Eltern zu werden. Jean Jacques Hauer verstand jetzt. Sie hatte einstmals Versteck gespielt. In Scheunen, Hecken und Büschen war sie gesucht und gefunden worden, sommerabendelang bis spät in die Nacht hinein. Ach, die Cousins.

Und sie waren nicht wiedergekommen. Keiner von ihnen. Die Cousins sind in London, in Koblenz und Barcelona. Alle Cousins sind im Ausland. Sie sind emigriert.
So sah das für die Cousinen aus, als sie die Klöster verließen. Was sollten sie also tun? Bleiben konnten sie nicht, und fortgehen konnten sie auch nicht. Allenfalls konnten sie wieder zurückgehen zu ihren Eltern. Also fuhr Marie nach Cauvigny.
Aber man kann nicht zurückgehen. Man kann bleiben und fortgehen, warten und Umwege machen, aber man kann nicht zurückgehen. In Cauvigny, umgeben von den vertrauten Gesichtern aus ihrer Kindheit, den unveränderlich freundlichen Silhouetten der Scheunendächer und Hügelketten, über die selbst die Vögel seit Jahren in immer gleichen Zügen flogen, in Cauvigny war sie Gast in ihrer eigenen Vergangenheit.
Im Hohlweg ihrer frühen Alpträume lief sie zur Straße und bog dann rechts in den Wald ab, wo es zur Ferme des Bois ging. Sie fand Papa im Schuppen, wo er die Hühner fütterte. Pt, pt, pt.
Papa, sagte sie, da bin ich.
Ja, so ist das, sagte er mehr zu den Hühnern. Sie ging mit ihm auf die Pirsch. Da brauchte man nicht zu reden.
Und sie begriff, daß er selber Gast in seiner Vergangenheit war. Die Ferme des Bois, wo er einmal mit Mama gelebt hatte, enthielt nicht genug Gegenwart.
Papa, hier kannst du nicht leben.
Mach dir keine Sorgen um mich, sagte er.

Es stimmte, daß sie von sich sprach. Sie dachte an nichts als Flucht. Sie hatte es mit Arbeit versucht. Ja, sie ging mit den Mägden hinaus zum Heuwenden. Sie half sogar in den Ställen und trug die Stange auf der Schulter, an deren Enden die Milchkübel schwankten, ohne etwas zu verschütten. Du stinkst wie eine Stallmagd, sagte Tante Marguerite. Marie butterte, schöpfte Käse. Aber es half nichts. Und so verfuhr sie noch strenger, indem sie der Pflicht zur Arbeit noch die Pflicht zum Gebet hinzufügte. Ein klösterliches Offizium, das sie sich selbst auferlegte. Prim, Terz, Sext, Non und Komplet. Sie hielt die Stundengebete ein, als müsse sie für die Sünden der ganzen Welt büßen.

Marie, sagte Eléonore, mit der sie sich ein Zimmer und ein Bett teilte, warum schläfst du nicht einfach?

Sie kniete auf dem Boden und schlug im Takt der Gebete mit ihrer Stirn gegen die Wand, damit sie wachblieb.

Benedicamus Domino ... Marie, komm doch ins Bett.

Kurz danach stand sie wieder auf, um zur Messe zu gehen. Es half nichts. Sie mußte weg.

Etwas zog sie woanders hin, stark wie der Hang zur Sünde. Und es war sündhaft, wegzuwollen. Sie besaß nicht die Demut, mit der man sich ins Notwendige schickt. Die Tugenden einer Tante fehlten ihr: das Talent zur Tatenlosigkeit, die Begabung fürs unnütze Leben und für die Sanftmut der Tante Marguerite, diese Sanftmut, der immer auch etwas Hochnäsigkeit beigemischt war, mit der sie eines Tages: Du wirst

dich daran gewöhnen! zu Marie sagte, als im Salon die Lichter um neun gelöscht wurden, weil man in Cauvigny immer um neun ins Bett ging. Nein! rief Marie und erschrak über die eigene Heftigkeit. Nein, ich will lieber sterben!
Und das stimmte.
Ich fahre nach Caen, sagte sie, als die Familie am nächsten Tag um den Tisch saß.
Was willst du dort? fragten alle.
Sie hatte nichts überlegt, was sie darauf hätte antworten können.
Madame de Bretteville besuchen, sagte sie aus dem Stegreif. Sie schienen alle zu wissen, daß man sie nicht länger festhalten konnte. Aber komm bald zurück.
Sofort wuchsen ihr Flügel. Warum packst du soviel ein? fragte Eléonore, als sie zu Marie ins Zimmer kam, du bist doch bald wieder da.
Kleider, Bänder und Hauben flogen von selbst in den Koffer, Klöppelkissen und Nähzeug, am Schluß sogar ein paar Bücher. Nichts davon wollte bleiben. Trotzdem war ihr so leicht, als sie den Koffer zum Hohlweg hinauftrug, und lange bevor der Wagen abfuhr, stand sie schon an der Straße zur Heimkehr ins eigene Leben. Erst kurz vor Livarot fiel ihr ein, daß sie wirklich zu Madame de Bretteville gehen mußte. Es war die einzige Adresse, die sie in Caen hatte.

Madame de Bretteville war eine entfernte Verwandte der Cordays. Sie war Witwe und Anfang Sechzig. Mehr war über sie nicht zu sagen. O doch: Sie hatte

geerbt. Madame de Bretteville war reich, auch wenn man ihr das nicht ansah. Ein Reichtum, mit dem sie gar nichts anfangen konnte, ein falscher, sinnloser Reichtum, sie wußte es selber. Wie alles in ihrem Leben war er als Unglück gekommen, als ein Hohn, eine Strafe. Es war das letzte in einer Serie von Mißgeschicken gewesen, die ihr Leben ausmachten. Früh war ihre Mutter gestorben, ihr Vater brachte sein Leben in Paris mit Mätressen zu. Sie war einsam. Und sie blieb einsam. Niemand hielt um ihre Hand an, als sie heranwuchs, obwohl sie die einzige Tochter eines vermögenden Mannes war. Monsieur de Bonnebos, ihr Vater, hatte sie einfach vergessen. Ja, er vergaß sie in Caen, während er in Paris lebte, und er vergaß auch die Mitgift, die er ihr schuldete, all ihre Briefe wurden mit kurzen und hinhaltenden Grußbotschaften erwidert. So war sie älter geworden. Und siehe da – es war anders, als es bei Jungfern sonst ist: Ihre Aussichten auf Heirat nahmen nicht ab, sondern zu. Denn nicht ihr Alter war ausschlaggebend, sondern das ihres Vaters. Wollte er keine Mitgift aussetzen, so mußte er doch einmal sterben, und niemand anderes als sie würde die Erbin sein. So bekam sie einen Mann, als sie schon beinah vierzig war. Das war Monsieur de Bretteville. Und sie bekam eine Tochter und wäre beinah zufrieden, wenn nicht glücklich gewesen, aber Monsieur de Bretteville zeigte sich ungeduldig. Er ließ es sie spüren.
Ich kann doch nicht meinen Vater umbringen. Das war der kühnste Versuch von Selbstbehauptung, den sie je unternahm. Kurz darauf starb ihre Tochter mit sieb-

zehn Jahren an Typhus, und ihr Vater, neunundachtzigjährig, heiratete seine sechsundsiebzigjährige Mätresse. Im Übermaß dieses Unglücks wuchs Madame de Bretteville einmal über das hinaus, was ihr eigen war, eine gewisse Einfältigkeit, eine große geistige Schlichtheit: Ich habe meinen Vater begraben und meine Tochter verheiraten wollen, sagte sie, und das Umgekehrte ist passiert.

So, mitten in ihrem Unglück, traf sie die Nachricht, daß sie geerbt hatte, vierzigtausend Francs Rente und Diamanten von unschätzbarem Wert, die sie seitdem trug wie Gemmen oder beliebige Medaillons – das alte Paar in Paris war ganz kurz hintereinander und in der richtigen Reihenfolge gestorben.

Einige Monate später starb auch Monsieur de Bretteville, mitten aus seinen Plänen für eine Zukunft gerissen, die nicht mehr stattfand. Es war ihr davon der Glaube an die Gerechtigkeit der Vorsehung geblieben. Sie entschloß sich, für den Rest ihrer Tage so unauffällig wie möglich zu leben, sozusagen unauffindbar für das Schicksal.

Sie hatte dafür eine Mischung aus Reich- und Armsein gewählt, die sie für angemessen hielt. So trug sie die Diamanten, aber der femme de chambre, die sie beschäftigte, gelang es nur mit Mühe, sie zu überreden, anständige Hauben zu tragen. Ihre Haushaltsführung war von großer Bescheidenheit. Aber sie hielt sich einen jungen Privatsekretär, dessen Loyalität und Ergebenheit ein Element von Undurchsichtigkeit enthielt. Nahm er sie aus? Betrog er sie? Argwohn drängte sich auf und verflüchtigte sich wieder beim Anblick der beherrschten, unaufdringlichen Art, mit der Leclerc sich im Hause Madame de Brettevilles bewegte. Wahrscheinlich brauchte sie ihn notwendiger als die Köchin, die Tag für Tag nicht viel anderes als Milchbrei und Gemüsesuppe zuzubereiten hatte und hin und wieder ein wenig Kräutertee, den Madame zu sich nahm, wenn sie mit einer Handarbeit im Salon saß und durch den milchigen Schleier ihrer Gardinen auf die Straße sah. Leclerc war das Instrument ihrer Teilhabe am Leben. Ja, sie brauchte ihn, denn sie war nicht nur ängstlich, sie war von einer großen, unüberbietbaren Unfähigkeit, auch nur das Geringste zu tun, was über die nicht vermeidbaren und stets wiederkehrenden Verrichtungen des täglichen Lebens hinausging. Wer Geld hat, muß manchmal handeln. Madame de Bretteville traf dies harte Los unverdient. Rechnungen, Abschlüsse, Steuern. Sie hielt sich dafür Leclerc. Wenn sie ein Laster hatte, ein einziges – sie hatte eigentlich keine –, war es die Dankbarkeit, die sie für ihn empfand. Sie äußerte sich in dem Tonfall, in dem sie: Leclerc wird das machen, oder: Wir wollen Leclerc fragen, sagte. Sie traute ihm alles zu.

Und wenn es stimmte, daß er sie heimlich bestahl, indem er das eine oder andere unterschlug, so nahm sie ihm das nicht übel, solange es in aller Unauffälligkeit geschah. Wäre sie fähig gewesen zu lieben, sie hätte ihn vielleicht geliebt. Doch sie war nicht einmal fähig, sich für irgend etwas, was es auch sei, zu inter-

essieren. Die Ruhe, die sie zur Schau trug, war der Ausdruck von aufrichtigem Desinteresse an allem, was sich begab, sofern es nicht ihre Gesundheit oder das Wetter betraf. All ihre Lebenserfahrung gipfelte in der Erkenntnis, daß immer die falschen Dinge zur falschen Zeit geschehen und daß es darum im Grunde nichts gibt, was der Mühe wert ist.
So sah sie die Revolution. Kaum war sie reich, wurde Reichtum plötzlich abgeschafft. Kaum war sie endlich gerüstet, in der besseren Gesellschaft aufzutreten, begann die bessere Gesellschaft plötzlich, das Land zu verlassen. Madame de Bretteville saß im Sessel, sah auf die Straße und seufzte: So hatte es kommen müssen. Sie hatte nichts anderes erwartet.
Das einzige, was für sie von unverrückbarer Wichtigkeit war, war die Kirche. Madame de Bretteville erfüllte ihre Christenpflicht und gab nichts auf das Gerede über vereidigte und unvereidigte Priester. Sakrament ist Sakrament, sagte sie.
Am 23. Juni nahm sie wie jedes Jahr teil an den Prozessionen zum Fest St. Jean, dem ihre Pfarrkirche geweiht war. Sie begriff nicht, warum es diesen Ärger gab, Aufregungen, Verzögerung. Es wurde elf, bis es losging, und in der Hitze der Mittagsstunden schleppte sie sich durch die Straßen, mehr verärgert als andächtig. Vor ihren Augen die Kreuze schwankten wie von einer Frage hin und her bewegt. Unbegriffenes, Unglaubliches lag in der Luft. Ruhelosigkeit trieb sie. Ungläubig wiegten die Gläubigen ihre Köpfe im Takt gemessener Schritte, wie sie das Fest vorschrieb. Nein,

keine Andacht beherrschte sie, eine Frage, ein Verdacht, eine Ahnung, eine schreckliche Gewißheit.
Als am Nachmittag Leclerc kam, fand er Madame de Bretteville im Salon sitzend, tief gebeugt über ihre Handarbeit, ein Gewirr vieler Fäden, die sich heillos verknäult hatten.
Ist es wahr, fragte sie, was man erzählt?
Ja, sagte Leclerc, der König hat versucht zu fliehen. Er wollte sich mit den Feinden des Vaterlandes vereinigen. Aber man hat ihn zurückgeholt.
Dummes Zeug, sagte sie. Helfen Sie mir. Und sie hielt ihm die angefangene Spitze entgegen, die wie ein Spinnennetz aussah, in dem die Spinne sich selbst eingesponnen hat – als könne er sie entwirren.
Aber das konnte Leclerc nicht.
Es geschah nur sehr selten, daß ihre Resignation in schwache, fahrig nervöse Ausbrüche von Zorn und Ungeduld mündete. Eigentlich nur beim Klöppeln. Alles andere ertrug sie mit dem Gleichmut der Einsicht ins Unabwendbare, dem kein Gefühl und kein Glaube und keine Phantasie beigemischt war. So war sie von Herzen dumm.
Aber es gab Argumente, denen sich auch Madame de Bretteville nicht verschloß. Ja, es gab ein Argument, das sie in hohem Maße überzeugte, und das war Verwandtschaft. Verwandtschaft setzte die Gleichgültigkeit außer Kraft, die sie beherrschte, ihre Selbstgenügsamkeit. Verwandtschaft zählte. Und darum zählte Marie.
Darum nahm sie sie bei sich auf.

Sie blieb zum Essen. Sie blieb über Nacht. Sie blieb dann noch eine Woche, einen Monat. Sie blieb.
Sie schlief am Ende des Ganges, der von Madame de Brettevilles Zimmer ins Hinterhaus führte. Ihr Fenster ging auf den Hof hinaus. Von dort aus sah sie den Himmel, das kurze Stück Vogelflug und Wolkenzug zwischen den Dächern, und sie sah so lange hin, bis sie vom Sog der Bewegung schwindlig wurde und sich die Dachfirste neigten und ins Stürzen gerieten. In Wirklichkeit herrschte Stillstand. Nichts geschah, nichts begab sich, nichts bewegte sich. Nicht einmal die Geräusche von der Straße drangen bis an ihr Fenster. Nachts hörte sie den schleppenden Gang einer Uhr, die im Hausflur stand, immer etwas verzögert, scheinbar langsamer werdend, als ob jemand nicht weiß, was er tun soll, und kommt und umkehrt, wiederkommt und wieder umkehrt, jemand, der nichts Gutes vorhat. Noch zögert er, es zu tun. Und manchmal wachte sie auf von einem Schrecken, der mitten aus ihrem Schlaf kam, entsetzt und angstvoll, schwitzend vom Kampf der Nacht, der keinen Traum braucht, erschöpft von der Arbeit des Schlafes, der gewaltigen Anstrengung traumlosen, tiefen Beisichseins. Jemand rief nach ihr. Man klopfte an ihre Tür. Es war schon wieder Morgen geworden. Schon wieder hatte sie viel zu lange geschlafen.
Denn sie schlief zuviel. Damals begann es, daß sie viel zuviel schlief. Eine Umkehrung fand statt. Die flüchtigen Stunden des Wachseins unterbrachen nur kurz die langen Nächte, eine einzige Nacht, die sie nie ganz

entließ. Und die Bilder des Tages hafteten nicht in ihr, wie Traumbilder nicht haften, weil sie von einer größeren Wirklichkeit ausgelöscht werden. Ihre größere Wirklichkeit war der Schlaf. In ihm wohnte sie. In ihm war sie zu Hause, tief vertraut aufgehoben, so wie man es nur bei sich ist. Im Schlaf war sie kein Gast.

Und sie schämte sich etwas, daß sie dem Schlaf soviel Herrschaft über sich eingeräumt hatte. Sie suchte es zu verbergen, indem sie scheinbar geschäftig war. Wie alle, die nicht wissen, was sie tun sollen, widmete sie sich den Dingen des täglichen Lebens mit soviel Fleiß und Ausführlichkeit, daß sie zur Arbeit anwuchsen. Es geht weniger darum, daß man nützlich ist, als daß man sich nützlich macht. Marie machte sich nützlich, und Madame de Bretteville konnte nicht umhin, sie zu loben.

Aber schon gegen Mittag fühlte Marie die Schwere ihrer Augenlider und die Trägheit ihres Körpers, der sie folgte wie einem Zug ihres Herzens. Sie ging zu Bett nach dem Essen und überließ sich dem tiefen, traumlosen Schlaf ihrer Nächte, der auf sie wartete und sie sofort in Empfang nahm, wenn sie sich legte. Und wieder weckte sie niemand als dieser schleppende, dumpfe Gang der Uhr, wie er kam, wieder umkehrte, näher kam und verzögerte und wieder wegging, sie zurückließ, um plötzlich wieder dazusein: Marie, Sie schlafen schon wieder. Jemand war in ihr Zimmer gekommen: Marie, ist Ihnen nicht wohl?

Doch, es war alles in Ordnung. Der kurze Traum eines Nachmittags stand ihr bevor.

Was geschah wirklich? Das Leben hatte den milchweißen Schleier der Gardinen im Salon Madame de Brettevilles. Dahinter sah sie die Straße, die Rue St. Jean, und ein Stück weit die Rue des Carmes hinauf und das Portal von St. Jean. Ein fernes Kommen und Gehen, in dem sie auch manchmal selber untertauchte, einen Korb am Arm in Richtung Marktplatz oder ein Meßbuch in der Hand auf St. Jean zu. Trotzdem erschien es ihr seltsam unwirklich, was sie sah, wenn sie mit Madame de Bretteville hinter den Fenstern saß, als habe alles da draußen nichts mit ihr selber zu tun. Und obwohl sie dabei waren, obwohl ihnen nichts entging, Prozessionen, Paraden, Aufmärsche und die alltäglichen Geschäftigkeiten der Straße, kam es ihr oft so vor, als seien das nichts als Bilder, die über die matten Scheiben der Fenster Madame de Brettevilles an ihrem Auge vorbeizogen, flimmernd von einer falschen Wirklichkeit, täuschend echt aus den Partikeln des Sichtbaren zusammengefügt, während das Leben gleichzeitig anderswo stattfand, im Unsichtbaren, Verborgenen.
Was geschah wirklich? Wer wußte genau, was geschah?
Die Abgeordneten im Nationalkonvent? Die Generäle? Die Priester? Die Priester wußten nicht einmal, wie ihnen selbst geschah. Sollten sie auf die Verfassung schwören? Sollten sie den Eid verweigern? Sie hatten nicht mehr die Antworten auf alle möglichen Fragen.
Wer also wußte Bescheid? Irgendwer muß es doch

wissen. Der König vielleicht? Der König. Der war geflohen, nach Varennes und war zurückgeholt worden. Seitdem wußte er endlich, was nicht mehr möglich war. Aber was war denn wirklich?

Was in den Zeitungen stand. Im Courrier Français, im Courrier Universel, im Courrier de Gorsas und im Journal de Perlet. Marie bekam sie von Leclerc, dem Zuträger aller Neuigkeiten im Haushalt Madame de Brettevilles. Ein Durcheinander von Meinungen, Verdächtigungen, Gerüchten. Große Bekenntnisse, Verwünschungen, Entwürfe. Und es gab so viele Wirklichkeiten, wie es Zeitungen gab und Verfasser, die sie schrieben. Nur einer kannte die Wirklichkeit hinter allen Täuschungen, nämlich die Wahrheit: Marat.

O meine Mitbürger, ihr frivolen und sorglosen Menschen, ihr, die ihr jeder Konsequenz im Handeln und Denken entbehrt, ich werde euch in Atem halten...

Wer sprach da?

Einer, der durch den Schein hindurch auf den Grund sah. Und was sah er da? Eine schreckliche Verschwörung.

Ehrgeizige, Intriganten, Gesindel, Lumpenpack, Schurken, die sich im Blut des von ihnen verratenen Volkes gemästet haben. Die Herrschaft böser Leidenschaften, das war die Realität. Stetiger Argwohn war angezeigt, abgrundtiefer Pessimismus. Der Mensch ist eitel und feige, in Täuschung, Falschheit und Lüge erzogen, er ist der geborene Verräter, der geborene Fürstenknecht, wenn man ihm nicht das Handwerk legt. Oh, ihr furchtsamen Bürger.

Kriegspläne der Emigrantentruppen. Anschläge auf die Freiheit und öffentliche Sicherheit. Aufstand und Unruhen in Montauban und in Nîmes, Sammlungsbewegung im Vivarais. Sittenverfall bei den Truppen. Korruption im Nationalkonvent. Postume Ehrung von Volksverrätern im Pantheon, Mirabeau, Descartes, Voltaire... Finstere Machenschaften. O Bürger. Die Flucht der königlichen Familie ist von langer Hand von Verrätern der Nationalversammlung vorbereitet worden. Man täuscht das Volk mit Paraden, mit großen Worten und Festlichkeiten. Es wird in Schlaf gewiegt, merkt nicht, an welchem Abgrund es sich befindet.

Und woher weiß er das alles? Wie entdeckt man die Wahrheit? Ist Marat immer dabei? Hat er das alles gesehen? Wie gelangt man vom Anschein, den die Dinge sich geben, zu der Wirklichkeit, die sich dahinter verbirgt? Weiß Marat nicht, was Marie weiß? Daß die Wirklichkeit scheu ist, daß sie sich schon lange nicht mehr mit Augen wahrnehmen läßt? Ja, daß sie sich immer weiter ins Unsichtbare zurückzieht, ins Verborgene? Daß sie sich immer weiter von dem entfernt hat, was alltäglich geschieht?

Doch, das wußte Marat. Wenn es in ganz Frankreich zwei Leute gab, die das wußten, waren es Marie Corday in Caen und Jean Paul Marat in Paris. Die Revolution war nicht wirklich, sie war ein Traumbild, ein Gaukelspiel, eine Verheißung. Der wunderbarste und schönste Traum, den sie jemals geträumt hatten.

Und während Marie am Fenster im Hause Madame de

Brettevilles saß, ihre Hände mechanisch mit Spitzenklöppeln beschäftigt, und auf das Schauspiel dahinter starrte, den Bilderbogen des Lebens im Stadtviertel St. Jean, saß Marat an seinem Schreibtisch in der Rue des Cordeliers am linken Seineufer, spitzte die Feder und wandte seine Methode an, um durch den Schein bis zur Wirklichkeit vorzustoßen: die Entlarvung.
Die Wirklichkeit war ein großes, ein allgemeines Komplott zur Verhinderung der Revolution. Die Wirklichkeit, die Marat fand, war eine Verschwörung.
Und hatte er denn nicht recht? Marie sah aus dem Fenster und legte plötzlich die Handarbeit weg. Sie öffnete einen Flügel und lehnte sich hinaus, um besser sehen zu können. In dem Moment ging die Tür auf und Leclerc kam herein, so daß ein heftiger Luftzug durch Madame de Brettevilles Salon wehte. Gardinen flatterten, Teetassen klirrten. Gleichzeitig hallte ein Schuß. Mach das Fenster zu, rief Madame de Bretteville vorwurfsvoll, als wenn Marie durch ihren Leichtsinn den Schuß ausgelöst habe. Es folgten mehrere Schüsse. Man hörte Lärm von St. Jean her, das Konzert der Gewalt mit seinen heftigen Rhythmen, Stiefel und Pferdegetrappel, die hohen Schreie, Befehle, einzelne zuerst, dann viele, ununterscheidbar, das Echo eines einzigen Befehls, der überall widerhallte, als wollten alle dasselbe, als sei die Stadt selbst ein einziger empörter Aufschrei, gipfelnd in einem hohen, schrillen Klagelaut. Die Tonleitern des Schreckens.
Und die entsetzliche Ruhe, die sich danach einstellte. Nur unterbrochen vom festen Schritt der Patrouillen.

Die Rue St. Jean und die Rue des Carmes menschenleer.
Es hatte mit einer Messe in St. Jean angefangen, freitags, am 4. November. Man hatte einen Köder ausgeworfen, und sie waren alle gekommen, Aristokraten, Refugiers, Ordensleute, zukünftige Emigranten. Abbé Busnel, der ehemalige Pfarrer von St. Jean, unvereidigt, abgesetzt, nur noch heimlich amtierend, wenn man ihn rief, zu taufen und Sakramente zu spenden, wie sie es alle taten, war zurückgekommen und zelebrierte die Messe. Die Stadtverwaltung hatte ihm eine Sondergenehmigung erteilt. Es wurde mehr ein Triumphzug als eine Messe. Man applaudierte, umarmte ihn, und er versprach Wiederholung.
Am nächsten Tag blieb der Abbé lieber weg. Man hatte ihn im Interesse der Bürgerruhe dringend darum gebeten. Seine Anhänger aber erschienen um so zahlreicher vor St. Jean, die meisten nicht mit dem Meßbuch bewaffnet, sondern mit ihrer Empörung über die Zustände, manche auch mit Pistolen und den gewohnten Abzeichen der Nobilität, ihren Degen.
Sie mußten glauben, daß man ihnen ihren Abbé mit Gewalt vorenthielt, und so war Gewalt vorbereitet. Die Menge wuchs, und es war soweit: Die Sicherheit war gefährdet, die innerstädtische Ruhe nicht mehr garantiert. Man schickte zwei Kompanien der Nationalgarde, um die Versammlung vor St. Jean aufzulösen. Kurz darauf fielen die Schüsse, deren Zeugen Marie, Leclerc und Madame de Bretteville und viele andere geworden waren.

Aber was wissen schon Zeugen? Was war geschehen? Der Platz vor St. Jean war leer. Vor dem Portal stand ein Posten der Nationalgarden. Andere patrouillierten in den Straßen. Was sieht ein Zeuge, der nichts sieht? Die Wirklichkeit war ein verbotener, abgeriegelter Platz. Unbetretbar. Marie wollte hinausgehen. Sie bleiben hier! rief Madame de Bretteville. Leclerc stellte sich in den Weg. Sie können jetzt nicht in die Stadt gehen, Mademoiselle.
So funktionierte die Ausgangssperre. So wußte sie wieder nichts. Sie hatte etwas gesehen, etwas gehört, aber sie erfuhr erst später, was sie gesehen und gehört hatte, als es die Spatzen von allen Dächern pfiffen. Es war ein Lied mit dem Refrain, den sie schon kannte: Eine große Verschwörung war aufgedeckt worden. Feinde der Revolution, Royalisten, ehemals Adlige wie die Duchesse de Villeroy und der Marquis d'Héricy, hatten ein Komplott geschmiedet, das die Abschaffung der Freiheit, die Wiedereinführung der Sklaverei des Ancien régime zum Ziel hatte. Man hatte sie inhaftiert. Vierundachtzig Verschwörer waren aufs Schloß gebracht und dort gefangengesetzt worden. Leider hatte es dabei auch ein paar Tote gegeben.
Also: Marat hatte recht. Die Wirklichkeit hinter allem Schein und Trug, aller Täuschung war eine Verschwörung.
Aber das Volk war wachsam. Es hielt die Augen auf, und: Ich bin das Auge des Volkes, sagte Marat. O ihr Bürger, sputet euch, sputet euch, sonst werdet ihr die privilegierten Stände wieder auferstehen sehen, und

der Despotismus, dieser abscheuliche Despotismus wird furchtbarer denn je wiedererscheinen.
Was soll man dagegen tun? Was kann man gegen die Wirklichkeit ausrichten? Ist die Wirklichkeit nicht das Leben? Das Leben selbst? Gibt es ein Mittel dagegen?
O ja, sagt Marat, das gibt es. Fünfhundert oder sechshundert abgeschlagene Köpfe hätten euch Ruhe, Freiheit und Glück gesichert. Eine falsch verstandene Menschlichkeit hat eure Arme gelähmt.
Fünfhundert? Sechshundert? Warum nicht zweihunderttausend? Sollte die Wirklichkeit danach nicht um so furchtbarer wiedererscheinen? Und immer furchtbarer und furchtbarer, je mehr Köpfe man ihr abschlägt?
Und wie soll das geschehen? Der arme Monsieur Sanson, der Scharfrichter in Paris ist. Man hätte hundert Sansons gebraucht, deren Arme wie Windmühlenflügel das Hinrichtungsschwert schwingen. Es war einfach übermenschlich, was auf Monsieur Sanson zukam. Nach jeder Hinrichtung war das Schwert zudem schartig und stumpf. Man mußte es schärfen und schleifen. Wie sollte er damit fertig werden?
Immer wenn die Zeit reif ist für eine Erfindung, dann wird sie auch gemacht.
Marat hat die Idee gehabt und verschrieb sich ihrer Verbreitung: die Idee des Tötens als Mittel politischer Arbeit, nicht neu, nicht originell, aber von solcher Leuchtkraft, wie sie Ideen nur selten haben.
Der Doktor Guillotin verhalf ihr dazu, aus der Sphäre der Ideen in die Sphäre der Politik einzutreten, wo die

Ideen der Verwirklichung zugeführt werden. Er forderte die Einführung des Fallbeils von der Nationalversammlung, inspiriert von dem Gedanken, daß, wo nicht Freiheit und Brüderlichkeit, so doch die Gleichheit beim Töten zu verwirklichen sein müsse. Etwas wie eine Maschine, schnell und fehlerfrei arbeitend, schwebte ihm bereits vor.
Der Chirurg Doktor Louis machte sich an die Arbeit der Konkretisierung. Vom Konvent damit beauftragt, legte er sein Gutachten vor, das den Entwurf eines Tötungsgerätes enthielt, welches man später zu Unrecht nicht Louisette genannt hat, sondern zu Ehren Monsieur Guillotins Guillotine.
Alle drei waren sie Ärzte und insofern kompetent. Nur der letzte, der Hersteller des Gerätes, Tobias Schmidt aus dem Elsaß, war Klavierbauer und daher geschickt zum Bau von Präzisionsinstrumenten. Er war nicht an der Idee, sondern nur an ihrer Ausführung interessiert und am Verkauf des Produktes.
So entsteht etwas. So entstand die Guillotine. Ein Modellfall der Reise, die die Erfindungen von ihrem Ursprung im Kopf über vrschiedene Stationen, die zwischen Idee und Ausführung liegen, antreten, bis sie verwirklicht sind.
Und hatte Marat nicht recht? War nicht die Wirklichkeit die eigentliche Verschwörung, diffus und ungreifbar, rätselhaft und verschleiert, wie die Wirklichkeit ist?
Marat, Dr. Guillotin, Dr. Louis und Herr Schmidt – waren sie keine Verschwörer? Auch wenn sie sich

nicht besprochen hatten, auch wenn sie nicht einmal viel voneinander wußten, waren sie nicht alle Teil dieser großen Verschwörung, die die Wirklichkeit der Revolution ist?
War es nicht ein perfektes und perfekt getarntes Komplott?

Im Dämmerzustand des Lebens, das sie führte, kam alles Licht von den Büchern. Nachmittags saß sie im Hof und hatte ein Buch aufgeschlagen. Manchmal blickte sie hoch, um die unsichtbaren Gäste, die durchs Hoftor traten, mit einem unsichtbaren Lächeln zu begrüßen.
Tircis! Le Cid! Polyeukt! O meine Helden, willkommen! Pierre Corneille war ihr Urahn. Ihr Urgroßvater Corday hat eine Enkelin des Dichters zur Frau gehabt, von dem die Helden abstammen. Sie waren ihre Geschwister.
Chimène, Mélite, wir entstammen derselben Familie. Die mutigen jungen Frauen, unbestechlich im Leiden wie in der Liebe, einmütig in der Bereitschaft, sich zu opfern, wenn Pflicht und Ehre es fordern, nahmen sie unter sich auf. Sie erkannten sich. Töchter desselben Vaters. Dichterkinder, Geschöpfe von Pierre Corneille.
A peine parles-tu... Von ihm ist die Zauberformel. Kaum daß du sprachest... Kaum daß ich dich erblickte... Kaum hat Tircis Mélite gesehen, hat er sich auch schon unsterblich in sie verliebt und vergessen, daß er sich für die Freiheit entschieden hat, für die

Gleichgültigkeit. Ihr Anblick hat ihn verwandelt. So geschieht es den Helden. So stürzen sie in den Zwiespalt, in dem ihr Heldsein sich zeigen wird, kaum daß sie auf der Bühne im Kopf der Leserin erschienen sind ... Zauber des Urahns Corneille. Dieser Gebrauch eines Wortes, das Veränderung bewirkt, kaum daß man es ausspricht, unmittelbar, ohne Säumen, wie es sonst nur bei der Heiligen Handlung geschieht: Aber sprich nur ein Wort, so wird meine Seele gesund ...

Manchmal gelang es ihr, ein Stück des wehenden Mantels der rasch vorüberziehenden Gottheit zu fassen. Eine Berührung, die heil macht wie die des Königs, die von den Blattern kuriert. Obwohl die Könige selber sich nicht einmal von der Krankheit des Königseinmüssens heilen können, wenn man es recht bedenkt. Aber sie dachte nicht. Sie unterhielt sich mit ihresgleichen. Sie las.

Ja, sie fühlte sich krank. Ja, sie ersehnte die Heilung. Darum las sie. Sie saß am Brunnen im Hof und füllte ihre Seele aus einem Buch des Corneille, der ihr Urahn war. Sie las, damit ihre Seele gesundete. Sie las und las. Der Held erscheint nicht auf einmal. Lange vor seinem Erscheinen kündigt er sich schon in der Erwartung der Leserin an. Mit jeder Zeile wird sie ungeduldiger. Jedes Wort schürt ihre Sehnsucht. Da. Der Wunsch, lieben zu können, hat den Helden geschaffen – und da ist er, Rodrigue, le Cid, mein von Anbeginn an Geliebter.

Er kann nicht fehlgehen. Ururgroßvater Corneille unterzieht ihn der härtesten Prüfung. Es wird ihm nichts erspart. Wie wird Rodrigue sich entscheiden in dem furchtbaren Kampf zwischen Liebe und Ehre, zwischen Neigung und Pflicht? Er tötet Chimènes Vater, Don Gomez. Jetzt kommt ihre Stunde. Ja, sie ist des Helden würdig, und sie fordert seinen Tod. Sie muß ihn fordern. Beide tun, was sie tun müssen, Don Rodrigue und Chimène. Nichts anderes macht sie ja liebenswert füreinander. Nichts anderes als ihre Ehrhaftigkeit, die sie wieder und wieder beweisen, in Frage stellen und neu beweisen. Und gerade die soll sie trennen. Muß die Leserin nicht wünschen, daß sie sich einfach lieben? Daß sie einander einfach in die Arme fallen. Einfach so. Ohne Prüfung. Auf den Schleichwegen der Seele sucht sie nach einem Ausweg. Aber es darf nicht sein. Könnte sie Rodrigue sonst lieben? Denn auch sie liebt Rodrigue ja um dieser Schwierigkeit willen, die darin liegt, daß er Held ist.

Doch er wird einen Weg finden. Sie zweifelt nicht daran. Von Anbeginn an hat ihm ihr Vertrauen gehört. Das erst macht ihn ja zum Helden, das unbegrenzte Vertrauen, das sie in ihn gesetzt hat. Niemals wird Don Rodrigue einfach Chimène an sich reißen mit dem Ansinnen, sie ohne weiteres zu lieben. Ohne Kampf, ohne Leiden, wie es die Nicht-Helden tun, denen die Leserin manchmal in ihrem Leben begegnet.

Nein, Rodrigue wird Chimène erst als Held umarmen, was er zwar von Anfang an ist, aber doch erst beweisen muß, und zwar der Leserin ebenso wie Chimène.

Und auch sie, alle beide, haben erst ihren Teil an Heldentum zu beweisen. Mit der wütenden Strenge, zu der sie fähig sind, wenn es um Dinge der Liebe geht, fordern sie seinen Tod. Er hat Chimènes Vater getötet. Er muß sterben.
Er, der die wilden Horden einfallender Mauren besiegt hat? Er, dem das Land seine Rettung verdankt? Er muß sterben. Mit dem edelsten Gegner, dem gefährlichsten also, mit Don Sancho muß er sich duellieren.
Im entscheidenden Augenblick, wenn es um Liebe und Tod, um das Glück und die Ehre geht, ist es dann doch Chimènes, doch der Leserin Liebe, die den Kämpfenden plötzlich in den Arm fällt und halt! ruft, halt, so rettet das Glück doch!
Jetzt ist der Held erst ganz da. Jetzt schließt er sie in die Arme. Ja, sie hat es gewußt, daß sie es ist, die er liebt. Die Leserin blickt vom Buch auf. Wie, es ist schon vorbei. Schon vorüber. Nichts als ein Rauschen des Mantels, der sie flüchtig berührt hat, während sie Sprich nur ein Wort! murmelt, Sprich nur ein Wort... Aber es ist niemand da.
Und so schlägt sie das Buch zu. So sitzt sie am Brunnen. Sie fröstelt. Von Westen her, wo Amerika liegt, kommt ein Wind auf. Von Osten her, wo Paris liegt, wird es Abend. Der Wind spielt mit den Seiten auf ihrem Schoß. Der Abend wirft seinen Schatten über den Hof. Rodrigue. Der Held ist wahrhaftig. Was er beschlossen hat, tut er. Was er sich vornimmt, geschieht. Was er auch anfaßt, gelingt ihm. Was ihn behindert, muß weichen.

Wenn sie ein Mann wäre, könnte sie selber ein Held sein.
Aber sie war eine Frau. Gefiel sie den Männern? Die Antwort kommt von den Frauen.
Sie ist so falsch, wie die Frage gestellt ist, und kommt nur von den Frauen. Sie legen etwas den Kopf schief, kneifen die Augen zusammen, runzeln die Stirn und denken: Sieh an, Marie. Marie Corday, gut gewachsen, aber ein bißchen zu kräftig. Weiß sie nicht, wie man das Haar trägt? Mit dieser dummen Frisur sieht sie wie ein Mädchen vom Land aus. Andererseits dieser Teint. Seine superbe Blässe, die ihr, solange sie jung ist, erlaubt, dann und wann zu erröten, zartglühend, flekkenlos, nicht am Hals, nicht im Nacken, nur von dem meist unsichtbaren, langsam erglühenden Zentrum unterhalb ihrer Wangenknochen ausgehend, während sich ihre Augen mit einer seltsamen Fremdheit füllen und niemanden mehr ansehen. Erst mit nachlassender Röte kommt ihr Blick wieder zurück. Sieh an, Marie Corday – gefällt sie den Männern?
Und Madame de Loyer, die im Haus Madame de Bretevilles verkehrte und Maries Mutter gekannt hatte, nahm sie manchmal beiseite, legte ihr den Arm um die Schulter und sagte, mein liebes Kind, Sie halten sich nicht gerade. Kopf hoch, mein liebes Kind, Kopf hoch. Sie haben sehr hübsche Augen. Warum sehen Sie immer zu Boden? Und Ihr Kinn ist viel hübscher, wenn Sie es ein wenig hoch halten.
Und während Marie errötete, verschleierte sich ihr Blick in dem Maße, in dem ihr Blut in die Wangen

stieg, und beides wurde von einer Qual begleitet, die im selben Maß zu- und abnahm und die Marie mehr als alles andere fürchtete. Hinreißend, sagte Madame de Loyer, wirklich hinreißend. Aber ein paar Tage später hörte Marie im Salon Madame de Loyer mit Madame de Bretteville sprechen: Sie hat ein zu starkes Kinn, sagte Madame de Loyer gerade. Ja, ein menton de galoche, sagte Madame de Bretteville, wie unvorteilhaft, wenn sie es auf ihre Brust drückt, als wenn sie sich in den eigenen Ausschnitt blickte.

Und es geschah, daß Marie vor der Tür stehenblieb, die angelehnt war, und spürte, wie sie, allein auf dem dunklen Gang stehend, rot wurde. Eine Welle der Qual überflutete sie langsam. Auf ihrem Höhepunkt, an dem sie wie immer blind war, sah sie sich diesmal selbst, als wenn sie sich durch den Schleier von Scham und Fremdheit entgegenkäme vom anderen Ende des Ganges: ein etwa zu großes, etwas zu kräftiges Mädchen, das immer auf etwas wartete, was nie geschah. Sie flüchtete in ihr Zimmer.

Dieser Raum, den sie mit sich selber bewohnte. Nach so vielen Jahren im Kloster ein Zimmer mit einem Spiegel. Nicht einmal in ihrem Bett war sie ganz ohne sich. Dieses Bild gegenüber, die dunkle Frau auf dem Kissen, fremd, aus fremdem Traum aufgewacht, das war sie. Und sie verfolgte aufmerksam jede Bewegung, die die Schöne im Spiegel machte, studierte ihren Lokkenfall, den zarten Schatten der Schlüsselbeine, schlug ihre Decke zurück, deren Faltenwurf sich sogleich die Anmut mitteilte, mit der sie aufsaß, die Füße über die

Bettkante schob, langsam nachglitt und wie mondsüchtig hinüberging zu dem Spiegel, in dem die Schöne jetzt groß und noch fremder als jemals dastand, aufblickend zu Marie, herabgestiegen auf den sich abwärts neigenden Dielenbrettern, dieser abschüssigen Linie, auf der sie zu ihr gelangt war, sehnsüchtig wie Marie, begierig in Erscheinung zu treten, auf kleinen Füßen, von denen aufwärts ihre Körperlichkeit und Fülle immer mehr zunahm – o nein, kein Abbild, eine Erscheinung, verzerrt von dem Verlangen nach Sichtbarkeit und Berührung, in dem sie sich das Hemd von ihren Schultern streifte, die wie von selbst daraus emporstiegen und ihre Brüste, die sich nach oben wölbten und mit jedem Atemzug etwas entgegenhoben. Sie hatte sich nie gesehen.

Und so wandte sie nichts mehr ein, als Madame de Bretteville, von Madame de Loyer angestiftet, eine Schneiderin bestellte, um Marie neue Kleider nähen zu lassen. Die Schöne trat aus den Spiegeln in die Salons und Empfangsräume und trug ein Taftkleid mit Streifen, rosafarben, das sich über dem weißen Seidenunterrock öffnete und soviel davon freiließ, daß dieser Eindruck von Zartheit und Zierlichkeit ihrer Taille entstand, wie ihn die feine Garderobe selbst bei den Mädchen entstehen läßt, die stark und kräftig gebaut sind. Eine seidene, weiße Scheinfigur trug sie zur Schau, die zwischen den gebauschten Rockschößen von eleganter Zerbrechlichkeit zeugte. Darunter war ihre Taille fest ins Mieder geschnürt. Von Anne-Armande de Loyer, Madame de Loyers Tochter, hatte

sie sich zeigen lassen, wie man sich ein Band ins Haar flicht. Sie besaß gar kein Talent für die Magie des Hübschseins, diese kleinen Kunststücke der Mühelosigkeit, die soviel Mühe bereiten.
So fand sie sich manchmal unverhofft im Widerschein einer Schönheit, von der sie nicht begriff, daß es die eigene war. Etwas berauschte sie, setzte sie in einen Zustand von getragener Festlichkeit wie bei den Prozessionen, an denen sie mit dem Licht in ihren Händen teilgenommen hatte, langsam und vorsichtig schreitend, als käme es nur auf sie an und diese flakkernde, stets vom Erlöschen bedrohte Flamme, die sie vor sich hertrug.
Ja, sie trat aus den Spiegeln in die Gesellschaftsräume, von den de Loyers begleitet oder manchmal von Leclerc, den sie im Foyer zurückließ wie einen Regenschirm, seiner Stellung gemäß, die ihn bei aller Beredsamkeit und selbsterworbenen Bildung in die Vorzimmer verbannte, wo sich manchmal ein Kreis lebhaft sich unterhaltender Herren um ihn scharte, so daß man nicht genau wußte, ob das Fest im Foyer oder im Saal stattfand, in dem Gespräche verstummten und sich die Damen verstohlen über die Schultern blickten. Was war denn los? Leclerc war nämlich beliebt als Anekdotenerzähler und Kommentator der städtischen Szene, aber er war nicht gesellschaftsfähig, und als er einmal so weit ging, an eine Freundin von Madame de Bretteville zu schreiben: »Madame et chère amie ...«, und als diese unglaubliche Verwechslung der Etikette ins Gespräch kam, fand ein allgemeines Erröten in den

Salons von Caen statt, es errötete nicht nur Marie, zartglühend, vom Zentrum unterhalb ihrer Wangenknochen ausgehend, sondern auch Madame de Bretteville, deren Gesicht ganz blaß blieb, blasser noch als gewöhnlich, während aus ihrem Ausschnitt den Hals hinauf eine fleckige Zornesröte emporstieg. Wie konnte er ihr das antun!
Trotzdem und gerade deshalb war Leclerc für Marie so etwas wie die perfekte Ergänzung ihrer Garderobe, und als sie eines Tages eine Gesellschaft verließ, etwas erhitzt, etwas müde, etwas enttäuscht und erheitert, etwas zufrieden und unzufrieden mit sich selbst, wie man es beim Verlassen einer Gesellschaft ist, und von Leclerc ihren Mantel erbat, fand sie ihn im Gespräch mit Monsieur Bougon-Longrais.
Mademoiselle, sagte Bougon-Longrais, ich sah Sie zuletzt im Kloster. Ich bin erfreut, daß Sie meinen Rat befolgt haben.
Welchen Rat? fragte sie.
Ich riet ihnen – erinnern Sie sich nicht mehr? –, fortzugehen aus dem Kloster.
Ach, sagte darauf Marie, das war nicht schwer. Die Klöster sind nämlich geschlossen. Wußten Sie das nicht?
Er nahm Leclerc den Mantel aus der Hand, legte ihn um ihre Schultern. Und was machen Sie jetzt? rief er, während sie schon hinausging, wo leben Sie denn?
Sie bemühte sich nicht. Sie ließ antworten. Sie hatte dafür Leclerc.
Es war die Zeit der Abschiedsfeste. Irgend jemand war

immer gerade im Aufbruch, bereit, nach England zu gehen oder nach Koblenz oder auch nur nach Rouen, der größeren Sicherheit wegen, die dort angeblich herrschte.
So hatte Madame de Loyer für sich und Anne-Armande beschlossen, nach Rouen überzusiedeln, denn: Wer soll uns beschützen? sagte sie. Sie war Witwe, und Anne-Armande war noch jung. Wissen Sie, es ist kein Mann da, der uns beschützen kann, sagte sie und begriff nicht, daß sie auf Grund dessen ebenso sicher wie uninteressant war, ob sie in Caen oder Rouen oder anderswo lebte. Sie wollte Madame de Bretteville davon überzeugen, daß es für sie und Marie besser sei, sich ihnen anzuschließen, aber sie scheiterte an Madame de Brettevilles unerbittlicher Desinteressiertheit. Nach Rouen? sagte Madame de Bretteville, niemals. Ich bleibe hier. Sie hatte nämlich gehört, daß, um nach Rouen zu gelangen, eine schwimmende Brücke zu überqueren sei. Was, wenn die Taue sich lösten, mit denen sie am Ufer festgemacht war und sie auf die Mündung zutrieb bis ins offene Meer? Und gerade dann, wenn ihr Wagen sich darauf befand? Nein. Wasser hat keine Balken, sagte Madame de Bretteville. Ins weite Meer abzutreiben, sozusagen ins Unendliche, das war das Schlimmste, was sie sich vorstellen konnte, und wenn sie von Emigranten hörte, die nach England gehen wollten, taten sie ihr vor allem wegen der Schiffsreise leid. Ich bleibe, sagte sie. Auch Rouen kam nicht in Frage.
Sie saß am Fenster und seufzte, brachte wieder die

Fäden ihrer Klöppelarbeit durcheinander, verwickelte und verknäulte sie, warf die Arbeit auf den Tisch – es war Marie, die sie später wieder in Ordnung zu bringen hatte –, und sie beschloß, ein Abschiedsessen zu geben.
Marie trug wieder ihr Taftkleid. Das rosenfarbene Band saß diesmal nicht ganz gerade, denn sie hatte es selbst angebracht. Mein liebes Kind, sagte Madame de Loyer, Sie sehen heute abend zauberhaft aus. Wenn Ihr Vater Sie sähe! In diesem Augenblick kam er herein.
Papa. Er kam ihr so klein vor, wie er da stand und seinen Hut in der Hand hielt. Das umgekehrte Wachstum der Väter. Ihr stilles Schrumpfen. Jedesmal, wenn man sie eine Zeitlang nicht gesehen hat, sind sie wieder ein Stück kleiner geworden. Papa. Warum hatte ihr niemand etwas gesagt?
Ich wollte dich überraschen, sagte er hilflos. Sie mußte jetzt auf ihn zugehen.
Ihr Vater kam in Begleitung von Monsieur Tournélis, einem jungen Verwandten des verstorbenen Monsieur de Bretteville, im Begriff zu emigrieren, wie sie es alle waren, die wohlerzogenen jungen Männer aus guten Familien. Im Sommer wollte er wieder in Paris sein. Dann ist der Spuk vorbei, sagte Monsieur Tournélis und hob sein Glas auf:
A la santé du roi, sagte er.
Man erhob sich. Auf den König.
A la santé du roi, sagte Madame de Loyer mit sanftem Nachdruck und berührte Marie leicht am Ellbogen,

indem sie sich zu ihr niederbeugte. Denn Marie saß am Tisch und blieb sitzen, das Glas vor sich unberührt.
A la santé du roi, sagte ihr Vater im Tonfall schärfster Zurechtweisung.
Wie, sagte Madame de Loyer, wie, mein Kind, Sie wollen nicht auf die Gesundheit eines so guten, so tugendhaften Königs anstoßen?
Sie wollte, aber sie konnte es nicht. Sie konnte nicht, verstand das niemand? Papa, Madame de Loyer, Anne-Armande, Madame de Bretteville, Leclerc, Monsieur Tournélis, um sie herumstehend, ihre Gläser erhoben, die im Kerzenlicht böse funkelten wie weit geöffnete, große Glasaugen, mit denen sie auf sie herabblickten statt mit den getrübten Augen in ihren Gesichtern.
Ich glaube wohl, sagte sie, daß er tugendhaft ist. Aber ich sehe, daß er schwach ist. Ein schwacher König kann niemals gut sein. Er nützt seinem Volk nichts, setzte sie noch hinzu, weil offensichtlich niemand verstand, was sie meinte.
A la santé du roi. Sie heftete ihre Augen auf einen Rotweinfleck. Über ihr klirrten die Gläser wie die sich kreuzenden Klingen, wenn der Kampf beginnt, in dem es nur Verlierer und Gewinner gibt. Wie in einem Theaterstück. Aber es fehlten die Helden.
Und sie wußte es schon, bevor sie wieder aufsah, was sie getan hatte, was du mir angetan hast, wie du mich wieder enttäuscht hast, wie du mich immer und immer wieder enttäuschst. In Papas Augen sah sie neue Grade der Ablehnung und Empörung. Des

Abstandnehmens von ihr. Pardonnez-moi, mon cher Papa, ich wollte dich doch nicht kränken...
Aber was sie getan hatte, war unverzeihlich wie immer. Auf dem Tischtuch verschwammen Rotweinflecken und Wachstropfen, bildeten Kreise und Sterne, paarten sich, trennten sich wieder, spielerisch, während beiläufig am Rand einer anderen Wirklichkeit ein anderes Spiel gespielt wurde, streng nach feststehenden Regeln, die Konzentration und Übung erfordern: Tischgespräche. Leclerc und Madame de Loyer wachten über ihren Ablauf. Es sollte nichts mehr dem Zufall überlassen sein. Nur Monsieur Tournélis wußte nicht, was gespielt wurde und wie sein Text war. Mehrmals wandte er sich an Marie: Sind Sie wirklich Republikanerin? fragte er, als habe er ein sehr seltenes Exemplar einer Schmetterlingssammlung vor sich.
Und bevor irgend jemand eingreifen konnte – Madame de Bretteville, Monsieur d'Armont, Madame de Loyer und Leclerc waren für ein paar Augenblicke entwaffnet –, sagte Marie, kurz aufblickend vom Firmament der Tischtuchflecken:
Ich wäre es gern, sagte sie, wenn die Franzosen verdienten, es auch zu sein.
Oh, sagte Madame de Bretteville, ich bin mit einer Lilie in meinem Herzen geboren worden. Und sie legte die Hände, ihre nicht mitgealterten, kleinen Kinderhände, auf ihren Busen, weit oberhalb ihres Herzens. Im nächsten Augenblick griff sie unwillkürlich zu der Glocke, die neben ihrem Teller stand, um das Personal herzurufen, vite, vite, man löschte die Kerzen, aber

noch stand das Fenster auf, wieder war die Gefahr nicht so sorgfältig ausgesperrt worden wie nötig, wieder war nicht garantiert, daß der Salon und die Straße zwei voneinander getrennte Welten waren, unerreichbar füreinander und ohne Bedeutung. Wieder war das Gefürchtete immerzu gegenwärtig gewesen, unbekümmert um Ordnung und Etikette und das Bedürfnis nach Ruhe und Ungestörtheit bei abendlichen Diners. Vive la Nation! Vive la République!

Das Volk war wieder los, und es hatte den Weg in die Rue St. Jean eingeschlagen. Im Näherkommen wuchs seine Bedrohlichkeit wie der Schatten eines riesigen Ungeheuers, das durch Caen zog, ein fremdes und fremd gesteuertes Wesen, ein Geist der Heimsuchung, der aus den Kellern und Brunnenschächten, vom Grund der Flüsse aufstieg, anschwoll, sich ausdehnte, Besitz ergriff von den Straßen nach einem unbegreifbaren Plan der Gewalt und Zerstörung. Später erfuhr man, daß es sich um nichts anderes als den Einzug des konstitutionellen Bischofs der Normandie gehandelt hatte, Claude Fauchet, der sich von seinen Anhängern feiern ließ: Vive la Nation! Vive la République!

Aber es war schon zu spät. Monsieur Tournélis, plötzlich bedrängt von zwei Feinden seiner Gesinnung, einem im Innern des Hauses und einem von außen, reagierte, wie er es für solche Fälle einstudiert hatte, als Held des Tages. Er lief zum Fenster. Vive la Nation! Vive la République! schallte es von der Straße. Und: Vive le roi! hätte es beinah aus Madame de Brettevilles Salon zurückgeschallt, wären nicht Monsieur d'Armont und seine Tochter gewesen, Marie Charlotte, die auf wenig schickliche Weise Monsieur Tournélis umklammert hielt, während der Vater ihn am Arm zog und: Was soll das? rief, haben Sie keinen Verstand? Wollen Sie uns alle unglücklich machen?

Für ein paar Augenblicke standen sie fast unbewegt im Licht der tanzenden Fackeln, das von der Straße heraufkam, eine seltsame, unordentliche Gruppierung, Monsieur d'Armont und Marie, nicht auf die Straße und nicht auf Monsieur Tournélis blickend, sondern hinter seinem Rücken einander erkennend, überrascht, als entdeckten sie sich jetzt erst, im Puderdunst der Perücke, die Monsieur Tournélis trug.

Man schloß das Fenster und setzte sich zum Dessert, während das Volk sich entfernte, andere Stadtviertel befiel und der Lärm, den es dabei machte, abschwoll. Nur Monsieur Tournélis war lange nicht zu beruhigen. Wie, sagte er zu Marie, warum wollen Sie mich hindern, meine Meinung zum Ausdruck zu bringen, während Sie Ihrer eigenen treu bleiben, auch wenn Sie damit die Gefühle Ihres Vaters und Ihrer Freunde verletzen?

In diesem Augenblick schwor sich Madame de Bretteville, nie wieder von ihrem Grundsatz der Unauffälligkeit abzuweichen, keine Gesellschaften mehr, weder bei ihr noch woanders, keine Abschiedsessen, ganz gleich für wen und warum, und sie sah vorwurfsvoll Madame de Loyer an, die sie dazu überredet hatte, diese Einladung zu geben, aber Madame de Loyer schien von demselben Gefühl lebhafter Reue bewegt.

Meine Haltung, Monsieur, sagte Marie gerade, hat nur mich selbst kompromittiert, während die Ihre uns alle in Gefahr brachte. Außerdem war sie ganz sinnlos. Oder? Worin sehen Sie den Nutzen der heroischen Tat, vor der wir Sie bewahrt haben, mein Vater und ich?

Monsieur Tournélis schwieg.

Es schwieg auch Monsieur d'Armont. Und als er im Vestibül stand und sich verabschiedete, etwas zu laut und zu wortreich, wie er immer war, als müsse er aus der fernen Stille herüberrufen, in der er eigentlich lebte, sagte er, chère amie, indem er sich über die Hand Madame de Loyers beugte, chère amie, was für Zeiten!

Unsere Hoffnungen, sagte Madame de Loyer.

Unsere Erinnerungen, sagte Monsieur d'Armont.

Nichts ist so, wie wir es wünschten, sagte Madame de Loyer.

Alles ist anders gekommen, als wir es uns gedacht hatten, sagte Monsieur d'Armont.

Und plötzlich hatte Marie die Eingebung einer Erinnerung, längst vergessen, zwar gewußt, doch verdrängt, weil es nicht wichtig gewesen war bis heute abend, Erinnerung an die Zeit, als ihre Mutter noch lebte und Madame de Loyer manchmal ins Haus kam, ins Haus in der Vorstadt St. Gilles, wo Mama am Küchentisch saß und weinte, aus einem Auge, das tot war, schon gestorben, bevor Mama hinterherstarb, ein totes Auge, das weinen konnte, weil Mamas Schmerz so groß war, zum Steinerweichen, zum Herzerweichen,

aber Papas Herz blieb hart, denn es war anderswo, Papas Herz war nicht zu Hause, und darum gab es kein Ende für Mamas Tränen, kein Einhalten, keine Versöhnung, deine Mätresse, rief Mama, das tote Auge so weit aufgerissen wie das lebendige, deine Mätresse kommt mir nicht mehr ins Haus!
Und damals hatte Marie nicht gewußt, was das bedeutete, eine Mätresse. Aber jetzt wußte sie es.

Papa hielt sich in Caen auf, weil unter den Gefangenen, die noch immer im Schloß festgehalten wurden, sein Cousin de Mesnilval war. Man mußte doch etwas tun! Man hörte Schreckliches über die Haftbedingungen: kein Feuer, wenig zu essen, Schmutz und Krankheiten. Die Ermittlungen zogen sich hin. Es galt ja nicht, ein Verbrechen aufzuklären, es ging um eine Verschwörung. Um Gesinnungen ging es, um Kontakte, um Briefe und Zusammenkünfte, die immer sowohl das eine als auch das andere bewiesen. Die Beweiskraft von Gesinnungen ist so verdächtig wie die Wahrheit der Wirklichkeit. Eine Zone des Zwielichts, in der sich hinter der einen Tatsache immer die anderen Tatsachen verstecken und nacheinander hervorkommen, bis sich die Richter und die Ermittlungsbeamten und alle Zeugen die Augen reiben und: Schluß! rufen, alle schuldig. Oder: Alle unschuldig bis auf ein paar Sündenböcke, die es im Interesse der Glaubwürdigkeit unserer Justiz geben muß.
Was sich ganz eindeutig unter Beweis stellte, war eine große Ratlosigkeit und Verwirrung bei den Inhaftier-

ten. Niemand, der ihre Klagen und Beteuerungen hörte, glaubte noch daran, daß sie fähig waren, an einem Komplott teilzunehmen. Denn wer sich entschließt zu handeln, der entschließt sich auch zu leiden, wenn es soweit ist. Das glaubte nämlich Marie. Die Bitten um warme Kleidung, besseres Essen und frisches Stroh in den Zellen galten ihr als ein Zeichen für die Unschuld der Angeklagten. Unmöglich konnten sie die sein, die den König entführen wollten, ihn aus Paris befreien, nach Caen bringen und von da weiter nach England. Der alte Comte d'Héricy, 77 Jahre alt, oder ihr Onkel de Mesnilval, der so gern auf die Jagd ging und nur nach Caen fuhr, um seinen Notar aufzusuchen.
Sie entschied, daß sie unschuldig waren, und so gab sie Papa recht, daß man etwas für sie tun müsse. Aber was? Täglich wurden wohlmeinende Verwandte, die vors Schloß kamen, abgewiesen, kein Besuch für die Verschwörer, keine Körbe mit Lebensmitteln, keine wärmenden Decken. Und wie um die Anklage zu untermauern, wurden die Fenster der Zellen, in denen man sie gefangenhielt, mit Eisengittern versehen. Ein Pudel mit einem Maulkorb, sagte Marie, und diesmal stand sie mit ihrer Meinung nicht allein.
Früher, sagte ihr Vater, der gerade von einem dieser vergeblichen Wege zum Schloß hinauf- und zu verschiedenen Justiz- und Verwaltungsbehörden zurückkam und sich am Kräutertee im Salon Madame de Brettevilles aufwärmte, früher hatte ich meine Beziehungen, um solche Dinge zu regeln.

Ja, sagte Marie versonnen, die unbeachtet dabeisaß, seitdem hat sich vieles geändert. Vielleicht läßt sich etwas tun.
Am nächsten Tag stand sie lange vor ihrem Spiegel, und obwohl heller Tag war, brannte eine Kerze. Von Anne-Armande hatte sie sich eine Lockenschere geliehen. Sie zog ihr seidenes Kleid an, das rosenfarbene mit Streifen, und sie probierte nachdenklich mehrere Brusttücher aus, ein seidenes, eins mit Spitze. Dann dachte sie: warum? Warum eigentlich? Im Spiegel sah sie den Schatten der Schlüsselbeine und den noch tieferen Schatten zwischen ihren Brüsten, die dunkle Straße. Sie setzte nur einen Hut auf und warf ein Tuch um die Schultern. So ging sie zum Generalsekretär des Departements. Sie ging zu Bougon-Longrais.

Was tun Sie da? sagte Hauer.
Etwas störte ihn. Er fühlte sich irritiert. Seit zwei Stunden arbeitete er in äußerster Anspannung. Er war jetzt reizbar. Er hätte eine Pause gebraucht. Aber es gab keine Pause. Wie bei der Arbeit des Lebens, die keine Pause kennt, nur die endgültige am Ende, konnte die Arbeit, die er zu tun hatte, nicht ruhen, bis sie ans Ende gekommen war.
Was tun Sie da? fragte er.
Sie schrieb. Sie schrieb mit dem Finger auf der Tischplatte. Sie hielt den Kopf schief und sah die unsichtbaren Zeichen, die ihr Zeigefinger aufs Holz schrieb, flüchtiger noch als in Sand, verweht, bevor noch ein Wind kam, unlesbar außer für ihren blinden Tastsinn,

der sich in zärtlichen Kreisen, Bögen und Schwingen gefiel, auf eine Weise gezogen und abgerundet, die ihre eigene war: *Werde ich es tun oder nicht?*
Sie hatte unruhige Hände. Hauer hatte schon länger bemerkt, daß sie unruhige Hände hatte, Hände, die immer schon tun wollten, was der Kopf noch nicht beschlossen hatte, ungeduldige, schnelle, zu dienstfertige Hände, denen die Arbeit des Kopfes viel zu langsam war, die mit unsichtbaren Stiften unsichtbare Sätze aufschrieben, mit leise kratzendem Fingernagel, während sich die Gedanken immerfort müßig im Kreis bewegten: *Werde ich es tun oder nicht?*
Sie hatte Spitzen geklöppelt und Garn gesponnen, Decken gehäkelt und Kissenbezüge bestickt, sie hatte nichts unterlassen, um ihre regsamen Hände zu beschäftigen. Am Ende nahm sie ein Tuch, das beim Zuschneiden übriggeblieben war, ein Stück Stoff, groß wie ein Schnupftuch, säumte es sorgfältig, zog ein blaßrosa Garn auf und stickte mit feinem Kreuzstich: *Werde ich es tun oder nicht?*
Und sie erschrak, als es fertig war, schämte sich, als es so dastand, blaßrosa auf weißem Grund, als habe sie den Namen eines heimlich Geliebten preisgegeben. So faltete sie das Tuch zusammen, steckte es unter ihr Mieder, und als sie in ihrem Zimmer war, schob sie es hinter den Spiegel und vergaß es dort, wo Madame de Bretteville es eines Tages finden würde oder vielleicht schon gefunden hatte, kopfschüttelnd, ahnungslos, ärgerlich, wie sie es immer war, wenn sie etwas nicht begriff: *Werde ich es tun oder nicht?*

Sie werden es mir nicht glauben, sagte sie jetzt zu Hauer, aber ich wußte überhaupt nicht, was ich meinte.
Wirklich nicht? sagte Hauer.
Er gab ihr etwas zu tun. Der Frau, die jetzt sein Bild war, die es mit jedem Pinselstrich mehr wurde, gab er etwas zu tun, indem er ihr ein Tuch in die Hände legte. Am rechten unteren Bildrand lag ihre Hand nicht mehr unbeschäftigt, sondern ein weißes Tuch haltend, als wisse sie nichts davon, abwesend, wie die Toten die Lilie halten, die man ihnen unter die Hand legt.
Und Hauer merkte zu spät, daß etwas falsch geworden war. Wieder war ihm ein Fehler unterlaufen, wieder mißlang es, die Gesetze der Anatomie in Einklang zu bringen mit denen der Bildkomposition. Die Rechte lag auf dem Tuch. Aber was sollte die Linke tun? Sollten die Hände zusammenfinden, mußte der linke Arm so stark angewinkelt sein, daß diese Silhouette zarter Weiblichkeit zerstört war, die steil abfallenden Schultern, die mehr der Mode entsprachen als ihrer wirklichen Erscheinung und als Huldigung gedacht waren an eine Eleganz, die in Paris gerade Schule machte und die sie gar nicht besaß. Dieses Unwägbare wäre einer zu großen Robustheit gewichen, hätte er ihren Arm angewinkelt wie bei einer Bäuerin, die ihre Hand in die Seite stemmt. So beließ er es bei der schmalschultrigen feinen Art, in der sie bei ihm dasaß, und so wußte die Linke nicht, was die Rechte tat, sie fand nicht zu ihr hin, sondern verschwand irgendwo in der Richtung, wo ihr Schoß war, schon unterhalb des Bil-

des, das etwa bei ihrer Gürtellinie aufhörte, und die Hand, die das Tuch hielt, lag auf dem linken Unterarm, kurz unter ihrem Ellbogen, und wenn die Frau, die sein Bild war, nicht so erstarrt wäre in dieser Haltung, fremd und würdevoll, feierlich wie ein Leichnam, den man im Sitzen aufgebahrt hat, hätte es ausgesehen, als wiege sie dort ein Kind.
Wenn es in diesen Tagen irgendeinen Schrecken gab, der sie manchmal durchfuhr, dann waren es die Gedanken – kleine, heiße Pfeile, die in ihr Bewußtsein eindrangen – an mögliche Unterlassungen. Unerledigtes, Vergessenes. Alles war definitiv.
Am Abend vor ihrer Abreise hatte sie Briefe verbrannt. Mit einem großen und leidenschaftslosen Interesse, das der langsamen Verfärbung des Papiers galt, hatte sie zugeschaut, dem Hinüberspielen ins Schwarze, während die Schriftzüge gleichzeitig hell wurden, einen Moment lang leuchteten, fast transparent, als offenbarten sie jetzt erst ihr Geheimnis, bevor sie endgültig erloschen.
Die kurzen traurigen Briefe von Eléonore aus Cauvigny. Die zornigen von Papa. Die langen Freundschaftsepisteln von Anne-Armande aus Rouen und Alexandrine aus Zürich, die Beschwörung der Zeiten, die sie zusammen im Kloster verbracht hatten, als wären sie alte Frauen, deren Leben Erinnerung ist. Der eine Brief, der von Alexis aus Barcelona kam, ma très chère soeur et amie ... und dann die heimlichen Verse, die sie für ihn geschrieben und ihm niemals gezeigt hatte:

o daß man bis zum Grab uns fest verbunden findet
durch das Band der Natur, das uns vereint
und bindet...

Ja, und die anderen Briefe, aus einem anderen Kästchen, die aber mit demselben Glanz und derselben Düsternis im Kaminfeuer vergingen, Blätter, die von ihrem Rand her rasch verkohlten und, kurz bevor sie zerfielen, eine Zeitlang noch zitterten in der Glut, die ihre Schriftzüge durchscheinend machte und manchmal einzelne Worte lange noch fortbestehen ließ, Verehrte, Liebe, Geliebte...

Und dann vergaß sie den Brief, den sie an sich selbst gerichtet hatte, das Stück Stoff hinter dem Spiegel mit rosenfarbenem Kreuzstich: *Werde ich es tun oder nicht,* diesen Brief, der mehr verriet als alle anderen Briefe, die sie sorgfältig vernichtet hatte, den einen Satz, der geheim war, weil sie ihn selbst nicht begriff.

Ich habe es wirklich getan, sagte sie zu Jean Jacques Hauer, ungläubig, staunend, halb angstvoll, halb erleichtert, als habe sie eine große, alles verändernde Nachricht empfangen, in deren Licht alles neu schien. Wie die Nachricht vom Krieg mitten im Frieden oder vom Frieden im Krieg.

Und es war ja der Friede, der jetzt anfing. Sie hatte den Krieg verhindert, die Schlacht geschlagen, die alle anderen Schlachten vorausnahm und entschied. Denn der Feind lebte ja nicht mehr. Sie hatte ihn getötet.

Es war nicht irgendein Feind gewesen, auch nicht ihr eigener, sondern der Feind des Friedens. Der, gegen den jeder Krieg geführt wird. Niemand hat je auf dem

Schlachtfeld seinen eigenen Feind getroffen. Aber der Feind des Friedens muß bekämpft und geschlagen werden. Dann kann man wieder nach Hause, Ernten einfahren und Handel treiben, Kinder zeugen und mit dem Gewehr auf die Jagd gehen.
Ja, sie hatte es getan. Die aufständischen Truppen, die am 8. Juli von Caen aus aufgebrochen waren in Richtung Paris, wo der Feind war, konnten jetzt umkehren. Der Feind war schon besiegt. Und der General Wimpfen konnte jetzt seine Kuriere versammeln und die Parole zum Rückzug ausgeben, denn die Schlacht war schon gewonnen, bevor sie begonnen hatte, nein, nicht zum Rückzug, zur großen Fraternisierung. So wie man es den Soldaten bei ihrem Aufmarsch in Caen gesagt hatte: In Paris werden sie euch in die Arme schließen und sich mit euch verbrüdern, sie warten auf euch, sie können es gar nicht erwarten – aber es war eine Lüge gewesen. Außer den paar armen Kerlen, die sich freiwillig gemeldet hatten, wußte jeder im Calvados, es war nichts als eine Lüge. Denn es war Bürgerkrieg, was stattfinden sollte, der Krieg des Westens gegen die Hauptstadt, der Krieg rechtschaffener Bürger gegen die Anarchie, und keine Fraternisierung.
Ja, sie hatte die Lüge in eine Wahrheit verwandelt, indem sie mit auszog, einen Tag nach den Soldaten, unerkannt, am 9. Juli mit der Postkutsche von Caen aus. Auf ihrem Kriegszug auch sie. Eine geheime Truppenbewegung, ein unsichtbares Manöver. Schon irgendwo bei Lisieux war sie an ihnen vorbeigezogen, hatte sie überholt, und als sie in Paris war, nutzte sie

ihren Vorsprung, sie mußte ihn nutzen, denn sie wußte und spürte von Stunde zu Stunde, daß ihr Vorsprung geringer wurde, sie holten auf, kamen näher, noch lebte der Feind des Friedens, noch mußte Krieg sein, und noch liefen die Soldaten, die von Westen kamen, direkt auf die Mündungsfeuer der Pariser Kanonen zu, statt in die Arme der Bürger, die ihre Brüder waren, denn die große Verbrüderung konnte erst stattfinden, wenn der Feind schon besiegt war.
Und so tat sie es. Beim Herannahen des Heeres, das von Caen nach Paris zog, dumm und eilfertig, im Übereifer des Irrtums, der es antrieb, suchte sie den Feind des Friedens, der zwischen Caen und Paris herrschen sollte, suchte sie ihn und fand ihn und traf ihn mitten ins Herz. Ihre Hand, die das Messer hielt, war warm und naß von dem Blut, das ihr sofort entgegensprudelte, als habe es schon lange nach einem Ausweg aus diesem Körper gesucht.
Es war viel schwerer, das Messer herauszuziehen als hineinzustoßen. Sein Fleisch hielt es zurück. Es schloß sich fest um die Klinge, leistete Widerstand – aber da war sie schon eine Mörderin, wußte sie schon, wie man tötet, und mit der Kraft ihrer großen Grausamkeit zog sie es durch die Wunde. Sie ließ es einfach nicht los.
Und das war es, wovor sie sich so gefürchtet hatte, das Warme, Klebrige, Feuchte an ihren Händen. Wie wenn Papa von der Jagd kam und ihr einen Fasan hinwarf: Nimm den aus. Ein Handschuh aus Blut und Därmen, körperwarm, fast lebendig. Man wußte nie, ob es wahr

ist, daß ein Tier ohne Magen, ohne Galle und Lungen nicht mehr leben kann. Erst wenn das Herz in der Hand lag, war es gewiß ein Leichnam, was noch übrig war, doch manchmal schlug es noch fort, dies kleine Herz ohne Körper, um das sie fest ihre Hand schloß, es schlug immer noch, als wenn die Faust jetzt sein Körper wäre, und sie warf es in die Schüssel zu den Lebern und Mägen, damit es endlich Ruhe gab.

Doch sein Herz war schon tot, als sie das Messer herauszog. Sie spürte es an dem Frieden, der sofort begann. Die Zeit der Fraternisierung war angebrochen. Die Tür flog auf, Stimmen riefen, etwas fiel zu Boden, man schrie, jemand ergriff einen Stuhl und schlug damit auf sie ein, man drehte ihre Gelenke und hielt die Hände im Rücken fest, sie war umstellt und gefangen, und sie sah in den Augen, daß sie ein fremdes Tier war, vor dem sie Angst hatten. Es würde ihr nichts geschehen. So begann die Zeit des Friedens und der Fraternisierung, eine neue Epoche, ein Weltalter, ein Äon, der dritte seit der Geburt Christi. Der zweite war die Geburt der Republik am 21. September 1792, der dritte Äon fing jetzt an. Er bestand aus vier Tagen. Am ersten schuf sie die Welt neu, am zweiten schrieb sie die Briefe, die davon kündeten, vollendete sie am dritten und starb am vierten Tag, indem sie aus ihrer Schöpfung ohne Bedenken verschwand, wie andere Schöpfer es auch tun.

Und so erfand sie ein neues Datum für ihre Briefe, einen eigenen Kalender. »Am zweiten Tag der Vorbereitung des Friedens«, schrieb sie am 15. Juli. Und fängt nicht jede Reichsgründung, jede Aneignung von Herrschaft mit einem neuen Kalender an? Ab urbe condita, zur Zeit des Landpflegers Quirinius, im Jahr der Mörderin Charlotte...

Als Verweserin des Reiches, das sie zurückließ, lag ihr so viel an der Ordnung der Verhältnisse. Sie wollte sich vergewissern, daß alles in ihrem Sinne geregelt sei für die lange, lange Zeit ihrer Abwesenheit, die bevorstand:

Sind sie schon da? fragte sie.

Wer? sagte Jean Jacques Hauer.

Die Soldaten, die von Caen kommen. Sie müßten längst in Paris sein. Wissen Sie, was geschehen ist? Wie hat man sie empfangen?

Oh, sagte Hauer, ich habe nichts gehört.

Dabei wußte er, was in Paris seit zwei Tagen alle wußten, was nämlich am 13. Juli bei Brécourt geschehen war, in der Nähe von Vernon.

Es geschah, während sie in Paris eine Droschke nahm und die Adresse angab, Rue des Cordeliers 30, und im Fond saß, ein Messer zwischen den Brüsten, das sie zwang, sehr gerade zu sitzen, und so bewaffnet zum Schauplatz des Krieges fuhr, den sie führte. Währenddessen geschah es bei Vernon, in der Nähe des Schlosses Brécourt, daß die aufständischen Soldaten, die von Caen auf Paris zumarschierten, vom langen Marsch in der Sonne des 13. Juli ermüdet waren. Sie hatten die Eure bei Pacy überquert und fühlten jetzt das Bedürfnis, zu ruhen und sich zu erfrischen. Die Hitze und das Bewußtsein, wie nah man schon an Paris war, quälte

sie alle, auch den Kommandanten Puisaye, und so gab er den Befehl zu biwakieren schon am frühen Abend.
Sie trat aus dem Hotel und ging ein Stück weit die Rue des Vieux Augustins entlang.
Die Bauern um Schloß Brécourt schickten die üblichen Flüche zum Himmel. Eintausendfünfhundert ungebetene Gäste. Nicht gerechnet die anderen eintausendfünfhundert, die sich im Wald von Bizy versteckt hielten und schon im Laufe des Tages von Paris hergekommen waren.
Sie bog zur Place des Victoires ein und sah sich nach einer Kutsche um. Die Straßen waren belebt. Sie wich Passanten aus, hütete sich vor den schweren Rädern der Fuhrwerke, die in den Fahrrinnen schwankten. In der dichten, unruhigen Menge suchte sie sich ihren Weg.
Einige Soldaten erhielten die Erlaubnis, zum Schloß zu gehen, um ein paar Fässer Cidre zu requirieren. Am Waldrand glaubten sie manchmal im Dunkel zwischen den Bäumen Rot aufleuchten zu sehen, das helle Rot der Husarenuniformen. Keiner von ihnen erwähnte es. Sie wollten sich nicht blamieren. Sie erreichten den Gutshof, der beim Schloß lag, und ihr Durst war so gewaltig, daß sie die Knechte mit Waffen und wüsten Drohungen zwangen, den Wagen hoch zu beladen, der in den tief gefurchten, ausgetrockneten Feldwegen mit seiner Last von schweren Fässern mehrmals beinahe kippte. Aber sie kamen nicht weit damit.
Sie fuhr jetzt über die Seine und blieb mitten auf dem Pont Neuf in einem Stau stecken. Der Kutscher drehte sich um. Zu dieser Zeit, sagte er, ist es oft schlimm in Paris. Sehen

Sie sich das an. Ein Chaos. Irgendwo weiter vorne hatte ein Wagen sich quergestellt. Warten wir ruhig, sagte sie.
Zu dieser Zeit stand der Wagen mit Cidre-Fässern allein auf einem Feldweg irgendwo beim Schloß Brécourt. Der Cidre floß auf die Erde und bildete dunkle Bäche in den steinharten Wagenspuren, auf die es wochenlang nicht mehr geregnet hatte. Er versickerte nur langsam, und immer langsamer tropfte es aus den durchlöcherten Fässern. Von den Soldaten hatte noch einer das Pferd ausgespannt, um es für die Flucht zu benutzen, die anderen waren gelaufen und lösten bei ihrer Ankunft im Lager Panik aus, jeder sah sich verlassen und preisgegeben von allen anderen, die Untergebenen von den Vorgesetzten, die Vorgesetzten von den Untergebenen, es geschah, was sie alle ununterbrochen im Sinn gehabt hatten seit ihrem Abmarsch von Caen: die Flucht nach Westen, unkontrolliert, unaufhaltsam, als gäbe es den Befehl, in die am Horizont stehende, rotglühende Sonne zu laufen.
Sie trat ins Dunkel des Hofes, an der Concierge vorbei, der sie bekannt vorkam, weil sie am Morgen schon einmal dagewesen war, und wandte sich links zur Treppe, die in den ersten Stock hinaufführte. Sie wußte, daß man sie diesmal einlassen würde, denn die Armee, die sie führte und die nur aus ihr selber bestand, war im Angriff, es war Sturmangriff befohlen, und während die Festung fiel, ihre Verteidiger aufgaben, drang sie ein in die Wohnung. Die Frau, die ihr die Tür aufgemacht hatte, trat diesmal vor ihr zur Seite, sie war im Innern der Festung, wo sie jetzt nichts mehr aufhalten konnte, mit dem Instinkt des Soldaten, der

sie war, fühlte sie die Nähe des Sieges, der Feind wich vor ihr zurück, suchte Zuflucht, verkroch sich, im erbärmlichsten Winkel verbarg der Feind sich, am Ende versuchte er, nacktes Kind zu sein und kroch zur Hälfte in seine Mutter zurück, aber sie stellte ihn und zwang sich, ihn zu töten, bevor Ekel und Mitleid sie besiegten, die beiden Waffen, mit denen er sich zum Schluß noch verteidigen wollte, doch das half ihm nichts.

Währenddessen lichtete sich das Feld der aufständischen Soldaten, die wie Spreu im Wind über die Ebene zwischen Seine und Eure trieben und im hereinbrechenden Abend schemenhafter und kleiner und schließlich unsichtbar wurden. Sie tauchten zwei Tage später erst wieder bei Lisieux auf. Es hatte nur einen einzigen Verwundeten gegeben.

Aber es gab einen Toten. In seiner Pariser Wohnung, Rue des Cordeliers 30, war Jean Paul Marat getötet worden. Ein Küchenmesser mit schwarzem Holzgriff hatte ihm die Hauptschlagader durchtrennt.

Und es gab eine Gefangene. Hauer sagte ihr nichts von dem Treffen bei Brécourt, das sie »bataille sans larmes« nannten. Schlacht ohne Tränen? Gab es denn nichts zu beweinen? Man suchte Mitschuldige und würde Mitschuldige finden. Und Mitschuldige der Mitschuldigen. Monsieur Sanson bekam Arbeit. Wußte sie das nicht? Hatte sie das nicht bedacht?

Wie sie so dasaß in der unverwüstlichen Schönheit ihres Irrtums, das stille Leuchten der Ignoranz in den Augen, ahnungslos, unschuldig, ja, im sicheren Besitz ihrer Unschuld, die unbezweifelbar war – hatte er Lust

ihr zu sagen, was er wußte: Der Aufstand, an dem sie teilnahm, fand nicht statt, er war zerschlagen, bevor er begonnen hatte. Sie war allein wie ein lächerlich tapferer Soldat, der den Befehl zum Rückzug nicht mehr hören kann, weil er sich zu weit in Feindesland vorgewagt hat, und der sich plötzlich umringt sieht. Aber er schwieg. Denn sie war schon eine Sterbende. Sie war schon ein Stück weit weg. Schon unerreichbar, wie alle Sterbenden unerreichbar werden auf ihrem Weg in den Tod. Soll das etwa die Stunde der großen Wahrheit sein, auf die man alles verschoben hat, das endgültige Geständnis von Schuld und Liebe, der Blick, der alles umfaßt?
Statt dessen die einzige Wahrheit, die noch gilt: daß es zu spät ist. Keine Zeit für letzte Worte, sie sind vor Jahren gesagt worden, keine Bekenntnisse, kein Eingeständnis von Irrtümern. Der Irrtum ist offenbar und besteht plötzlich im Immer-noch-Existieren. Dieses monströse Selbst, wie es sogar jetzt noch ich sagt.
Und Hauer spürte, daß seine Geduld sich erschöpfte. Wie alle, die einem Sterbenden beistehen, wünschte er auf einmal heftig, es möge schnell gehen. Warum kam niemand? Warum ließ man ihn allein? So kurz vor ihrem Tod wurde sie ihm unerträglich in ihrer strahlenden Selbstbehauptung, dem entsetzlichen Irrtum ihrer Schönheit und der Schönheit ihres Irrtums.
Er wandte sich seinem Bild zu, und im Gefühl, überfordert zu sein, verfiel er wieder ins Laster zu großer Sorgfalt und Gründlichkeit. Er widmete sich ausführlich dem mäanderförmigen Faltenwurf ihrer Haube.

Weiter, sagte er. Sie suchten Bougon-Longrais auf.

Ja, es gab Hafterleichterungen. Ja, man ließ die vierundachtzig im Schloß gefangenen Verschwörer schließlich frei. Ihre Schuld war nicht bewiesen.
Und Papa verließ Caen in Begleitung seines Cousins Corday de Mesnilval, wodurch er sich im Pays d'Auge den Ruf erwarb, über geheime Verbindungen auf höchster Ebene zu verfügen. In der Umgebung von Cauvigny fand man, daß Jacques François bisher unterschätzt worden war. Er wurde zum Bürgermeister von Mesnil-Imbert gewählt. Er war nun Bauer und Landedelmann und Schriftsteller und Politiker, aber nichts war er richtig. Und wenn er bei seinen Reden vor den versammelten Bauern aus seinen Schriften zitierte und sie zu Boden sahen auf ihre eigenen Holzschuhe und sich schämten, als gebe es kein Gesetz, das ihn zu einem der ihren machte oder umgekehrt sie zu einem der seinen – sie wußten es nicht genau, denn sie verstanden kein Wort von dem, was er sagte –, dann war er, was er im Grunde sein wollte, aber nicht geschafft hatte zu werden, ein Mirabeau, ein Danton.
Er hatte kurz vor der Abfahrt von Caen mit Madame de Bretteville gesprochen. Marie wurde hinausgeschickt, als sei sie noch ein Kind, und sie benahm sich kindisch, sie schlug die Tür hinter sich zu. Es ging nämlich um sie. Es ging ums Geld, das sie kostete. Sie handelten einen Preis aus. Wie teuer ist Marie? Unterbringung, Ernährung und ein gewisses Nadelgeld. Papa mußte bezahlen. Denn sie war schon ein halbes

Jahr Gast im Haus Madame de Brettevilles, und länger kann man nicht Gast sein. Aber sie war doch auch nützlich. Half sie nicht den Haushalt führen? Ja, das mußte in Rechnung gestellt werden. Andererseits, der Haushalt war ja auch beinah doppelt so teuer durch sie. O Gott, daß es sie gab.

Dies Erbteil der Familie, das alle Töchter und alle nachgeborenen Söhne traf: überzählig zu sein, wie schon Papa überzählig gewesen war. Was sollten sie denn tun? Die Söhne hatten ihr Leben, um es im Kampf einzusetzen. Tot zu sein oder ruhmreich. Oder beides. So dienten sie den Familien. Das war beschlossen und gut. Und die Töchter? Sie mußten geheiratet werden. Was sonst? Sie gingen ins Kloster. Was sonst? Sie machten sich nützlich. Sie pflegten Alte und Kranke, zogen die Kinder der Schwägerinnen auf, überzählig auch sie, und beteten für die Toten. So dienten sie den Familien, so gut sie konnten. O Gott, daß es sie gab.

Sie war schon dreiundzwanzig. Im besten Alter, zu sterben oder zu heiraten. Anne-Françoise, Papas Schwester, war mit dreiundzwanzig gestorben. Thérèse-Marthe war nur zwanzig geworden. Marie-Madeleine starb mit dreizehn. Und Jacqueline schon mit sieben. Und da stand sie, Marie, die Stirn ans Fenster gelehnt und in den Hof hinaus blickend, während sie im Salon den Tagessatz für ihr Leben festlegten und während Madame de Bretteville in einer Schublade kramte, wo sie die Rechnung der Schneiderin suchte, fünf Ellen weiße Seide, zehn Ellen gestreifter Taft, verschiedenfarbige Bänder, und sie Papa auf den Tisch

legte. Es wurde doch etwas teurer. Was sollte Marie denn tun? Wollte sie tot sein oder verheiratet oder nützlich oder ruhmreich? Oder nichts von alledem? Sie wollte glücklich sein. Aber das stand nicht zur Wahl.
So lehnte Marie am Fenster, das von ihrem Atem beschlug. Ein blinder Fleck der Verzweiflung bildete sich, wo ihr Mund war, und als sie sich abwandte, zersprang er in kleine Eiskristalle, in nadelspitze Gebilde, das schöne Muster der Kälte und Verlassenheit. Sie nahm ein Tuch um die Schultern, weiter nichts, und so trat sie auf die Straße hinaus.
Es war ein Abend im Februar. Ein Abend, an dem der Nebel über den Flüssen aus Eis ist und der Rauch aus den Kaminen kalt und schwer in die Straßen absinkt, statt aufzusteigen, die Luft, die man einatmet, ein beißend scharfes Gemisch aus Rauch und Eisnebel. Niemand geht gern aus dem Haus an solchen Abenden. Die Straßen sind menschenleer.
Sie schlug den Weg nach St. Pierre ein. Es war, als läge die Stadt auf dem Grund eines eisigen Meeres, und wie Wasser durchdrang der Frost ihre Kleidung. Sie kam zum Ufer der Orne und bog nach rechts ab, um am Fluß entlangzugehen. Links von ihr mußte St. Pierre sein, aber sie sah nur die Schemen der Wasserspeier im Nebel, Dämonenfratzen, die sich über den Fluß beugten, Drachenhäupter, die nicht Feuer spien, sondern Kälte. Im Weitergehen fühlte sie den eisigen Atem in ihrem Rücken. Und sie ging weiter stadtauswärts, wo sie schon bald die Bannmeile der Armut betrat, die unüberschreitbare Grenze, die sie nun doch

überschritten hatte. Nie war sie in diesem Viertel gewesen, nicht bei Tag und erst recht nicht in der Dunkelheit. Denn die Armut ist gefährlich, wie die Nacht gefährlich ist für die Kinder des Tages. Etwas Bedrohliches geht von ihr aus. Das war schon in Le Ronceray so gewesen. Die Armut der Tagelöhner war etwas ganz und gar anderes als die Armut der Cordays. Darum war auch das Wort Armut nicht für die Not der Cordays zu verwenden. Mangel oder Bescheidenheit, aber nicht Armut.

Die Armut bestand aus Flüchen, aus Schmutz und Lärm in den Hütten, dem Nachhall gellender Stimmen in den Dorfstraßen, der kleine adlige Fräulein beim Spiel mit den Häuslerkindern aufscheuchte und nach Hause trieb. Wo bist du wieder gewesen? Die Armut hat etwas Unnennbares, das nah dem Laster verwandt ist und gebietet, sich in acht zu nehmen, wenn einem das Leben lieb ist. Ja, etwas Lebensbedrohendes geht von der Armut aus, ein Mordanschlag wird geplant in den Hütten, nicht ausgeführt, aufgeschoben, weil sie vollauf damit zu tun haben, nicht zu verhungern, die Armen. Tag für Tag beschäftigt sie das, die Absicht, nicht zu verhungern. Aber bei Nacht, wenn das Feuer in den Herden herabgebrannt ist und die Armut aus Mangel an Holzscheiten zu Bett geht, dann wird in ihren Träumen der Plan ausgeführt, den sie bei Tag verschieben. Die Armut träumt vom Verbrechen. Sie wartet jahrelang, bis sich ein Opfer in ihre Straßen verirrt, ein Kind der besitzenden Stände.

Denn das war Marie. Sie war kein Kind der Armut,

sondern ein Kind des Mangels und der Bescheidenheit. Zwar besaß sie fast gar nichts. Doch sie besaß einen Preis. Er wurde gerade ausgehandelt im Salon der Madame de Bretteville. Es wurde um sie gefeilscht. Papa würde versuchen, den Preis, den sie wert war, zu drücken. Madame de Bretteville trieb ihn mit ihren Putzmacherrechnungen in die Höhe. Am Ende war Marie nicht teuer. Papa würde gewinnen, weil er den längeren Atem hatte. Sie war nicht viel wert, aber etwas. Ein Verhandlungsgegenstand war sie. So war sie kein Kind der Armut.

So hatte sie nichts verloren in den Quartieren der Tagelöhner unten am Bourg-l'Abbesse, wo sie als Opfer umhergeisterte in den Träumen der Armen. Im Nebel folgten ihr Schritte, Hunde knurrten, verschwörerisch wispernde Stimmen drangen aus den schmalen Höfen und Kelleröffnungen. Das Unheil zog enge Kreise um sie herum. Sie durfte nicht schneller laufen, um durch das Muster der Schritte nicht das Maß ihrer Angst zu verraten. So ging sie gleichzeitig schneller, als sie wollte, und langsamer. Längst hatte sie den Weg nach St. Jean zurück eingeschlagen, als sich von hinten ein Wagen näherte, sie überholte, dann anhielt.

Was machen Sie denn hier? Sie werden sich erkälten. Steigen Sie ein.

Sie griff die Hand, die sich ihr entgegenstreckte, und ließ sich von ihr nach innen ziehen. Der Wagen fuhr wieder an, und die Hütten der Armut, knurrende Hunde und kältespeiende Dämonen blieben hinter ihr zurück.

Zur Rue St. Jean. – Man kannte ihre Adresse.

Die Liebe ist eine Kutsche, die durch nächtliche Straßen fährt. Drei- bis viermal um St. Jean herum, dann bis zum Pont de Vaucelles und nach St. Jean zurück. Jetzt muß ich aber aussteigen, ruft das Mädchen. Marchez donc, ruft der junge Mann, wenn der Kutscher tatsächlich haltmachen will. Der zieht die Schultern hoch, flucht unhörbar und fährt weiter.
Die Liebe ist eine Kutsche. Man fragt nicht, wo sie herkommt. Sie ist da, hält am Straßenrand, man steigt ein. Man war allein, hat gefroren, man hat Angst gehabt, man ist sehr überrascht. Man überläßt sich dem Arrangement aus Erschöpfung und weil es wirklich Beachtung verdient, wie es so gut, so wunderbar arrangiert ist.
Wo sind wir, fragt das Mädchen. Denn die Fenster sind zugehängt, und man kann nicht hinaussehen.
Aber sie kennt die Antwort schon: sie ist in einer Geschichte, die schon lange begonnen hat, ohne daß sie etwas merkte. Ja, ihre Blindheit gehörte von Anfang an mit dazu, daß die Geschichte beginnen konnte. Sie begann mit der Blindheit, weil sie nicht anders beginnen kann. Weil ihre Anfänge immer im Verborgenen liegen müssen. Eine Zeitlang wird die Wachsamkeit ausgeschaltet, bis man auf einmal die Augen aufreißt und sieht, wohinein man geraten ist, mitten in eine Geschichte, deren Ausgang genauso rätselhaft ist wie ihr Anfang, mit unabsehbaren Möglichkeiten für das Glück und das Unglück.

Wo sind wir? Jetzt Rue St. Jean.
Und wo werden wir ankommen? Das wird man sehen.
Es handelt sich um Entführung. Plötzlich, im Dämmerschlaf ihrer ausgeschalteten Wachsamkeit, hört das Mädchen das laute Hämmern der Pferdehufe auf dem Pflaster, den Widerhall in den Straßen, deren Bewohner vielleicht schon tief im Schlaf liegen, und sie begreift, was geschieht. Es ist schon spät, sagt sie, jetzt muß ich aber nach Hause.
Aber ja, sagt der junge Mann. Wir sind da.
Und er öffnet den Wagenschlag, und sie sieht, daß sie wirklich vor ihrer Haustür angekommen ist. Sie fröstelt vor Überraschung, nimmt fest ihr Tuch um die Schultern und steigt aus. Sie will sich jetzt nicht mehr umdrehen, und so entgeht ihr der Sinn rasch eingeworfener Worte in ihrem Rücken. Was hat er gesagt?
Wenn sie wüßte, was er gesagt hat. Die Fortsetzung der Geschichte, in die hinein sie geraten ist, liegt im Sinn der Worte beschlossen, die sie nicht richtig gehört hat. Wie wird sie grübeln. Wie wird sie wachliegen und den verklungenen Worten wieder und wieder nachhorchen, ob sich ihr Sinn nicht im nachhinein noch offenbart, wie es manchmal mit Unverstandenem geschieht. Aber selbst in der Erinnerung vernimmt sie nichts als den Klang der eigenen Schritte, die im Torbogen nachhallen, durch den sie schnell den Hof erreicht, während die Kutsche sich langsam auf der Straße entfernt. Es bleibt ihr nichts anderes übrig, als den Fortgang der Geschichte abzuwarten, geschehen zu lassen, was geschieht. Was alle

tun, die in eine Liebesgeschichte geraten sind: Sie lassen geschehen, was geschieht. Sie haben einen Anfang erlebt. Sie wollen die Fortsetzung kennen.

Es gibt Träume, aus denen man ein Pfand zurückbehält. Ein kleines Brandmal vom Feuer, das man im Traum durchschritt. Ein graues Haar von dem Kummer, den man erlitten hat. Ein ausgerenktes Hüftgelenk von einem nächtlichen Ringkampf. Laß mich gehen, denn die Morgenröte bricht an. Aber nach Sonnenaufgang steht der Träumer vom Bett auf und hinkt immer noch. Sein Hüftgelenk schmerzt tatsächlich.
So wachte Marie nach dieser Nacht auf und fühlte die Schmerzen nicht im Hüftgelenk, sondern in ihrer Brust. Ein Stechen bei jedem Atemzug, eine Hitze, die wie die nächtliche Kälte war, genauso unentrinnbar. Eine Erinnerung, vor der sie schnell wieder ihre Augen schloß, die das Tageslicht nicht vertrugen. Später kam Madame de Bretteville in ihr Zimmer.
Man hat sich nach Ihnen erkundigt, sagte sie. Man ließ nach Ihrem Befinden fragen.
Ich bin krank, sagte Marie.
Und als müsse sie ihren Geisteszustand überprüfen, legte Madame de Bretteville ihr die Hand auf die Stirn.
Es war Bougon-Longrais, sagte sie mit der leichten Empörung, die sie befiel, wenn die Fäden ihrer Handarbeit sich verwirrten.
Ich weiß, sagte Marie.
Und als ihr Fieber sank, als sie nach zwei Tagen aufstand und keine Schmerzen mehr hatte, blieb ihr doch

diese Enge in der Brust, irgendwo unterhalb ihrer Lungen, wo das Zwerchfell sitzt, nicht weit entfernt von der Seele, die im Körper wohnt und zuweilen soviel Platz braucht, daß sie ihn ganz einnimmt. Er will nicht essen, nicht schlafen, die Luft zum Atmen genügt ihm, in seiner Höhle erwacht ist das Seelentier – ein tiefer Atemzug, ein Gedanke, und es regt sich. Was will es? Es will sich zeigen. Es gibt keine Ruh.

Und sie nahm wieder die Arbeit an den Klöppeln auf. Die kleinen Holzspulen flogen wie von selber. Sobald sie sie nur berührte, begannen sie schon zu tanzen, rasch und lebhaft, im Rhythmus schlagender Herzen, schneller werdende, atemlos wirbelnde Tänzer mit plötzlich rasenden Pulsen, deren Figuren in Unordnung geraten, sich heillos verwirren.

Wie bitte? sagte Marie.

Man hat schon wieder nach Ihnen gefragt, sagte Madame de Bretteville.

Ich bin gesund. Das nächste Mal lasse ich in den Salon bitten. Sagen Sie das dem Mädchen.

Und diesmal war es Marie, die sich tief über die Arbeit beugte und ihre Fäden entwirrte.

Gefiel er ihr denn? Mochte sie Bougon-Longrais? Die Frage war nicht mehr wichtig. Sie war beherrscht von der anderen, alles verdrängenden Frage nach der Fortsetzung dessen, was ohne Absicht und Plan und im verborgenen begonnen hatte. Die Frage: Mag ich ihn eigentlich?, stellt sich gewöhnlich am Ende und nicht am Anfang von Liebesgeschichten.

Sie mochte ihn übrigens nicht. Bougon-Longrais hatte

etwas Hochnäsiges, das tatsächlich in seinen Zügen zu finden war, ein ungebührlicher Abstand zwischen Nase und Oberlippe, etwas Zu-hoch-Angesetztes, das sich in den gewölbten, wie in unausgesetzter Skepsis hochgezogenen Brauen fortsetzte. Er sah wie ein ci-devant aus, obwohl er bürgerlich war. Wie ein ci-devant, der zur Tarnung den bürgerlichen Namen trägt und für die Republik ist. Dabei war er von nichts mehr erfüllt als dem Wunsch, sich als Bürger hervorzutun. O er war richtig. Es war die Eigenschaft, richtig zu sein, wo auch immer, die seine Karriere begünstigt hatte. Die Eigenschaft, eine Position auszufüllen, vollkommen, besser als jeder, und, indem er sie ausfüllte, mit hochgezogenen Brauen hinter dem Schreibtisch zu sitzen, als sei er gerade befördert worden und nehme diese Funktion hier nur noch der Form halber wahr. So strebte er unaufhörlich ein wenig höher. Ja, wenn er eines Tages aufs Schafott steigen müßte, nähme er die paar Stufen wie einen letzten Aufstieg zum Höhepunkt seiner Karriere, eine letzte Beförderung. Selbst auf dem Wippbrett, auf das sie die Verurteilten legten, läge er absolut richtig.

Nein, sie mochte ihn nicht. Während der ganzen Affäre, die soviel Aufsehen in Caen erregte, die sie für ein paar Wochen zum Gesprächsthema in den Salons machte, ja, nicht nur das, die sie selber verwirrte, aufregte, krank machte und manchmal außer sich sein ließ, war ihr bewußt, daß sie ihn nicht eigentlich mochte.

Aber war er von ihr nicht auf Seitenwegen getroffen

worden, die er mit unruhigen Augen absuchte? Woher kam er, als seine Kutsche bei ihr anhielt? Und wohin fuhr er? War es nicht so, daß sie ihn zu einem Umweg verleitet hatte? Es sind die Fragen, die eine einmal begonnene Geschichte in Gang halten. Es ist der Hunger nach Fortsetzung, der die Liebesgeschichten vorantreibt. Nicht die Liebe.

Der vierte von den fünf Träumen

Es war ein Traum von der Flucht. Ein Traum von großen Gefahren.

In ihrer Not trat sie einfach auf das Eis hinaus. Hoffte, es würde tragen. Schöne weiße Einsamkeit. Niemandes Fußspuren, die sich mit Wasser anfüllen wie große, traurige Augen. Fußspuren, in die sie selber ihre Füße setzt, vorsichtig, vorsichtig schreitend. Immer größere Schritte werden ihr abverlangt. Alles kommt darauf an, daß sie die Schritte den Fußspuren anpaßt, die sie vorfindet, Fußspuren eines Riesen, die immer weiter auseinanderliegen. Was für ein schlimmer Spaziergang. Da tut sich unter ihr plötzlich ein Riß im Eis auf, ein Spalt, der schnell breiter wird. Sie steht mit ihren Füßen auf zwei verschiedenen Eisschollen, die auseinanderdriften. Zwei Inseln, nur durch die Klammer festgehalten, die ihr Schritt ist. Es muß sie zerreißen.

Und sie erkennt ihre einzige Chance zu überleben. Denn es muß überlebt werden. Jeder Traum handelt von einer, der einzigen Art, sich zu retten. Das Eis schmilzt nämlich. Von ihrer Wärme muß das Eis langsam schmelzen. Dieser schrecklichen Strafe, die an ihr vollstreckt werden soll, auseinandergerissen zu werden, kann sie entgehen durch Wärme. Schon fühlt sie, wie die Kraft nachläßt, die an ihr zerrt. Schon quillt und gurgelt das Wasser, in das sie langsam einsinkt. Ein schwarzer, lauwarmer Schlaf.

Manchmal kam ihr die Stadt Caen vor wie ein fremder Kontinent. Das Land der Emigration, das sie gewählt hatte. Ein schweres, langes Exil.

Diese Mischung aus Staunen und Gleichgültigkeit, die die Emigration ist. Ein Traumwandeln im Fremden. Die Emigrantin ist sicher, als trüge sie eine Tarnkappe. Und genauso gefährdet. Denn es gibt niemand acht auf sie. Ob sie da ist, ob nicht, wen kümmert das in der Fremde?

Und was kümmern sie die barbarischen Bräuche, die sie um sich her gewahr wird? Befremdliche Rituale, deren Sinn ihr verschlossen bleibt und deren Botschaft sie nicht betrifft, weil sie fremd ist. So kam ihr manchmal das Leben in der Stadt Caen vor.

In den Markthallen, wo sie für Madame de Bretteville einkauft, über Truthähnen, Aalen, Heringen und kleinen, zarten Gänseküken, liegt ein Geruch von Mord. Ein Blutgeruch, wie er immer schon vom Fleisch an den Haken herrührt, jetzt aber, da nur noch wenig Fleisch zum Verkauf angeboten wird, seltsam verstärkt ist.

Die Frauen, die mit den großen Körben am Arm hereinkommen, sich umschauen, prüfen, befühlen – was flackert in ihren Augen? Wonach suchen sie? Was wollen sie wirklich? Wie sie sich hier- und dorthin wenden, unruhig, als ginge es darum, etwas zwischen den Tischen, den Pyramiden aus Kohlköpfen, den Schweinepfoten und Rinderschultern Verborgenes zu finden. Manchmal scheint es, als wollten sie auch die Marktfrauen betasten, anfühlen, als zögen sie gleich das Messer aus ihren Röcken und Brusttüchern, um sich ein Stück Fleisch von ihnen aus ihren Körpern zu schneiden, es in den Händen zu wiegen und mit der blutigen Beute in ihren Körben zu fliehen. Sie sind zu allem entschlossen. Man kann es in den Gesichtern sehen. Aber merkwürdigerweise packen sie nur ein paar Zwiebeln ein, etwas Hirsemehl, Äpfel, bezahlen hastig mit kleiner Münze, die sie der Marktfrau in die Hand zählen, flüsternd, als wenn sie Verwünschungen ausstießen, zehn, elf, zwölf, dreizehn Sols, und tauchen schnell in der Menge unter, eilig, mit gesenkten Köpfen, als wolle man ihnen, was sie gekauft haben, nehmen.

Es wurde nämlich immer teurer, satt zu werden. Die Preise stiegen in Caen und anderswo. Geschah es nicht, daß die Händler einen Teil ihrer Waren abtransportierten, weil niemand soviel bezahlen konnte? Wo kam das hin? Und wer durfte sich daran satt essen?

Höflinge. Spekulanten. Gewissenlose Preistreiber. Wucherer, die sich daran bereicherten. Feinde der Revolution. O man hätte den Frauen nicht sagen dürfen, wo sie sich versteckt hielten.

Das wußte selbst nicht Marat. Aber er empfahl, wachsam zu sein. Grundsätzliches Mißtrauen empfahl er. Und so schienen die Hausfrauen alle ein Messer im Brusttuch zu tragen. Und wenn Marie zum Markt ging, empfand sie plötzlich denselben Heißhunger auf Schweinebraten und Gänseleber, der mit der Mordlust verwandt ist und in dem sie sich von Zeit zu Zeit heftig äußert. Genauso hastig, den Korb fest an sich gepreßt, verließ Marie dann die Hallen.

Die Emigrantin bekennt sich zu ihrer Fremdheit wie ein Glaubender zum Glauben. Und wie ein Glaubender sieht sie Dinge, die von begrenzter Geltung sind, wenn sie die Augen aufmacht. Ein Durchgangsstadium das Leben, das sie derzeit führt. Ein Land der Unwesentlichkeit, in dem sie sich aufhält. Sündenfall der Emigrantin: sich im Exil zu Hause zu fühlen. An jedem Tag ist die Übung des Sichverweigerns Pflicht. Hinsehen, ganz genau hinsehen, aber mit doppeltem Blick. Vor den Augen das Fremde, klar, im Licht ungetrübter Wahrnehmung, und im Kopf das Zuhause, das Land, in dem sie eigentlich ist, Land der wesentlichen Dinge.

So offenbart sich die Scheinhaftigkeit dessen, was vor den Augen liegt. Die Emigrantin ist wachsam. Grundsätzlich mißtrauisch ist sie. Die Wirklichkeit ist verdächtig. Sie kommt grundsätzlich nicht für sie in Betracht.

Während Marat in Paris an seinem Schreibtisch sitzt, die Feder spitzt und grundsätzlich die Wirklichkeit verdächtigt, eine große Verschwörung zu sein, während er mit spitzer Feder durch sie hindurchstößt und alle Schuldigen dingfest macht, Ehrgeizlinge, Verräter, Feinde des Vaterlands, Betrüger und Intriganten – währenddessen geht Marie Corday durch die Straßen von Caen zur Rue St. Jean hinauf, einen Korb mit Karotten, Zwiebeln und Kohlköpfen an sich gepreßt – denn man muß festhalten, was man einmal erworben hat, es könnte einem entrissen werden, so war die Lage in Caen –, und sie weigert sich ebenso wie Marat, die Wirklichkeit in Betracht zu ziehen. Sie verachtet sie nicht weniger als Marat. Und wo Marat sie verachtet, weil er grundsätzlich ans Niedrige glaubt, das den Menschen unweigerlich hinabzieht, glaubt sie grundsätzlich ans Höhere, das ihn veredelt. Marat vermutet den Schurken in jedem Helden und sie den Helden im Schurken. So gilt die Wirklichkeit beiden als unbewohnbar.

Und während Marat das Mißtrauen zum Prinzip erhebt, beinah zur Religion macht, deren Dienst er sich ohne Unterlaß weiht – denn die unbewohnbare Wirklichkeit braucht Religion –, erhebt Marie die Idee zum Prinzip und weiht sich ihr: die Idee vom wahren Helden.

Ach, wenn doch die Franzosen wahre Republikaner wären, seufzen sie beide, und beide meinen dasselbe und denken an ganz Verschiedenes. Marat denkt an die Entlarvung aller Schurken und ihre Eliminierung durch das Fallbeil. Marie denkt an die Verklärung aller Helden und ihr ruhmreiches Hervortreten durch große Taten. Marat denkt an die Zukunft und Marie an die Vergangenheit.

Die Republik, deren Bürgerin sie ist, ist römisch. Sie ist ausschließlich von Helden bewohnt. O Cato, Pompejus, Cicero.
O Brutus. Unerschrockener Tyrannenmörder. Der Maßstab für unser Handeln ist die Gerechtigkeit. Nicht Freundschaft oder Feindschaft. Nicht die weichen Gefühle, die uns als Schwäche anwandeln. Das Gesetz der Republik muß erfüllt werden. Das ist der Beruf des Helden. Das ist die Tagesordnung in der Republik, die von Helden bewohnt ist.
Und sie sucht mit der Seele, nicht mit den Augen nach ihnen. Denn sie ist im Exil. Sie weiß, sie wird sie erkennen. Wie ein Emigrant den anderen erkennt. Mit der Seele. Nicht an der Kleidung, der Sprache. Lange bevor er das erste Wort spricht, ist der Emigrant schon an etwas Unbestimmbarem erkannt. An seinem Schritt, an der Art, wie er sich nicht umdreht, wie er sich fortbewegt, als sei es für ihn ein leichtes, durch die Wände zu gehen. Ja, er geht durch die Wände. Er bemerkt sie nicht. So geht er einfach hindurch. Und so ist auch seine Unsichtbarkeit zu erklären. Eben noch anwesend, ist er plötzlich nicht mehr da. Keiner hat ihn gesehen. Niemand kann sich an ihn erinnern.
So war es mit den Helden der Republik, die sie suchte. Gleich ihr bewohnten sie Frankreich als ein Exil. Wie sie waren sie darin fremd. Sie waren unsichtbar. Manchmal sagte sie sich, daß alle Helden im Krieg gebraucht wurden. Denn es war Krieg an den Grenzen, und der Beruf des Helden ist es, Soldat zu sein, wenn die Republik Krieg führt. Sicher hätte sie viele

von ihnen bei Valmy getroffen, bei Jemappes und Antwerpen. In Caen blieben sie abwesend, sosehr sie nach ihnen suchte. Sie selbst durfte kein Held sein. Ihr Beruf war ein anderer. Denn sie war eine Frau.
Brutus hatte gewußt, was er tun mußte: den Tyrannen ermorden. Pompejus, Cato und Cicero wußten es. Marie wußte es nicht.
Sie war genügsam und streng zu sich selbst wie Cato. Unbestechlich wie Cicero, mutig und stolz wie sie alle. War sie das etwa nicht? Aber was war zu tun? Was konnte ihr Beruf sein?
Und sie klöppelte Spitzen, während die Republik in ihrem Kopf von Tribunen bereist wurde, von Senatoren und Feldherren. Vom Capitol auf die Landgüter, zurück nach Rom, nach Sizilien, weiter nach Spanien, nach Syrien, nach Ägypten und zurück zum Capitol. Dann und wann geschah ein Anschlag. Caesar verröchelte. Cicero streckte den Kopf aus seiner Sänfte heraus, der wurde ihm abgeschlagen; Brutus pflanzte sein Schwert auf und stürzte sich dann hinein. Ach, der Schmerz um die Zustände durchbohrte irgendwann irgendwo irgendwie alle. Cato gar griff in die Wunde, die ihm ein Arzt zugenäht hatte, zerwühlte sie, zog die Därme heraus und gab sich so selbst den Tod.
Sie saß und klöppelte und fühlte sich unverwundbar wie ein Gedanke. So leicht. Die Spulen flogen, Fäden verschlangen sich, bildeten die kleinen zarten Zwischenräume, auf die es ankommt. Spitze ist nichts als Luft. Daran arbeitete sie. Die zauberhafte Umrahmung für den Traum, für das Nichts.

Manchmal geschah etwas wirklich. Wie in Verson. Ein unvereidigter Priester amtierte dort immer noch, als sei nichts geschehen. Man schickte die Nationalgarden. Sie brauchten zweieinhalb Stunden, um von Caen nach Verson zu kommen. Zeit genug, sich zu retten, denn in Verson war gewarnt worden. Der Abbé floh, und die Leiche, die er gerade beerdigen wollte, blieb unbestattet zurück.

Zurück blieb auch die Gemeinde. Die Bauern können ihr Dorf nicht wie ein Priester verlassen, der einfach die Soutane rafft und in den Wald rennt, wenn Gefahr droht. Sie haben Vieh und Familie und ziehen sich lieber ins Haus zurück. So schlugen die Soldaten Türen und Fenster ein, plünderten, quälten ein bißchen, zündeten hier und dort Scheunen an, um das Versteck auszuräuchern, in dem sich der klerikale Vaterlandsfeind verborgen hielt, wie sie sagten. Sie betranken sich am Cidre, den sie fanden, und veranstalteten, was sie Verhöre nannten: Wo ist der Priester? Und sengten einige Fußsohlen an, wie es manchmal bei Verhören solcher Art vorkommt. Sie machten ein paar Gefangene, die sie nach Caen schleppten.

Und so sah sie Marie am Abend im Schein von Fackeln in die Stadt einziehen, langsam die Rue St. Jean entlang, an einem warmen Aprilabend. Sie stand am Tor. Sie wartete in der Menge, wie sie bei Prozessionen gewartet hatte, und wie bei den Prozessionen kündigte sich das Herannahen des Erwarteten zuerst in der Bewegung am Straßenrand an, ein Zusammenströmen, ein Drängen, dem sich kein einzelner widersetzen kann. Ehe der Zug heran ist, gibt es die einzelnen nicht mehr. Sie sind zur Menge geworden. Nur sie ist gegenwärtig. Kein einzelner ist dabei. Und daß die Menge dabei ist, macht, was geschieht, zum Ereignis. Vive la Nation! Vive la République! Die Menge ruft immer mit einer einzigen Stimme.

Trotz des Lärms kam der Zug mit einer langsamen Feierlichkeit näher, als trüge man etwas Kostbares durch die Straßen. Es ging nicht schneller. Sie führten nämlich Kanonen mit sich, vor die sie statt der Pferde die Gefangenen gebunden hatten, ein paar Männer und Frauen, deren Köpfe kahlgeschoren waren und deren dunkle Gesichter im Schein der Fackeln, die ihnen immer wieder ein wenig zu nah kamen, vor Pein und Anstrengung glänzten. So hatte man sie zurechtgemacht für diesen Auftritt: Kahlköpfig, von Staub und Ruß geschwärzt, erregten sie kein Erbarmen mehr, sondern Entsetzen.

Das Schreckliche ist exotisch. Ein starker Zauber, der uns Raum und Zeit überwinden hilft, ein Zwang, sich weit zu entfernen. (Denn in Caen könnte ja derart Schreckliches nie geschehen.) Wir sind woanders. Wir sind in Santo Domingo. Wir sind unter die Mulatten geraten, die einen Aufstand gemacht haben, eine unzulässige kleine Mulattenrevolution, wobei sie sich auf die Verwandtschaft mit den weißen Kolonialisten berufen. Das Wort Sklave, sagt Robespierre in Paris, darf eben nicht mehr verwendet werden. Aber in Santo Domingo legte man die Aufrührer vorsorglich doch in Ketten. Voran ging Vincent Ogé, der ihr

Anführer gewesen ist, die schwarzen Augen verdreht, so daß man nur noch das Weiße sah, wie sich die Weißen das immer vorgestellt hatten, die Todesangst der Mulatten. Vincent Ogé wird gerädert werden. Man schleppte ihn durch die Straßen, damit in Santo Domingo alle noch einmal das Weiße in seinen Augen sehen konnten. Man trommelte und schwang Fackeln. Es sah beinah wie in Caen aus. Das fremde, seltsame Schauspiel des Entsetzlichen.
Mit einer Anstrengung, wie sie dazu nötig war, löste Marie sich aus der Menge, die hinter dem Zug herdrängte, als käme es darauf an, die Gefangenen nicht aus den Augen zu lassen. Sie wandte sich um und schlug den Weg nach Hause ein. Der Zug war jetzt bei St. Pierre, ein ferner Widerhall von Lärm und wüsten Gesängen.
Was hatte sie denn gesehen? Wie ein Traumbild wollte sich das Gesehene aus der Erinnerung verflüchtigen. Sie mußte stark sein, entschlossen, das zu verhindern, so wie sie manchmal am Morgen den Bildern der Nacht verwehrte, ins Niegesehene zurückzugleiten, indem sie ihnen nacheilte, entgegentrat und im Halbschlaf noch einmal Widerwillen und Angst aushielt und die Glückseligkeit, die so nah damit verwandt war.
So hielt sie jetzt das Entsetzen aus. Ja, es war wirklich. Sie hatte es gesehen. Es waren Leute aus Verson, die sie gesehen hatte. Verson – Madame de Bretteville besaß dort ein Stück Land. Sie waren mehrmals im Sommer dort gewesen, um mit den Pächtern zu spre-

chen. Man hatte sie unter blühenden Linden bewirtet, dienstfertig, fröhlich, als wäre zwischen Pächtern und Grundherrin nichts geschehen. Und es war nichts geschehen. Nichts, was Madame de Bretteville betraf und die Leute aus Verson, die sie der Einfachheit halber »meine Leute« nannte und die die Eimer mit Honig und weißem Käse zum Wagen brachten, mit freundlich gekrümmten Rücken hin und her liefen und mehr als nötig aufluden, so wie sie immer den Pachtzins abgeliefert hatten, als handle es sich um Geschenke mit nichts als der Liebenswürdigkeit ihrer Grundherrin zum Anlaß. Ein reicher, blühender Garten, das war Verson für Marie.

Es war Verson, wo der Zug herkam, den sie gesehen hatte. Verson, nicht Santo Domingo. Nachträglich erkannte sie einige von den Gefangenen. Den Abbé Adam, seine Nichte. Als Gequälte sahen sie so furchtbar fremd aus. Sie wurden im Schloß gefangengehalten und bis auf die, die starben, nach vier Tagen schon freigelassen.

Sind Sie ein Patriot? hatte ein Richter, der die Verhöre durchführte, einen der Bauern gefragt.

Ja, Monsieur, sagte der Bauer, jeder kann das bezeugen. Ich habe als einer der ersten bei der Versteigerung der Kirchengüter geboten. Und Sie wissen ja: kein anständiger Mensch wollte sie haben.

Sie kannte die Anekdote, wie sie Bougon-Longrais ihr erzählt hatte.

Ich kann darüber nicht lachen, sagte Marie.

Sie war die schöne Spröde. Es war nicht leicht, sie zu lieben. Noch schwieriger, ihr den Hof zu machen. Anstrengend, sie zu erheitern. Fast unmöglich, ihr zu schmeicheln.
Bougon-Longrais nämlich liebte die schönen Spröden. Er fand in ihnen die Sehnsucht, unbewußt, abgedrängt in die verbotenen Zonen seines Gefühls, nach versagter Beförderung verkörpert. Den schönen Spröden war er schon immer verfallen. (Was ihn nicht hinderte, sich manchmal an einem Abend in die Vorstadt hinausfahren zu lassen, wo die Hingebungsvoll-Willigen warteten.)
In Paris gehen die Frauen neuerdings ohne Haube. Wußten Sie das schon? sagte Bougon-Longrais. Er war nämlich in Paris gewesen. Nur ein paar geflochtene Bänder im Haar und nichts als Locken. Nur Locken, sagte er, das würde Ihnen gut stehen.
Und in Verson gehen sie neuerdings kahlköpfig, sagte Marie. Wußten Sie das schon?
Madame de Bretteville saß am Fenster im Salon und folgte den Gesprächen, indem sie die kleinen Klöppel mit Feuereifer umherfliegen ließ, ungeachtet all der Fehler, die ihr dabei unterliefen und die Marie später wieder in Ordnung zu bringen hatte. Denn sie hielt es für schicklich, unausgesetzt zu klöppeln, wenn sich ein Paar unterhielt, dem nichts als ihre Gegenwart gestattete, sich zu treffen. Madame de Bretteville fand solche Bemerkungen von Marie in höchstem Maße ungeschickt.
Es wird nicht lange dauern, dachte sie, bis sie ihn in

die Flucht geschlagen hat. Das hält kein junger Mann aus.

Und sie behielt auch recht. Bougon-Longrais kam zwei-, dreimal, und dann kam er nicht wieder. Und die Schicklichkeit verbot es Madame de Bretteville ebenso wie die Erinnerung an ihre eigene Vergangenheit, das allmähliche Ausbleiben halbherziger Verehrer, daß sie Marie darauf ansprach.

Was sie aber nicht wußte: eine Kutsche fuhr manchmal an Nachmittagen des Sommers zweiundneunzig stadtauswärts, am Bourg-l'Abbesse entlang, hielt unterhalb des Klosters La Trinité, das verlassen auf seinem Hügel lag, schlafend wie Cauvigny über dem Tal der Monne, so träumte jetzt das Kloster über die Orne hinweg, und wenn die Kutsche kurz anhielt, dann stieg rasch eine Gestalt ein, die aus einer der Gassen trat, in rosenfarbenem Taftkleid, ohne Haube, das Haar von Bändern durchflochten und in unzählige kleine Locken gelegt.

Natürlich sah man sie. Natürlich blieb nicht verborgen, was im Verborgenen geschah. Allein schon die Verwandlung der Spröden in eine Schöne fand ja vor aller Augen statt. Das Werk der Lockenschere brachte es an den Tag. Aber die offiziellen Heimlichkeiten sind ja nicht weniger heimlich. Und nicht weniger verboten. Die Gesellschaft verlangt nach der Wiederherstellung der Rechte, die sie beansprucht. Das offizielle Geheimnis muß, auch wenn jeder es kennt, unbedingt offenbart werden. Die Öffentlichkeit setzt Fristen. Ein paar Wochen lang ist sie bereit, eine Kutsche zu übersehen, die am Ufer der Orne entlangfährt, stadtauswärts, ins freie Feld, am erlenbestandenen Flußlauf entlang, und langsam aus den Augen verschwindet – doch dann will sie endlich Bescheid wissen. Denn sie weiß schon Bescheid.

So fährt die Kutsche durchs Feld, und die darin sitzen wissen, daß die Zeit drängt. Wenn sie sich später erinnern, erinnern sie sich an dieses Gefühl des Gejagt- und Bedrängtseins. Immer wieder drehen sie sich um und sehen durchs Rückfenster, als würde man sie verfolgen. Am liebsten trieben sie den Kutscher zu noch größerer Eile an. Marchez donc, marchez donc.

Und so kamen sie einmal bis in die Nähe von Ouistreham, blieben rechts von der Flußmündung und näherten sich dem Meer. Vor ihnen lag Amerika. Sie sahen es in der Ferne über dem spiegelnden Wattenmeer, die Prärie, Büffelherden und stolze Rothäute mit Federschmuck, die sie jagten.

Über dem Land standen weithin die hohen Säulen der Rauchsignale, mit denen sich die Wilden Botschaften übermittelten, Botschaften von Krieg und Frieden, von Niederlage und Sieg.

Gehen wir nach Amerika, sagte Bougon-Longrais, in Amerika könnten wir leben.

Eine gewaltige Rauchsäule stieg in den Himmel über der fernen Prärie, die Botschaft von einer möglichen Wendung der Dinge.

Doch dann gab er dem Kutscher den Befehl, schnell zurückzufahren. Er mußte zu einer Sitzung des Generalkomitees.

Wissen Sie, daß ich Aussicht habe, zum procureur général des Départements gewählt zu werden? sagt er. Die Rauchsäule verschwand. Und auf dem Rückweg erfuhr sie, welchen Intrigen der derzeitige Prokurator bald zum Opfer fallen würde. Bougon-Longrais war entrüstet. Aber was sollte er tun? Das Gesetz seines Lebens verurteilte ihn, Karriere zu machen. Was geschah, geschah so, daß er am Ende befördert wurde. Er mußte gar nichts dazu tun. Doch wo einer befördert werden soll, muß ein anderer weichen.
Sie könnten darauf verzichten, sagte Marie, sich zur Wahl aufstellen zu lassen.
Er verstand nicht, was sie meinte. Und er war etwas verstimmt, nachdem sie es ihm erklärt hatte. Sie merkte es an der Art, wie er sie auf dem Heimweg nicht mehr bedrängte.
Im September wurde Bougon-Longrais zum procureur général gewählt. Marie erfuhr es von Leclerc.
Frauen verabscheuen die Männer, die Karriere machen. Frauen lieben sie. Dazwischen liegt der grundlose Morast der wahren Gefühle. Irgendwo zwischen falschem Mitleid und echtem Gekränktsein. Beides macht sich in Empörung Luft. Wie konnte er nur? Wie kann er?
Die Empörung war berechtigt. Vorübergehend entlastete sie Marie, indem sie sich von der Woge der allgemeinen Empörung tragen ließ. Sein Amtsvorgänger war nämlich diesmal ermordet worden. Die Umstände, die ihn auf seinem Weg nach oben begleiteten, waren diesmal denkbar schändlich. Manche

brachten ihn sogar mit dem Komplott in Verbindung, das es gegeben hatte.
Aber das war nicht wahr. Marie wußte, daß es nicht wahr war. Seine Schuld lag in der Unschuld, mit der er sich die Gegebenheiten zunutze machte, die andere schufen. In seinem raschen Zur-Stelle-Sein lag sie und seiner großen Verwendbarkeit, diesen beiden Garanten seines zukünftigen Untergangs. Denn das würden sie auch sein. Und in verzweifelten Tagträumen voller Rachsucht und Trauer nahm Marie seinen Fall voraus, träumte sie seine Verhaftung, seine Gefangenschaft und ein entsetzliches Urteil. Wie sein Vorgänger Bayeux konnte er auf offener Straße niedergestreckt werden. Oder Schlimmeres. Und sie? Wo blieb sie in ihren Träumen? Sie lief mit gerafften Röcken, um rechtzeitig zur Stelle zu sein und zu retten. Ganz am Ende war sie da. Er konnte sich darauf verlassen.
Und sie rief sich zur Ordnung. Aus der Unordnung der Tagträume, dem Morast der Gefühle, rief sie sich immer wieder zur Ordnung der Klöppel. Hohl und trocken klangen sie aneinander. Sie kannten nur einen Ton. Den leisen, hölzernen, kleinen Trommelwirbel der Pedanterie und des Fleißes.
Und während Marie das Nichts umrahmte, nahm Bougon-Longrais den Schreibtisch des Generalprokurators ein, und diese typische Geste seines Berufs eines Aufsteigers, der gerade den Platz seines Vorgängers in Besitz nimmt und in dem Augenblick, in dem er sich darauf niederläßt, den Machtzuwachs spürt, der ihm damit zuteil wird, diese Geste gelang ihm diesmal so

außergewöhnlich eindrucksvoll, daß man davon in ganz Caen sprach: Er fuhr leicht mit dem Handrücken über den Tisch, lehnte sich in seinem Sessel zurück und sagte: Selbst der Staub hier ist mir noch unsympathisch. Was nichts anderes als ein Ausdruck der Verlegenheit war, die ihn manchmal angesichts der unzulässigen Schnelligkeit seiner Karriere befiel. Aber man legte es ihm als Zeichen der ambitiösen Kaltblütigkeit aus.

Und sie konnte zu seinen Gunsten nichts sagen.

Es war verlangt, daß sie schwieg. Denn die heimlich Umworbenen werden auch heimlich verlassen. Erklärungen sind nicht nötig. Am Ende behalten die anderen recht. Wo nichts ist, kann nichts aufhören.

Einmal kam ein Billett. Darin stand etwas von Pflichten. Von einer schwierigen, doch überaus interessanten Aufgabe, die alle Kräfte des Verfassers beanspruchte und alle Zeit, die er hatte. Von seiner glühenden Vaterlandsliebe und der Bereitschaft zum Opfer, die sie forderte.

Es klang so wie die Rede, die er am Tag seines Amtsantritts gehalten hatte und deren Wortlaut vervielfältigt und an die Bürger verteilt worden war. Marie ließ beides zusammen im Kamin brennen.

Das also war die Fortsetzung der Geschichte, in die sie mit hineingeraten war und die jetzt ohne sie weiterging: Bougon-Longrais' Karriere. Der Departementssekretär hatte sich als Generalprokurator davongemacht. Das war alles. Die Tochter eines vormals Adligen hatte er damit weit hinter sich zurückgelassen.

Und sie sah, daß es von Anfang an zwei Geschichten gegeben hatte: seine Geschichte und ihre. Seine ging jetzt am Schreibtisch des Generalprokurators weiter. Sie war daraus verschwunden. Die Fortsetzung ihrer Geschichte fand in Amerika statt. (In Amerika könnten wir leben.) Sie hatte eine Rauchsäule über dem Ozean gesehen, wie sie steil in den Himmel aufstieg, irgendwo in der Ferne, wo Amerika liegen mußte. Aber da kam sie nicht hin.

Es blieb ihr nichts zu tun. Das war die Qual dieses Winters zweiundneunzig auf dreiundneunzig, in dem so viel geschehen war: es blieb ihr nichts zu tun. Nichts als Spitzen zu klöppeln. Während draußen der Schnee fiel, saß sie am Kamin und ließ die Holzspulen tanzen. Was geschah? Es geschah nichts. Alle Welt schlief wie Madame de Bretteville, die nachmittags schon ins Bett ging, um Licht zu sparen. Marie ließ dann die Arbeit sinken und horchte hinaus: Da war nichts. All der Lärm, den sie hörte, war in ihr selbst: die großen Aufmärsche. Trommelwirbel. Die Stimmen.
Der Tod, riefen sie.
Das Gesetz.
Die Vollstreckung.
Die Vollstreckung des Gesetzes oder der Tod. Marchons, marchons, riefen die Stimmen, aux armes, aux armes. Sie hielten sich an den strengen Rhythmus marschierender Schritte, marchons, marchons, und der Rhythmus der kleinen Holzspulen paßte sich ihnen an. Auf, Kinder, auf, Kinder, auf. Marchons,

marchons. Sie wirkten die blutige Standarte. Dies schöne Muster von Totenköpfen, Gebeinen und herzförmigen Blutstropfen, das Marie auch auf den Fahnen und Armbinden der »Carabots« fand, einer neuen Gesellschaft, die durch die Straßen von Caen zog, um unnachsichtig den Fortschritt zu kontrollieren, den die Revolution machte: »L'exécution de la loi ou la mort«.
Das also waren die Stimmen, die sie gehört hatte und der Rhythmus schwerer Schritte. Das schöne Nichts, an dem sie einen Winter gearbeitet hatte, hier fand es sich wieder: im Rund der lächelnden Totenköpfe, der Form gekreuzter Gebeine, den zarten Herzen der Blutstropfen, wie sie zu beiden Seiten niederregneten, als kämen sie aus dem Himmel revolutionärer Gerechtigkeit.
L'exécution de la loi ou

Es war ein freundlicher, netter Tod, auf den man sich verlassen konnte, ein geachtetes Mitglied der Gesellschaft, die ihn durch die Straßen promenierte. Er war jetzt Bürger von Caen.
L'exécution de la loi ou ...

La mort, la mort, riefen alle, die zufällig am Straßenrand standen und den Tod lächeln sahen, wenn er vorbeizog und ihnen die Zähne zeigte. Das Echo kam aus den Herzen auf ihre Lippen, bevor sie es recht bedachten.

La mort, la mort, riefen auch die Konventsabgeordneten in Paris.

Es ging um den König. Seine Schuld bestand darin, König zu sein. So war sie offenbar. Und sein Strafmaß? Der Tod.

So promenierte der Tod auch durch Paris. Er trug das freundliche, fromme Gesicht von Ludwig XVI. Er wollte noch etwas sagen. Aber man ließ die Trommeln schlagen. Die Trommler schwangen die Stöcke und ließen sie auf die Trommeln sausen, als schlügen sie ihre eigene Angst tot. Es war kein Trommeln mehr, es war ein gewaltiges Brausen, als wenn all die gespannten Kalbshäute auf einmal schwangen in einem noch nie gehörten einzigen mächtigen Ton.

So war es also wirklich geworden, was sie geträumt hatte beim hohlen Klang ihrer Klöppel, dem Trommelwirbel der Langeweile im Salon der Madame de Bretteville. Alles war so geschehen.

Auf der Place St. Sauveur in Caen stand jetzt die Guillotine, und wie sie so dastand, wurde sie auch benutzt. Das Gericht hatte kaum Zeit, zwei mutmaßliche Mörder zu verurteilen. Eine Menge wartete schon beim Schafott, als man ihnen noch ausreden mußte, ein Begnadigungsgesuch einzureichen, was einen Aufschub bewirkt hätte. Man sagte ihnen, das würde ihre

Leidenszeit nur unnötig verlängern. So verzichteten sie und konnten unverzüglich geköpft werden. Die Klöppel in Maries Händen flogen hin und her, tanzten wild auf dem Kissen beim dumpfen Geräusch der Trommeln, das von der Place St. Sauveur herdrang, die Fäden rissen sich los, machten sich selbständig, sie konnte ihnen mit ihren Fingern kaum folgen.
Das Gesetz.
Die Vollstreckung.
La mort.

Es war ein langer Winter. Das Schauspiel der Politik wurde nicht mehr auf der Straße gegeben. Es zog sich etwas zurück in die Büros und Versammlungsräume, die Räte und Parlamente. In die Nähe der Öfen zog es sich zurück.
Das taten auch die Bürger. Sie saßen an den Kaminen, während draußen die frühe Dunkelheit einfiel, und achteten darauf, daß sie nicht zu nah ans Feuer kamen, denn beim Schein unruhiger Flammen, die ihre Schatten wie Geister an den Wänden umhertanzen ließen, lasen die Bürger die Zeitung.
Das war ein neues Gefühl: am eigenen Ofen zu sitzen und doch dabeizusein, wenn all die Dinge geschahen, die, der Bürger erfuhr es aus den Zeitungen, nämlich ihn selbst betrafen. Was er las, betraf ihn. Der Bürger las es mit Staunen, es handelte von ihm selbst. Was geschehen war, war durch ihn geschehen. Er hatte es selbst getan. Sieh an, sieh an. Sein Schatten an der Wand wuchs. Er blähte sich zum Phantom auf.

Er schien zu gestikulieren wie ein Redner auf einer imaginären Tribüne, schien sich zu beugen, zu strekken wie ein Soldat auf dem Truppenübungsplatz der Phantasie. Die Zeitung in seinen Händen war bald Schild und bald Waffe, bald eine riesige Trommel, die er unhörbar schlug. Und wie er, unruhig flackernd, über sich selbst hinauswuchs, die ganze Wand einnahm, sie bis zur Decke verdunkelnd, hätte dem Bürger vor seinem eigenen Schatten angst gemacht. Aber er sah ja nicht hin. Er sah ja nur in die Zeitung.
Und da stand:
Keine Gnade! Rettungslos seid ihr verloren, wenn ihr euch nicht beeilt, die Korruption auszumerzen.
Betrachtet die Nationalversammlung als euren furchtbarsten Feind.
Der da sprach, war der Volksfreund, L'ami du peuple.
Niemand verabscheut das Blutvergießen mehr als ich, sagte er.
Ich auch, ich auch, sagt der Bürger, indem er umblättert. Und das tut auch sein Schatten, der jetzt ganz im Schatten der Zeitung aufgeht. Aber ich dringe in euch, liest er weiter, ich dringe in euch, ein paar Tropfen zu vergießen. Um die Pflichten der Menschlichkeit mit der Sorge für die öffentliche Sicherung in Einklang zu bringen, liest er.
Ja, sagt der Bürger und läßt die Zeitung jetzt sinken, während sein Schatten auf einmal schrumpft und im Schein des Feuers, das bald heruntergebrannt ist, hin und her schwankt, ein kleines, buckliges Männlein – ja, was soll man da tun?

Ausmerzen, liest er beim letzten Flackern der Scheite, ausmerzen, keine Gnade.

Es war ein langer Winter. Madame de Bretteville war krank. Marie saß bei ihr und atmete die Luft ein, die aus Madame de Brettevilles eitriger Brust kam. Aber Marie geschah nichts.

Sie zählte Tropfen ab, glättete Decken und Kissen, flößte Suppe ein, strich feuchtes Haar aus der Stirn. Das war nun ihr Beruf. Einen anderen gab es nicht.

Du wirst dich daran gewöhnen müssen, sagte sie mit der Stimme Tante Marguerites zu sich selbst.

Nein, ich will lieber tot sein, sagte die wahre Marie. Es war nicht besser geworden mit ihrer Neigung zur Sanftmut und demütigen Bereitschaft, sich ins Beschränkte zu fügen. Sie wird sich nie daran gewöhnen.

Kind, sagte Madame de Bretteville, als es ihr wieder besser ging, ich weiß, was Sie für mich getan haben. Es soll auch nicht umsonst gewesen sein.

So. Marie sollte erben. Aber Marie war daran nicht interessiert.

Sie ließ die Holzspulen sinken und lauschte angestrengt.

Was ist das? sagte Madame de Bretteville.

Seitdem die Tage länger, die Lüfte milder geworden waren, verstärkten sich die Geräusche, die von der Place St. Sauveur herdrangen. Im Frühjahr dreiundneunzig hörte man nicht nur die Amseln von den Dachfirsten mit ihrer Botschaft vom Leben, das

zurückgekehrt war, man hörte auch die Trommeln an der Place St. Sauveur schlagen mit ihrer Botschaft vom Tod.
Ende März hat der Konvent in Paris die Todesstrafe für nichtvereidigte Priester beschlossen. Anfang April kommt die Nachricht davon in Caen an und wird am fünften April durch Anschläge bekanntgemacht. An diesem Tag ist die Place St. Sauveur schon am Morgen überfüllt, und die Menge steht noch dichtgedrängt in den angrenzenden Straßen. Den sie zur Hinrichtung führen, das ist der Abbé Gombault.
Woher wußte Marie es? Jeder wußte es. Leclerc kam mit der Nachricht schon am zweiten April: Sie haben den Abbé Gombault verhaftet.
Das ist nicht möglich.
Doch, Mademoiselle, es ist wahr.
Der Abbé.
Der Abbé?
Der Abbé war die Güte. Er war die Wahrheit, die Menschenliebe. Er war die Freiheit von Schuld und Sünde, die er zusprechen konnte. Die Unschuld selbst, das war er. Er war Mamas Beichtvater gewesen. Er war am Tag ihres Sterbens mit dem Tod in die Haustür getreten, mit dem ewigen Leben, das Mama seitdem hatte und das von seinen Händen floß, wenn sie Maries Kopf berührten. Sie hatte es bis ins Herz gespürt bei jeder Beichte, die sie bei ihm abgelegt hatte. Vom Scheitel oder der Zunge, auf die er den Leib des Herrn legte, bis in ihr Herz.
Doch nicht der Abbé Gombault.

Aber er war es. Sie hatten ihn im Wald von Mesnil gefunden und aufs Schloß gebracht. Sofort trat ein Gericht zusammen, die Geschworenen höhere Militärs. Alles andere beruhte auf den Gerüchten, die mit einer Geschwindigkeit verbreitet wurden, als kämen sie aus der Luft und könnten gleichzeitig durch Türen, Fenster und Wände in die Häuser eindringen. Schneller als jeder Zuträger einer Nachricht laufen kann, so kamen die Gerüchte, breiteten sich in den Stuben und Küchen aus: Der Abbé Gombault war verurteilt.
Zur Höchststrafe.
Es sagte niemand: zum Tod. Und alle sahen ihn vor sich, wie er, die Arme ausbreitend, am Altar stand, als würde er, statt zu segnen, an ein unsichtbares Kreuz geschlagen. Er konnte glaubhaft versichern, daß er am zweiten April von dem Gesetz, das am fünften erst bekanntgemacht wurde, noch nichts gewußt hatte, daß er im übrigen gerade im Begriff war, nach England zu emigrieren. Auf einem Schiff, das nach Portsmouth ging, war schon sein Platz reserviert – es nützte ihm nichts. So breitete er die Arme aus, als wenn er die Geschworenen und Richter segnen wolle, so schien es vielen von ihnen, doch das war nichts als die Geste seiner Verzweiflung und Ergebenheit in sein Schicksal.
Nein!
Wo gehen Sie hin? rief Leclerc.
Sie war schon auf der Straße. Ja, das Leben war wiedergekehrt. Der lange Winter der falschen Untätigkeit und Erstarrung war jetzt vorbei. Der Wind kam nicht

mehr vom Meer her, er kam vom Hinterland, über die frisch aufgepflügten Felder war er gestrichen und brachte den Duft der Erde in die Stadt hinein. Er kam aus dem Pays d'Auge. Es war soviel Vertrautes in der Luft und soviel Unbekanntes. Und das Vertraute und Unbekannte, Erinnerung und Erwartung gingen diese Mischung ein, die berauscht, die jedes Jahr ein paar Tage die Gewohnheit außer Kraft setzt, so zu leben, als verstünde es sich von selber, auf der Welt zu sein. Ein paar Tage lang scheint es, als sei dies der letzte Frühling, als sei der Sommer, der bevorsteht, das Äußerste, was noch kommen wird, und schon zuviel.

An diesen Tagen geschieht das Unerhörte mit einer Selbstverständlichkeit, als sei es so beschlossen, und das Gewohnte scheint plötzlich neu und unerhört. Marie kannte den Weg. Aber wie er ihr vertraut war, nahm er auf einmal die Farbe ihrer Träume an. Dieselben Gassen und Plätze, Mauern, Treppen und Hoftore, Brunnen und Brücken, aber indem sie rannte, war sie auch auf dem Fluchtweg ihrer Angstträume. Sie erkannte ihn wieder. Dieser Weg, oft begangen, war schon immer ein Angstweg gewesen. Jeden Stein auf der Straße, jede Unebenheit kannte sie von den Fluchten, die sie im Traum bestand, indem sie niemals stehenblieb, nicht achtend auf die Gefahren, die rechts und links in den schmalen Zwischenräumen der Häuser auf sie lauerten, nur immerfort weiterlaufend, wie schwer auch ihre Füße am Boden hafteten, wie nah auch die Verfolger sein mochten. Dies war ihr Weg.

Aber sie fühlte sich leicht, wie sie ihn jetzt lief. Sie

rannte wie in den Träumen und hielt sich an das Gebot, nicht stehenzubleiben und auch nicht rechts und links zu sehen, ob sie von den Passanten erkannt wurde. Es war ihr alles gleich. Sie wußte, wohin sie wollte. Niemand konnte sie aufhalten. Niemand sollte sie fragen: Wohin gehen Sie denn? Sie hätte es ihm gesagt.

Und sie raffte die Röcke etwas und lief die breite Treppe hinauf. Mademoiselle? Der Nationalgardist konnte sie auch nicht aufhalten. Wo wollen Sie hin, Mademoiselle?

Sie blieb stehen und sagte es ihm.

Das geht nicht.

Es geht, sagte sie. Melden Sie mich bitte. Er wird mich bestimmt empfangen. Und sie spürte, wie der Gardist vor ihr zurückwich, bevor er es wirklich tat. Er war gewohnt zu gehorchen, und er gehorchte ihr. Im entscheidenden Augenblick war sie sein Kompaniechef. Es war das erste Mal, daß sie ihre soldatischen Fähigkeiten einsetzte, ihre Begabung zum Sturmangriff. Wenn sie ein Mann wäre, wäre sie General.

Zwei Treppen, erste Tür links, sagte der Nationalgardist, ich muß auf meinem Posten bleiben. Es klang, als müsse er sich bei ihr entschuldigen.

Sie ging an ihm vorbei. Sie war jetzt in den Mauern, die sie gestürmt hatte, aber der Kampf begann erst. Ihre Aufgeregtheit war nah verwandt mit der Angst und war doch etwas anderes. Es war der Zustand, in dem man keinen Schritt mehr zurückweicht, nicht einmal vor dem Tod. Und auch nicht vor der Liebe.

So sah sie ihn wieder. Er saß an seinem Schreibtisch und hielt sich mit beiden Händen an der Kante fest, als sie hereinkam. Überraschung ist gut für den Angreifer, nicht für den Angegriffenen. Im ersten Augenblick sah sie, daß schon lange Zeit alles viel zuviel für ihn war. Insgeheim wartete er auf seine eigene Niederlage, und wie er ihr entgegensah, so sah er jetzt Marie an. Er stand auf, kam ihr entgegen, aber sie ließ ihm keine Zeit zu ihrer Begrüßung.
Man hat den Abbé Gombault verhaftet, sagte sie. Er ist verurteilt. Man wird ihn hinrichten. Wissen Sie das?
Marie, sagte Bougon-Langrais, Sie sind ja ganz außer Atem. In diesem Augenblick hörte man von der Place St. Sauveur her den Widerhall schwerer Hammer. Hören Sie, sagte Marie, sie bauen schon das Schafott auf.
Ach, sagte Bougon-Longrais, ich habe Sie lange nicht gesehen.
Sie müssen etwas tun, sagte sie. Sie müssen es verhindern.
Wie blaß Sie sind, sagte er. Sie sind viel schmaler geworden, seit wir uns sahen. Es geht Ihnen doch gut?
Tun Sie etwas, sagte sie. Sie sind doch Generalprokurator. Bewirken Sie einen Aufschub, eine Begnadigung. Man muß ihn retten.
Wie lange ist es her, sagte er, daß wir uns trafen? Ich habe Ihnen geschrieben. Sie antworteten nicht.
Hippolyte, sagte sie, und dieser Name war niemals über ihre Lippen gekommen, wir dürfen jetzt keine Zeit verlieren, es muß etwas getan werden. Der Abbé –

Ich weiß, sagte er, aber ich kann nichts machen. Das Gesetz –

Das Gesetz tritt in Kraft, wenn es bekanntgemacht worden ist. Der Abbé kannte es nicht, als der Prozeß begann. Er konnte es noch nicht kennen. Darum –

Setzen wir uns doch, sagte der Generalprokurator. Aber sie wollte nicht sitzen.

Es war kein ordentlicher Prozeß, sagte sie, er hatte keinen Verteidiger. Jeder weiß es. Und Sie wollen nichts tun.

Marie, beruhigen Sie sich doch, sagte er. Wer sagt denn, daß ich nichts tun will. Und er wandte sich von ihr ab, ging zum Fenster und sah auf die Straße hinaus. Als spräche er zu den Bürgern des Departements, sprach er jetzt. Zur unsichtbaren Versammlung seiner Wähler sprach er. (Er sprach immer zu ihnen. Sein ganzes Denken war ein Gespräch mit den Wählern.)

So erfuhr sie, wie schwer er an seiner Verantwortung trug. Marie sah seinen Rücken, sah, wie er im Gegenlicht stand, und die kleinste Bewegung, die er machte, würde die Last sichtbar machen, die auf seinen Schultern lag. Die ganze Last seiner Pflichten. In der klassischen Pose des Eingestehens und Bekennens stand er da. Denn die Bekenntnisse werden nicht Auge in Auge gemacht, sondern in dieser halben Abgewandtheit zum Fenster, mit dem Blick auf das Ganze und Allgemeine. Ihr Adressat ist die Welt.

In jedem Augenblick sage ich zu mir selber, sprach er, nicht zu Marie, sondern zu der stets anwesenden Versammlung in seinem Innern: Du bist nur durch das

Volk. Ihm verdankst du und ihm schuldest du alles. Verstehen Sie, was ich meine? Man dient der Revolution. Ich diene ihr von dem Platz aus, an dem Sie mich jetzt sehen. Vor ein paar Wochen diente ich ihr in Paris. Ich sprach vor dem Konvent. Haben Sie davon gehört? Man ließ mich vor dem Konvent sprechen. O Marie. Es ist so, als wenn man zur Republik selber spricht. Da steht sie und hört dir zu.
Denken Sie nicht, daß ich aufgeregt war. Nicht viel. Nicht mehr, als ich es jetzt bin, da ich mit Ihnen spreche. Jeder von uns ist Frankreich. Denken Sie nur, jeder ist Souverän. Sie und ich. Ist das nicht wunderbar, daß wir die Republik sind, eins und unteilbar? Und daß ich mit Ihnen spreche wie mit den Repräsentanten? Ja, ich war in Paris. Das Departement Calvados wurde bis an die Schranken des Konvents vorgelassen. Es sprach mit meinem Mund.
Und ich forderte Waffen für die Verteidigung des Vaterlandes. Législateurs, sagte ich, die Söhne der Normandie haben noch nicht vergessen, wie man England niederwirft. Sagen Sie nur ein Wort, und wir werden dort wieder Tod und Schrecken verbreiten. Gaben unsere Vorfahren ihnen nicht einen König? Waren sie ihnen dadurch nicht immer schon überlegen? Gebt uns Waffen, damit wir die Inselbewohner von der Geißel der Königsherrschaft befreien. Laßt uns die Fackel der Freiheit in ihr Land tragen. Man applaudierte, Marie. Die Leute auf den Tribünen riefen: Gebt ihnen Waffen. Nieder mit England. Es war ein großer Erfolg.

Ach, Marie, sagte er. Manchmal bin ich so müde. Ich träume, ich bin ein Pferd. Der Reiter auf meinem Rükken gibt keine Ruh, ich muß weiter. Und ich hebe den Fuß hoch, und dann sehe ich den Abgrund vor mir. Ich stehe auf einem Sockel. Ich bin aus Bronze. Ein Reiterstandbild, wie früher eines auf der Place Royale stand. So ein Pferd bin ich, immer den Fuß erhoben, im Begriff, mich in Trab zu setzen, aber gefangen auf meinem hohen Sockel, umgeben von einem Abgrund. Und mein Reiter weiß es nicht, das ist das schlimmste. Er hörte nicht auf, mir die Sporen zu geben. Er weiß nicht, daß wir Denkmal sind. Er weiß nichts von dem Sockel.

Ach, Marie, was rede ich da. Wovon sprachen wir?

Wir sprachen von dem Abbé.

Ja, ich weiß, Sie sind zu mir gekommen, weil Sie dem Abbé Gombault helfen wollen. Nicht meinetwegen. Sie kamen nicht meinetwegen. Dabei haben wir uns so lange nicht gesehen. Wir werden wieder ans Meer fahren, sagte er. Ich hatte so viel zu tun. Aber jetzt kommt der Frühling. Wir werden wieder die Kutsche nehmen und nach Ouistreham fahren. Wie geht es Ihrer Tante?

Hippolyte, sagte sie, man muß den Abbé Gombault retten. Er darf nicht sterben.

Ja, sagte er, wissen Sie –

Machen Sie Ihren Einfluß geltend. Sie haben doch den Konvent dazu gebracht, Ihre Wünsche zu respektieren. Es muß doch möglich sein. Es ist für Sie doch ein leichtes –

Ja, sagte er, wissen Sie – Wissen Sie, das gefällt mir, daß Sie schlanker geworden sind. Das steht Ihnen gut. Aber Sie sind doch nicht krank gewesen?
Er kam jetzt auf sie zu und legte ihr beide Hände um die Taille. Gleichzeitig sah er zur Tür, um anzudeuten, daß sie nicht ungestört seien. So standen sie wie ein Paar, das zu tanzen beginnen will oder zu küssen. Aber sie wußten beide nicht, wie es weitergehen sollte.
Hippolyte, sagte sie und wollte ihn danach fragen, ob er noch an Amerika denke, das weite Land, die Prärie ...
Ihrem Abbé, sagte er, bevor sie fortfahren konnte, ist nicht zu helfen.
Und als sie an der Tür war, rückwärts von ihm weggehend, während er sich wie bei ihrem Eintreten auf seinen Schreibtisch stützte, als könne er die Last, die er selber war, nicht länger tragen, rief er: Aber ich will dafür sorgen, daß er als Priester bestattet wird.
Da war sie schon auf der Treppe.
Drei Tage später beantragte sie einen Paß.
Wohin wollen Sie reisen?
Ja, wohin wollte sie? Sie wollte weg von Caen. Sie konnte einfach nicht bleiben. Wie vor eineinhalb Jahren, als sie von Cauvigny wegging, war es unmöglich zu bleiben, wo sie war.
Wohin wollte sie reisen? Nach Argentan, sagte sie, mein Vater lebt dort.
Es stimmte. Papa war nach Argentan gezogen. Wieder war es der unsichtbare Radius der Familie, der den

Raum beschrieb, in dem sie sich bewegte. Sie bekam ihren Paß.

»Die Bürgerin Marie Corday, aus Mesnil-Imbert gebürtig, wohnhaft in Caen, Département Calvados, vierundzwanzig Jahre alt, fünf Fuß, ein Zoll groß, Haar kastanienbraun, Augen grau, hohe Stirn, rundes gespaltenes Kinn, ovale Gesichtsform – passieren lassen. Hilfe leisten in Notfällen auf dem Weg nach Argentan.

Ausgestellt im Rathaus in Caen am 8. April 1793, Jahr II der französischen Republik, durch Fossey, den Älteren, officier municipal.

Ausgehändigt vom Unterzeichneten und unterschrieben von der besagten Bürgerin

Marie Corday. Kanzleibeamter Henri.«

Hatte sie nun, was sie wollte? Sie brauchte einige Tage, um es herauszufinden. Ein Paß für Argentan. Caen – Potigny – Falaise – Argentan. War es das?

Etwas fehlte.

Zwei Wochen später wußte sie, was es war. Ihr Paß erhielt einen Zusatz:

»Im Rathaus von Caen vorstellig geworden, um nach Paris fahren zu können. Den 23. April im Jahr II der Republik.« Vom officier municipal unterschrieben.

Allein der Paß. Allein den Paß zu besitzen, mit welchen Lügen auch immer sie ihn erschlichen hatte, veränderte schon alles. Wie weit bis Paris? Zwei Tagereisen von Caen aus. Paris war erreichbar geworden. Manchmal kam sie am bureau des postes vorbei, wo die Expreßkutschen hielten. Über Vimont, Lisieux und

Évreux nach Paris. Man mußte nichts tun als einsteigen. Sie wußte auch, was es kostet. Von ihrem Nadelgeld hatte sie genügend zurückgelegt. Denn ihre großen Wünsche verschlangen all die kleinen Bedürfnisse, die sie hatte. Und so empfand sie beim Nachzählen ihres Geldes eine stärkere Erregung als beim Kauf hübscher Dinge, die für ein paar Augenblicke die große Sehnsucht mit einer kleinen Erfüllung zum Schweigen bringen. Ja, wenn ihre Gedanken abschweiften, holte sie sie beim Überdenken der Summe ein, die sie gespart hatte. So wuchs in einem Kästchen, das sie in ihrer Kommode aufbewahrte, ein Schatz aus Kleingeld und großen Wünschen an, diese gefährliche Mischung, wie sie den Grundstock zu allen Unternehmungen bildet, Taten und Untaten, Geschäftsgründungen, Eheschließungen, Reisen.
Sie wollte nach Paris.
Le ferai-je ou non? Werde ich es tun oder nicht? Auch den Paß steckte sie vorerst hinter den Spiegel. Da war er. Unsichtbar, aber vorhanden. Und ihr Zimmer veränderte sich, seit er da war. Es wurde fremder und unwirklicher. Wie ein Zimmer im Spiegel, das auf einmal die schlafende Erinnerung weckt. Als hätte man diese Räume in einem anderen Leben bewohnt. Sie war schon unterwegs.
Halt. Wie sollte das gehen? Sie wollte doch nicht allein reisen? Ohne Begleitung? Ganz ohne Mann, Vater, Bruder oder doch wenigstens eine ältere Tante, wie es der Anstand gebietet? Sie wollte doch nicht schon wieder die ungeschriebenen Regeln verletzen?

Bürgerin Corday, Sie stammen aus guter Familie. Wie konnten Sie allein reisen? In Ihrem Alter. Als Tochter eines ci-devant. Hat man Ihnen nicht beigebracht, daß sich das nicht gehört? Wie konnte Ihre Tante Ihnen erlauben, allein auf die Reise zu gehen?
Wenn man will, was ich wollte, antwortete sie dem Richter, wenn man so etwas vorhat, kümmert man sich nicht um Etikette und Anstand.
Meine Tante, sagte sie, habe ich natürlich belogen. Ich führe zu meinem Vater nach Argentan, habe ich meiner Tante gesagt.
Und Sie sind ganz allein abgefahren?
Natürlich.
Jean Jacques Hauer erinnerte sich an jedes Wort der Vernehmung. Wenn man will, was ich wollte ... Es gab Sätze, die er sein Leben lang nicht vergessen würde.
Er trat etwas zurück und sah sein Werk mit Abstand an. Er war bestürzt über den Zustand der Unfertigkeit, in dem es sich noch befand. Die ganze Zeit, während sie ihm die Geschichte des Mannes in ihrem Leben erzählt hatte – oder irrte sich Hauer? War es vielleicht eine andere Geschichte mit einem anderen Inhalt, die er gehört hatte? Er war nicht mehr so sicher. Die ganze Zeit hatte er an ihrer Haube gearbeitet. Mit feinstem Pinsel hatte er sich bemüht, die Transparenz ihres Stoffes herauszuarbeiten, diese Ahnung von Haar, die hindurchschimmern sollte, die zarten Pünktchen, die Falten. Nun hatte er eine Haube, doch das Gesicht dazu fehlte. Es war vorerst nur in Umrissen da. Ein Nasensattel, ein Mund, der noch nicht ganz der Mund

war, der zu ihm sprach. Und die Augen. Unter den fast geraden, hoch angesetzten Brauen waren die Augen noch leer.

Ist das wahr, sagte er, als Sie sich den Paß besorgten, taten Sie das nur zum Spaß? Sie wußten gar nicht, wozu Sie ihn brauchen würden?

Nicht zum Spaß, sagte sie. Ich war unglücklich. Es war die Art von Unglück, bei der nur ein Ortswechsel helfen kann.

Ich verstehe, sagte Hauer.

Irgendwann, vor vielen Jahren, war er selbst nach Paris aufgebrochen, zu Fuß, aus einem Dorf, das er nie wiedergesehen hatte, aus diesem Deutschland, das ihm manchmal noch wie der Lehm auf den Straßen, die er gegangen war, an den Füßen hing, zäh, seinen Gang hemmend, ihn niederziehend, beschwerend, so daß er zwar Paris, aber sein Ziel nicht erreicht hatte, Maler zu werden, ein großer, berühmter Maler, mit einem Namen, wie ihn sich andere gemacht hatten, während seiner dies dumme, unaussprechliche »H« führte, das ihn verriet, eine Schwelle, über die er so oft schon gestolpert war, wenn er sich vorstellen wollte: Jean Jacques H-auer.

Ach, ein Pfälzer.

Und wie hatte er immer von einem Frankreich geträumt, das über den Rhein hinausging, von einer Republik, zu der die Stadt Mainz gehörte wie Marseille oder Lyon. Und wie zitterte er jetzt um das belagerte Mainz, dessen Anschluß an Frankreich der Konvent schon beschlossen hatte, als die linksrheinischen

Gebiete noch von den Truppen des Generals Custine besetzt waren. Jetzt war nur Mainz noch geblieben. Der Ring der Preußen umschloß es jeden Tag fester. Er konnte ihren Druck spüren wie einen Ring, der sich fest um sein eigenes Herz schloß. Und er fühlte den Fall des republikanischen Mainz voraus, wie er die eigene nächste Niederlage vorausfühlte, das immer gleiche, verhaßte Steckenbleiben im Mittelmaß seiner Arbeit. Mainz würde fallen. Die hochgemuten Erwartungen von Jean Jacques Hauer erfüllten sich wieder nicht.
Ich verstehe, sagte er.
Doch diesmal hatte er nicht richtig zugehört. Und sie merkte es.
Ein Paß verändert so vieles, sagte sie. Die Möglichkeit, wegzugehen – darauf kommt es an. Lange bevor man aufbricht, ist man schon nicht mehr da.
Das ist wahr, sagte Hauer.
Er sah ihr jetzt in die Augen. Eigentlich sah er ihr jetzt zum erstenmal in die Augen. Der Maler darf dem Modell nicht in die Augen sehen. Er sieht den Umriß, die Brauen, die Form des Lids sieht er, den Schattenbogen der Falte, das unergründliche, wiederkehrende Schauspiel des Augenblicks, in dem das Lid sich über dem Regenbogen der Netzhaut hebt, das Geäder im Weißen sieht er, den zarten bläulichen Schimmer, den lichten Wimpernstand, die angedeutete Rötung am Lidinnenrand, er hat das alles schon lange wahrgenommen, ja selbst den kleinen weißen Lichtpunkt hat er gesehen, den die einfallende Nachmittagssonne

erzeugt, die sich gerade verabschiedet, diesmal für immer, die weiterzieht, um nie wieder von Osten aufzugehen, er hat die Stelle des Lichtpunkts im Gedächtnis behalten, er wird ihn setzen, viel später, lange nach Sonnenuntergang, zwei winzige weiße Pünktchen, auf der Grenze vom dunklen Graugrün der Netzhaut zum tiefen Schwarz der weit geöffneten Pupille, in die noch immer ein Stück der Welt einging, und dieses Stück war er selber, über die Leinwand gebeugt, aufblickend über den Rahmen, seine Augen, sein Blick, in die Augen gerichtet, die auf ihn sahen, hinabgetaucht in ihr Dunkel, nicht mehr beobachtend, wehrlos, unfähig, bereit zu folgen, wohin auch immer, ein Fischer, der plötzlich aufsteht, ins Wasser steigt und in sein eigenes Netz geht – in diesem Augenblick erlosch das Licht, das vom Fenster links über ihnen gekommen war. Wie in den Tropen die Sonne von einem Moment zum anderen untergeht, so verschwand sie augenblicks am Horizont dieses Fensters und ließ das Zimmer im Dämmern des spärlichen Tageslichts, das noch hereinkam.

Langsam nahm Jean Jacques Hauer wieder die Umrisse wahr, noch langsamer ihre Züge. Und die Gestalt auf der Leinwand, wie er sie bisher gemalt hatte, dieses blicklose Gesicht, besaß auf einmal ein Leuchten, das aus dem Bild selber zu kommen schien, eine warme, sonnenfarbene Helligkeit. Und es gefiel ihm.

Wie von selbst kehrte in die Augen ein Blick ein. Hauer arbeitete schnell, an beiden Augen fast gleichzeitig, verlieh den Augäpfeln Wölbung, indem er ganz leichte Grauschatten setzte. Die grünen Teiche der Iris legte er in dem dunklen Ring ihrer Ufer an, durchscheinend, in ihrer Mitte die unergründliche Tiefe, kreisrund und schwarz wie die Nacht. Es war, als wenn das Bildnis plötzlich die Augen zu ihm aufschlüge und ihn ansähe. Er suchte den feinsten Pinsel und strichelte eine Reihe ganz zarter hellbrauner Wimpern.

Währenddessen saß das Modell unbeachtet und schlecht beleuchtet vor ihm. Sprach sie? Er hörte nicht zu. Ja, er hatte sie vergessen. Für Augenblicke hatte sie sich ihm vollständig ins Bild verwandelt. Und sie glich ihm schon nicht mehr. Sie war schon im Begriff, Schatten zu werfen, die dunkle, hingekauerte Hülle der Person, die immer noch aus ihr sprach.

Für Jean Jacques Hauer gehörte die Stimme jetzt zu dem Bildnis, an dem er mit neuer Zuversicht weiterarbeitete, mit einer Gewißheit, die daher rührte, daß er ein Stadium erreicht hatte, in dem der Maler auch ohne sein Modell auskommt. Eigentlich konnte sie gehen.

Und während er das nicht dachte, nur empfand, irgendwie sich darüber klar wurde, ohne es sich klarzumachen, spürte er eine neue Beunruhigung. Die Stelle, an der er keine Ironie vertrug, schmerzte kurz, irritiert sah er vom Bild auf, sein Modell an und wieder auf sein Bild zurück. Den Ausdruck, der ihn beunruhigte, fand er bald in den Zügen des Porträts, bald im Gesicht des Modells wieder, dessen Blickrichtung er im schwachen Gegenlicht nicht ausmachen konnte –

wohin sah sie? Sah sie ihn an? Durchschaute sie ihn am Ende? Sie durchschaute ihn. Sie wußte alles. Er konnte es an den Augen auf dem Bild sehen, die geradewegs auf ihn selbst gerichtet waren und die sich nicht mehr schlossen. Vor ihnen blieb nichts verborgen.

Sie haben genug, sagte sie. Sie wollen von mir nichts mehr hören.

Nein, sagte er, ganz gewiß nicht.

Und er vergrößerte hastig den schwarzen Kreis der Pupillen, er erweiterte sie, nicht sehr viel, nur ein wenig, und sofort nahm ihr Blick etwas Sanftes und Träumerisches an, meinte nicht eindeutig ihn, sondern etwas Allgemeines, Unbestimmbares. Und das besänftigte ihn. Mit diesem träumerisch schwarzen Blick schien sie Abschied zu nehmen.

Lange bevor sie aufbrach, war sie schon nicht mehr da.

Seit sie den Paß bei sich hatte, war Caen nur eine Poststation, ein Haltepunkt für die Kutschen, die aus dem Osten kamen und wieder nach Osten fuhren. Dreimal wöchentlich. Caen eine offene Stadt. Was in Caen geschah, betraf nicht mehr Marie, seit sie den Paß für Paris hatte. Die Carabots, wenn sie unter den Fenstern Madame de Brettevilles marschierten, waren für sie weit weg. Selbst die Trommeln auf der Place St. Sauveur klangen aus einer Ferne, die sie nicht mehr aufhorchen ließ. Nur die Luft, diese weiche April- und Mailuft des Jahres 1793 berührte sie wirklich. All die Düfte von Holzkohlefeuern und Küchen, von Schlächtereien und Fischmärkten, von Jauchegruben und Kehricht verflüchtigten sich vor dieser Luft, die von weither kam, dem Geruch der Ferne und des zukünftigen Sommers.

So ertrug sie die Nähe der Erinnerung an den vergangenen Sommer, indem sie eine Reise plante, nicht nach Cauvigny, auch nicht nach Argentan, nicht nach London oder nach Koblenz, überhaupt nicht ins Exil, im Gegenteil: in die Hauptstadt, an den Ort der Ereignisse, der großen Taten und Worte, ins Herz der Revolution. Sie wollte es selber sehen. So wollte sie nach Paris. Doch dann geschah etwas Seltsames und Außerordentliches.

Paris kam nämlich nach Caen. Wie konnte das geschehen?

Ach, es war kein Triumphzug, in dem Paris nach Caen kam. Es war beschämend. Und in ganz Caen gab es niemanden, der sich so schämte wie Marie. Es hatte schon ein paar Tage vorher begonnen.

Mit der Unordnung begann es, die in Paris herrschte. In Caen liebt man die Ordnung, die Übersichtlichkeit und die Eindeutigkeit der Verhältnisse. Sie hatten etwas länger gebraucht in Caen, um zu wissen, was das bedeutete, Freiheit und Gleichheit, die Republik und eine neue Verfassung. Jetzt aber glaubten sie fest daran. Sie glaubten an den Konvent, die unabänderlich beste Art eines Volkes, sich Gesetze zu geben. Was geschah in Paris?

Nicht in den Clubs und auf der Straße, nicht in den Cafés und nicht im Palais Royal, nein, im Konvent war der Teufel los. Pétion verhüllte sein Haupt und rief: Räuber und Mörder bringen die Volksvertretung in Schande! Entscheidet doch mit den Waffen, rief Marat dem Volk von Paris zu, ob der Konvent noch euer Vertrauen verdient!

Aburteilen! Verhaften! riefen alle, die rechts saßen, hört euch das an! Und das Volk auf den Tribünen sprang über die Barrieren und gruppierte sich schützend um Marat herum. So verließ er die Versammlung.

Wenig später kehrte er wieder zurück. Sie trugen ihn auf den Schultern. Vive Marat! riefen sie. Er sah nach rechts, hob die Hände, bis es still geworden war, und dann fixierte er lange einen nach dem anderen, wie sie da saßen: Brissot, Gorsas, Larivière, Pétion, Louvet, Barbaroux, Buzot, Kervélégan, Valady und alle die anderen. Und es lief ihnen allen ein Schauer über den Rücken.

Nicht mehr die Abgeordneten, das Volk auf den Tribünen hatte die Macht im Konvent. Und ein paar Tage später stand es bewaffnet draußen vor den Tuilerien. Das war kein Aufstand des Volkes gegen Monarchen und Blutsauger, wie es die Revolution ist. Das war ein Aufstand des Volkes gegen die eigenen Volksvertreter, gegen sich selbst also. Das war ja die Anarchie!

Als man in Caen davon hörte, traten in derselben Nacht noch sämtliche Gremien zusammen, das Departement, der Distrikt, der Stadtrat und die Sektionen und die beiden Gesellschaften, Carabots und Jakobiner. Die ganze Stadt war hellwach. Glocken läuteten,

Hornsignale ertönten, die allgemeine Erregung hatte selbst Madame de Bretteville erfaßt. Sie stand im Nachthemd am Fenster. Wenn ich sterbe, sagte sie zu Marie, soll man mich in Verson begraben. Wir haben unruhige Zeiten.
Sie können ruhig zu Bett gehen, liebe Tante. Nicht für Sie, für das Vaterland besteht Gefahr.
Aber Madame de Bretteville schien auf dem Posten bleiben zu wollen, wenn das Vaterland in Gefahr war. Ich warte auf Leclerc, sagte sie. Und das tat auch Marie.
Von ihm erfuhr sie lange nach Mitternacht, was geschehen war:
Es gab nur einen in Caen, der früh zu Bett gegangen war an diesem Abend. Man mußte ihn aus dem tiefsten Schlaf wecken. Nein, ich bin krank, sagte er, als er hörte, worum es gehen sollte. Aufruhr? Erhebung des Calvados gegen die Zentralgewalt? Man führte ihm vor Augen, wie dringlich eine Entscheidung war. Diese Nacht noch? sagte er, es geht mir wirklich nicht gut. Wie soll ich mich auf den Beinen halten? sagte er. Sehen Sie doch, sehen Sie doch, ich kann ja nicht einmal stehen. Da zogen sie ihm den Rock an, setzten ihn auf einen Sessel, und so trugen sie ihn zum Versammlungsort, leichenblaß, den Kopf voller Papilloten. Das war der Generalprokurator. Es war Bougon-Longrais.
Und obwohl ihr Leclerc das so schonend wie möglich erzählte und obwohl er vermied, sie dabei anzusehen, fühlte sie, wie das Blut aus einem Zentrum, das einmal

ihr Herz gewesen war, hochstieg, ihren Kopf füllte mit seiner schrecklichen Hitze und sie im Augenblick ihrer äußersten Pein wieder blind machte. Sie stand im hellen Mondlicht, als das geschah, und so sah sie nicht rot aus, sondern beinah schwarz, wie versengt von der Flamme, die in ihr hochschlug. Leclerc wäre erschrokken, wenn er sie angesehen hätte.

Das Département erhebt sich, sagte er. Das Calvados ist im Aufruhr. Alle sind sie sich einig, daß zur Rettung des Vaterlandes außergewöhnliche Maßnahmen nötig sind. Eine Armee wird gebildet, die sich bereithält, die Freiheit des Konvents zu verteidigen und die Sicherheit seiner Mitglieder. Eine Abordnung bricht nach Paris auf, um dem Konvent die Entschlüsse des Calvados mitzuteilen. Krieg den Verrätern und Anarchisten! Unsere Waffen werden nicht ruhen, bis wir sie niedergeschmettert haben!

Bitte, sagte Marie an dieser Stelle und machte einen Versuch, den vaterländischen Redefluß zu unterbrechen, in den Leclerc sich aus Taktgefühl geflüchtet hatte, was tat der Generalprokurator?

Gar nichts, sagte Leclerc, außer daß er seinen Arm hob. Der Beschluß war einstimmig.

Werde ich es tun oder nicht? Ich werde es tun, dachte sie. Ganz bestimmt werde ich es tun. Sie wußte immer noch nicht, was es war. Aber sie wußte, daß sie es tun würde. Als wäre sie auf dem Höhepunkt des Errötens diesmal nicht blind, sondern sehend geworden. Getroffen von einer schmerzhaften, jähen Erkenntnis.

Bald schon erreichten die ersten Vertriebenen aus Paris das Calvados. Am neunten Juni kamen Larivière und Gorsas in Caen an. Drei Tage später Buzot.
Pétion brachte seinen Sohn mit, einen zehnjährigen Jungen. Sie hatten beide nichts als das, was sie am Leib trugen. Man mußte Kleidung und Wäsche für sie besorgen. Die Gegenwart eines Kindes rührte die Bürger von Caen, als wenn das Vaterland selber nackt und schutzlos in ihre Mauern geflohen wäre. Es wurden an die hundert Hemden und Hosen und niedliche kleine Mützen und Westen gespendet. Das meiste war ganz unbrauchbar für einen Knaben von zehn.
Louvet stieg aus einem Wagen, der bis oben beladen war mit Hutschachteln und Koffern. Sie gehörten zu einer Schauspielerin, die er mitbrachte. Barbaroux brauchte drei Wagen, denn er kam in Begleitung von drei Frauen, jede von ihnen ein Wunder an Eleganz und fremder, hauptstädtischer Schönheit. So kam Paris nach Caen. Es kam zu Fuß und in Kutschen, es kam mit Koffern und Kasten oder ganz ohne alles, denn es war auf der Flucht.
Die Stadt beeilte sich, es gebührend zu empfangen und zu beherbergen. Die alte Intendantur in der Rue des Carmes schien geeignet. Dort wohnten alle zusammen, Larivière und Gorsas, Pétion, Louvet, Barbaroux und alle anderen, die noch eintrafen, Flüchtlinge des Konvents, vertrieben von der Kommune von Paris, die ihre Kanonen vor dem Konvent aufgestellt hatte, die Kanoniere daneben mit brennender Lunte. Was wollten sie denn? Sie wollten die Girondisten.

Und wie sie die Geschichte ihrer Vertreibung erzählen konnten! Nie war man in Caen so einig gewesen wie in der hellen Empörung über das, was in Paris geschehen war. Ob Carabot, Jakobiner, arm oder reich oder heimlicher Royalist, alle waren in schöner Einhelligkeit empört. Ja, selbst Madame de Bretteville sagte in dem gleichen Tonfall, in dem sie früher einmal »Es lebe der König!« gesagt hatte: Man stelle sich das vor!
Übrigens hing sie dem Glauben an, daß der König am 21. Januar wunderbar errettet worden war. Nicht er selbst, ein Stellvertreter war statt seiner geköpft worden, irgendein Bote des Himmels, der auf einmal zur Stelle gewesen war, um seinen Platz einzunehmen, der König selber entrückt, wie Iphigenie nach Tauris, so der Monarch nach England, von wannen er kommen würde, wenn alle es so fest glaubten wie seine treue Untertanin de Bretteville.
Man stelle sich das vor, sagte sie, die armen Männer! Gewählte Volksvertreter, mit Waffengewalt vertrieben! Und sie vergaß, daß die meisten von ihnen für den Tod Ludwigs XVI. gestimmt hatten, wenn auch nach einigem Zögern. Tapfere Revolutionäre, sagte Madame de Bretteville. Ihr war, als wenn sie schon immer auf ihrer Seite gewesen wäre.
Denn hatten sie im Konvent nicht der Anarchie ihren Kampf angesagt, diesem gefährlichsten, heimtückischsten aller Feinde? Kampf der Anarchie, hatte Vergniaud Ende Mai noch gerufen, Kampf den Verschwörern! Die Einheit der Republik ist nur dann sicher, wenn alle Repräsentanten des Volkes sicher sind. Die

Departements sind bereit. Und die Verschwörer wissen es. Die Freiheit, aus vielen Wunden blutend, es könnte sein, daß sie in den Departements Zuflucht findet.
Und da war sie! Da war sie. In die Arme des Calvados war sie geflüchtet. Worum es immer gehen mochte: Niemand begriff es ganz. Nicht nur Madame de Bretteville, die bei dem Wort Anarchie an die Beunruhigung dachte, die sie erfuhr, wenn die Züge der Carabots ausgerechnet die Rue St. Jean entlangzogen, ausgerechnet an ihren Fenstern vorbei, die sie seitdem stets geschlossen zu halten pflegte. Ja, nicht einmal Leclerc wußte genau, was los war, warum sie im Konvent die unversöhnlichen Kämpfe austrugen, diese Debatten, in denen von den zerstrittenen Parteien jeweils dasselbe gesagt wurde: Kampf den Verrätern, der Zwietracht, der Konterrevolution und den Feinden der Verfassung! (Kampf den Girondisten, fügte Marat noch hinzu.)
Wahrscheinlich ist jeder Abgeordnete letztlich einfach für sich selber, gab Marie zu bedenken.
Wahrscheinlich, sagte Leclerc, doch das erklärt nichts.
Nein, das erklärt nichts, antwortete Marie.
Aber das verstanden alle, alle in Caen waren sich einig, daß es empörend war, wie man eine Partei im Konvent ausgeschaltet hatte. Und sie sahen alle dasselbe, wenn sie die Augen zumachten, und hörten dieselben Stimmen, die »Buzot« riefen, »Pétion«, »Louvet«, »Barbaroux« – es war ein Sturmwind, ein Brausen, als sei das Wasser der Seine ins Kochen geraten, als träte es über

die Ufer, und niemand könne sich retten. »Buzot«, »Pétion«, »Barbaroux«, »Guadet«, »Gorsas«. Wenn zehntausend dasselbe rufen, scheinen die Stimmen auf einmal nicht mehr aus einzelnen Kehlen zu kommen, sondern aus dem Bauch der Erde, der sich zum Jüngsten Gericht aufgetan hat. Die Abgeordneten im großen Sitzungssaal der Tuilerien verstummten. Nicht nur die Girondisten, auch die Anhänger der Plaine, ja sogar die des Berges saßen stumm, wie erstarrt, mit roten Köpfen und mit verzerrten Gesichtern, jeder von ihnen glaubte, den eigenen Namen zu hören, und sie versuchten, der Stimme standzuhalten, die sie unablässig rief. Barère war einer der ersten, die ihren Hut nahmen, aufstanden und sich zum Ausgang bewegten, als zöge sie etwas dorthin. Es folgten fast alle anderen. Nur Marat, Robespierre und etwa dreißig Männer der Bergpartei blieben auf ihren Plätzen.
Draußen die Kanoniere. An die Geschütze! rief der Kommandant Hanriot. Und die Abgeordneten zogen sich wieder zurück. Sie wußten ja, was zu tun war. Die Pariser Sektionen verlangten die Ausschaltung der Girondisten. Das war die Revolution des Volks von Paris und nicht mehr von ganz Frankreich. Der gelähmte Couthon ließ sich ans Rednerpult tragen und forderte für die neunundzwanzig Abgeordneten, um die es ging, den Arrest. Immer noch klang die Stimme, mit der das Volk von Paris sprach, dies windähnliche Brausen, von draußen herein, die Namen waren jetzt deutlich zu hören. Verwechslung war nicht mehr möglich, während per Akklamation der Beschluß gefaßt

wurde. Langsam legte sich der Sturmwind. Mit jeder ausgesprochenen Verurteilung ebbte er ab. Die Erleichterung war so allgemein, daß sie sogar die Geächteten erfaßte. Sie erhoben sich, fühlten sich plötzlich leicht, angstfrei, als sei die ganze Szene nicht wirklich, ein Traum, der schon zu Ende geträumt war und dessen Schrecken verblaßten vor einem neuen Tag, der angebrochen war. Und so war es. Niemand verlangte nach Blut. Das Opfer war schon gebracht. Das Opfertier war geschlachtet. Mehr war nicht nötig zur Besänftigung der Götter der Revolution. Zwar bewacht, aber seltsam unbehelligt erreichten sie ihre Wohnungen, aus denen sie ohne Umstände, sobald es möglich war, flohen.

So trafen sie sich in Caen. Wo man bereit war, die Freiheit des Konvents zu verteidigen, trafen sie wieder zusammen. Eine geheime Verabredung wurde wirksam. Siebzehn von ihnen kamen bis Ende Juni in Caen an.

Und wieder boten die Fenster im Salon Madame de Brettevilles einen Ausblick auf das Bild der Wirklichkeit. Wieder versammelten sich Ereignisse und Personen in Maries Blickfeld, in dem rechteckigen Rahmen, der ihre Sicht auf die Welt gleichzeitig freigab und einengte. Diesmal sah sie genau hin. Im Schutz der weißen Gardinen stand sie verborgen und sah die Rue des Carmes hinauf. Rechts die Intendantur.

Und die Läden des zweigeschossigen Hauses mit seinem breiten, wappengeschmückten Dreiecksgiebel, sonst geschlossen, waren auf einmal geöffnet, als habe

das Haus nach langem Schlaf seine Augen aufgeschlagen. Und wie wach es war. Das Kommen und Gehen und Treiben in der Rue des Carmes verschaffte den Bewohnern in diesem Teil der Rue St. Jean den Genuß der Abwechslung, die sie brauchten. Ja, Madame de Bretteville bekam in diesen Tagen soviel Besuch wie schon lange nicht mehr. Alle wollten sie einmal die Proskribierten sehen, und man wartete lange und unverhohlen auf das Erscheinen der Damen mit ihren Hüten, die knapp am Hinterkopf saßen, während vorne ein breites, tief an den Seiten hinabgezogenes Vordach den Blick in die Gesichter verwehrte, so daß man sie nur an ihren sorgfältig gedrehten Locken erkannte, die darunter hervorquollen.
Marie sah sie. Denn auch sie stand am Fenster, ungezügelt neugierig, hinter dem Vorhang verborgen wie ein bestochenes Dienstmädchen. Und es konnte geschehen, daß Madame de Bretteville hereinkam, ohne daß Marie es merkte, und plötzlich fragte:
Was tun Sie da, chère cousine?
Ich sehe hinaus, das ist alles.
Sie sind ausgegangen, sagte Madame de Bretteville dann.
Wen meinen Sie? Doch sie wußte, daß sie durchschaut war. Sie stand am Fenster und sah nach fremden und interessanten Männern aus. Aber sie schämte sich nicht. Vor Madame de Bretteville schon gar nicht. Vor ihr übrigens nie. Denn wenn sie etwas durchschaut hatte, war es immer das Falsche.
Ach, da sind sie, sagte sie mehr zu sich selbst als zu

Madame de Bretteville. Und da kamen sie, Barbaroux in der Mitte, mit Buzot und Pétion, und sie wunderte sich, wie klein sie alle drei waren. Sie hatte sich die gewählten Volksvertreter allein schon der Größe ihrer Aufgabe wegen größer vorgestellt, und so schienen sie ihr im ersten Augenblick sichtbar gedemütigt und erniedrigt. Als dürften sie nicht mehr in der Gestalt der Abgeordneten gehen, die sie eigentlich waren. Es folgten ihnen die Wachen, die man zu ihrem Schutz aufbot, was ihnen viel von der Würde wiedergab, die sie verloren hatten. Man grüßte sie, und sie grüßten zerstreut und freundlich zurück.
So war Caen neu belebt, seit die Verfolgten in Caen waren, und ihre Anwesenheit weckte, was in den Bürgern an Untertanengeist eingeschlafen war, seitdem vor sieben Jahren der König die Stadt besucht hatte: eine forcierte Dienstfertigkeit, ein Drängen, als käme man aus dem Dunkel ans Sonnenlicht, ein unbegreifliches, gleichwohl vorhandenes Interesse an der Berührung. Passanten blieben stehen, wenn sie die Girondisten auf der Straße sahen, versperrten ihnen den Weg, trugen sich ihnen als Dienstboten an, ja, es geschah, daß man ihnen Kinder entgegenhob, damit sie ihnen über die Köpfe strichen, während die Mütter tief in ihren Röcken versanken und es kaum wagten, den Blick zu ihnen zu heben. Die Droschkenkutscher der Stadt fuhren sie alle umsonst und nahmen nicht einmal Trinkgeld an.
Ja, Marie wußte, welch Mißverständnis sie riskierte, sie wußte, worauf sie sich einließ, wenn sie sie auf-

suchte. Aber sie mußte sie sprechen. Sie hätte niemandem sagen können, warum.
Und so suchte sie einen Grund dafür. Nicht eigentlich einen Vorwand. Einen richtigen Grund.
Und sie fand ihn. Sie hatte ihn. Denn die richtigen Gründe findet man nicht, man hat sie. Sie liegen vor. Sie sind so dringend, daß einem keine Wahl bleibt. Ja, wenn es um einen selber ginge, um eigene Interessen, dann könnte man vielleicht zögern. Aber es handelte sich ja nicht um sie selber. Die wahren Gründe sind selbstlos. Es handelte sich nämlich um Alexandrine de Forbin. Um Hilfe, die sie benötigte.
Alexandrine de Forbin war Maries Freundin aus Klosterzeiten, Stipendiatin wie sie, aber dann in den Orden eingetreten, später Stiftsdame in Troarn, als die Klöster geschlossen wurden, seitdem mit ihrer Familie in der Schweiz lebend, von wo Marie ihre Briefe empfing. Liebste Freundin ... Als ehemalige Klosterfrau hatte Alexandrine, anders als Marie, Anrecht auf die staatliche Rente, die man ausgesetzt hatte, als man sie aus den Klöstern vertrieb. Aber um sie zu erhalten, mußte sie einen Antrag in Paris stellen, was sie getan hatte, allerdings ohne Erfolg. All ihre Anfragen blieben unbeantwortet, verschwanden in den Archiven des Innenministeriums, als habe es sie nie gegeben. Irgend jemand muß persönlich vorsprechen, schrieb Alexandrine, aber wer soll das tun? Ich kann doch nicht allein nach Paris reisen, schrieb sie, eine Frau ist so hilflos.
Und Marie überlegte kurz. Dann wählte sie Barbaroux.

Erstens weil er aus Marseille war, und die Forbins waren eine Marseiller Familie. Zweitens wegen der Frauen.
Ja, das wußte Marie: Ein Mann, der drei Geliebte mit sich führt, Julia, Zelia und Anna, dazu als vierte Frau seine eigene Mutter, die auch in Caen eingetroffen war, während sich fünftens die Ehefrau Cathérine in Marseille aufhielt, ein solcher Mann verdient unbedingt das Vertrauen aller Frauen. An ihn kann man sich wenden.
Und so trug sich Marie in die ausliegende Liste der Petenten ein, von denen manche nach einem undurchsichtigen Verfahren ausgewählt wurden, andere vertröstet und andere abgewiesen, und sie bat, wie es schon Brauch war, Bougon-Longrais um Vermittlung, denn jeder Mißerfolg mußte von vornherein ausgeschlossen werden. Außerdem war die Empfehlung Bougon-Longrais ein gewisser Schutz vor dem krassesten Mißverständnis, daß sie sich wie die meisten in untertäniger Verehrung näherte. Meine Freundin, hatte er nämlich geschrieben, wünscht Sie zu sprechen, meine verehrte Freundin Anne Marie Charlotte d'Armont. Denn die Geflüchteten waren ihrerseits nicht unempfindlich für den Abglanz gehabter Macht und Wichtigkeit. Ach, eine schöne, junge vormals Adlige. Sieh an, und eine Freundin des Generalprokurators. Bonjour, ma chère Demoiselle. Was führt Sie zu mir?
Barbaroux stand von dem Tisch auf, an dem er mit ein paar anderen, Männern und Frauen, gesessen hatte,

und richtete die warmen Augen eines Verführers auf Marie, als habe er auf sie gewartet. Sein Interesse schien ganz von ihr in Anspruch genommen. Entschuldigt mich, sagte er und führte sie zu einem der Fauteuils, die an den Wänden im großen Salon der Intendantur standen, wo früher einmal Banketts und Empfänge gegeben wurden. Er war wie alle anderen von Kleidungsstücken und Büchern, Folianten und Papierstapeln bedeckt. Barbaroux nahm einen Arm voll von dem Zeug und legte es auf den Boden, wo halb leergetrunkene Gläser herumstanden, Karaffen und leere Flaschen. Nehmen Sie Platz, sagte er.
Sie hatte nie eine solche Unordnung gesehen. Auf goldfarbenen Tischchen unter den hohen Wandspiegeln lagen Perücken und Kämme, offene Tiegel und Puderdosen. Der Geruch von faulem Obst lag in der Luft und mischte sich mit anderen, für Marie fremden Düften.
Was kann ich für Sie tun?
Was immer man den Verführern nachsagt, sie gewinnen durch nichts als das Interesse, das sie ihrem Gegenstand zuwenden, und dies Interesse ist allerdings grenzenlos und unverhohlen. Während sie sprach, sah er sie auf eine Weise an, die deutlich machte, daß ihr jedes mögliche Ungeschick schon verziehen war und reizend gefunden wurde. Hörte er überhaupt zu? Möchten Sie etwas trinken, fragte er und stand schon auf, um ein Glas für sie zu holen, das aus einer der Flaschen, die am Boden standen, gefüllt wurde. Auf die Freiheit.

Auf die Freiheit. Sie begriff, daß sie in einem Theaterstück auftrat. In einem Stück, das vorerst noch hinter geschlossenem Vorhang geprobt wurde. Achtlos verstreut lagen die Requisiten umher, und die Schauspieler, halb ihre Rollen verkörpernd, halb beobachtend und die Leistung der anderen begutachtend, warteten auf ihr Stichwort.
Die beiden Frauen am Tisch schienen sie nicht zu bemerken und gaben ihr das Gefühl, bis zur Unsichtbarkeit reizlos zu sein, so gut wie nicht vorhanden, während sie beide auf unnachahmliche Weise anwesend waren. Marie verbot sich, sie lange anzusehen. Nur etwas Zierliches, Weißes und Schwarzgelocktes nahm sie wahr. Sie besaßen, was Frauen Frauen immer neiden, was sie heimlich vor die Spiegel treibt, in denen sie sich am liebsten schräg von der Seite betrachteten, die Hand im Nacken, die Haare über die Hand nach oben gelegt, ein Turmbau von eingebildeten Locken. Warum nicht so? Oder so? Im Kinn unsichtbare Grübchen, die Augenbrauen leicht gehoben, Ohrläppchen klein, etwas kleiner, als sie geraten sind, die Schläfen etwas schmaler. Und sie versuchen es mit Kohlestiften und Puder, wobei sie niemals, auch nicht annähernd das Vorbild erreichen, diese Idee der Schönheit, die sie mit Augen gesehen haben und die die eine oder andere manchmal verkörpert, unglaublich, scheinbar mühelos, als könne man in der Schönheit und Anmut wohnen wie in einem irdischen Haus. Solcher Art waren die Frauen, die am Tisch saßen und selbst Bestandteil der heiteren Unordnung zu sein

schienen, die im Raum herrschte, zufällig auf den Stühlen verteilt wie die Unterröcke, die bunten Bänder und Hüte, die überall herumlagen.
Sollen wir gehen? rief eine von ihnen herüber, die Julia oder Zelia oder Anna hieß, und Marie hörte deutlich, daß sie gemeint war: Du willst doch wohl nicht mit dieser kleinen Normannin allein bleiben?
Ach was, rief Barbaroux, bleibt ruhig, ihr stört fast gar nicht. Wobei er doch nicht den Blick von Marie wandte. Denn das weiß der Verführer: Er sieht immer nur eine an, unverwandt, sonst bricht der Zauber.
Die beiden Männer, die eben noch dagewesen waren, verdunkelten jetzt die Tür, die zum Park hinausführte, und verschwanden mit Schritten, die im Kies knirschten. Guadet und Meillan, sagte Barbaroux und wies leicht mit dem Kopf in die Richtung, in der sie verschwunden waren, ohne Marie mit den Augen loszulassen. Es klang, als müsse er sich für die beiden entschuldigen, letztlich dafür, daß sie nicht wie er waren, Guadet und Meillan, nicht Barbaroux, der wußte, was man den Frauen schuldig ist. Dabei hatten sie ihr im Vorbeigehen beide zugenickt, ihr bedeutend, daß sie aus Diskretion gingen. Dem Verführer liegt nichts an Diskretion. Er liebt das Publikum. Er liebt es, mit drei Frauen auf einer Bühne zu spielen, Julia, Zelia, Marie, und Marie hatte jetzt den schwersten Text.
Denn sie hatte die Rolle des Bauernmädchens bekommen, das im Vorbeigehen den jungen vornehmen Herrn interessiert, der seinen Blick auf ihr ruhen und verweilen läßt. Seht nur, seht nur die Unschuld. Seht

nur, wie sie erröten kann. Und sie errötete wirklich. Still saßen Julia und Zelia im matten Glanz ihrer elfenbeinfarbenen Haut da.
Kommen wir also zur Sache, sagte der junge Herr.
Schamhaft verwirrt schildert das Bauernmädchen die Nöte seiner Freundin, während der junge Herr erkennen läßt, welche Mühe es ihm bereitet, den Gegenstand zu erfassen. Ein Klosterfräulein. Sieh an, wir waren im Kloster. Die Landbevölkerung liebt ja die alten Sitten. Und diese Freundin der Freundin, nein, diese Stiftsdame, dies ehemalige Klosterfräulein hat Probleme. Julia gähnte, Zelia stand auf, ging zum Fenster und sah in den Park hinaus. Der junge Herr folgte ihr mit einem Blick, den er vom Bauernmädchen losmachte, um dann einstweilen zu ihm zurückzukehren: Wie war das?
Das Bauernmädchen verliert jetzt deutlich an Überzeugungskraft. Der Vorrat an Interesse, das ihm der junge Herr entgegenbringt, geht zur Neige. So greift es schon zum letzten, wie es glaubt, wirksamsten Mittel, um sich den Herrn geneigt zu machen. Und das ist verkehrt.
Die Forbins, sagt es, sicher kennen Sie die Forbins, eine alte Marseiller Familie.
Ach, sagt der Herr, indem sein Blick umherschweift und erst auf Zelias Nacken zur Ruhe kommt, die ungerührt in den Park blickt, ach, diese ci-devants geben doch niemals auf.
Das Ende der Unterhaltung findet schon im Stehen statt, es dient der Komplimentierung des Bauernmäd-

chens von der Bühne. Nein, der Schauspielerin, die es gespielt hat. Das Bauernmädchen hat sich schon in Mademoiselle d'Armont zurückverwandelt, eine geschlagene, beschämte, erfolglose Besucherin, der man versichert, daß man ihr gern zu Diensten sei, damit sie endlich geht. Sicher. Gern. Selbstverständlich. Selbstverständlich eine schriftliche Empfehlung für die Verantwortlichen im Innenministerium, wo die Akten der Mademoiselle de Forbin der Bearbeitung harren. Gern. Aber glaubt sie wirklich, daß die Empfehlung eines Geächteten ihrer Sache von Nutzen sein kann? Man wird sehen. Sicher hat er noch Freunde in Paris, verfügt er noch über alte Verbindungen. Ganz ausgeschaltet kann doch wohl Barbaroux nicht sein. Das würde manchen so passen. In Wahrheit zittern sie vor ihm. Die Maratisten verbringen schlaflose Nächte, seit sie wissen, daß er in Caen ist und Anhänger um sich sammelt. Und Marat selbst wagt sich nicht mehr aus dem Haus.
In diesem Augenblick traten Guadet und Meillan wieder ins Zimmer, und Barbaroux unterbrach sich. Die Bürgerin verabschiedet sich gerade, sagte er unvermittelt. Sie bittet um ein Empfehlungsschreiben.
Von dir? sagte Meillan, das kann doch wohl nicht wahr sein. Mademoiselle, sagte er, da sind Sie aber an den Falschen geraten. Sie hätten zu mir kommen sollen.
Nein, zu mir, sagte Guadet, nächstes Mal werden Sie doch zu mir kommen. Es ist immer dasselbe, sagte er zu Meillan gewandt, die Frauen finden etwas an Barbaroux, verstehst du das? Woran liegt das?

Ihr seid still, rief er Julia und Zelia zu, deren Lachen dazugehörte wie eine helle, leichte Begleitmusik. Was ihr zu sagen habt, weiß ich. Ich will es von dieser jungen Bürgerin hören. Was finden Sie an ihm? Sie finden doch etwas an ihm? Habe ich recht? Er gefällt Ihnen am Ende.
Und er senkte die Stimme, als habe er ein Geheimnis mitzuteilen: Er ist nämlich gefährlich, müssen Sie wissen. Wir alle sind sehr gefährlich. In Paris hat man Kanonen aufgefahren, um mit uns fertigzuwerden. Hüten Sie sich vor uns. Wissen Sie, wo Sie sind? Sie sind in die Höhle der Löwen geraten. Und er bleckte die Zähne und gab ein tierisches Knurren von sich, über das niemand lachte. Es schien Marie eher, als hätten sich die anderen mit ihm verwandelt, als höben sich ihre Lippen etwas mit und gäben kleine, lückenhafte Gebisse frei, von denen sie alle glaubten, daß sie wie Raubtiergebisse aussähen, aber sie sahen in Wirklichkeit so aus, als hätten sie ihre Milchzähne noch nicht verloren. Vor allem Guadet hatte das spitze kleine Gebiß flinker, ausdauernder Nagetiere, und sie trat unwillkürlich einen Schritt von ihm zurück.
Messieurs, Sie irren sich, sagte sie und wußte dann nicht mehr weiter. Es war sehr freundlich von Ihnen, mich zu empfangen, sagte sie zu Barbaroux, an den sie sich jetzt blindlings wandte, mit dem Vertrauen, das sie zu Anfang gehabt hatte, bevor sie ihn noch sah. Und es war gerechtfertigt. Denn die Macht des Verführers beruht im Kern darauf, daß er ein gütiger Mensch ist. Was die Verführung gelingen läßt, ist nichts als der

Rest von Güte, den alle Kunst der Verstellung nicht verbergen kann, eine Weichheit und Wärme ohne Gegenstand, die der Verführer anscheinend verbirgt, als ob er sich schäme, sie zu zeigen, und die er zeigt, indem er eine vor allen anderen auszeichnet, jeweils eine, zu der er sagt: Sieh, so bin ich. So könnte ich sein, wenn du wolltest, daß ich so bin. Nicht die Verstellung, im Gegenteil, eine große, unüberbietbare Offenheit ist der Trick des Verführers.

Marie hatte sich also nicht in Barbaroux getäuscht. Kommen Sie, sagte er jetzt und faßte sie leicht am Arm, während er sie zur Tür führte, lassen wir diese Schwätzer. Ich schreibe einen Brief für Sie an meinen Freund Duperret. Er kann sich beim Ministerium für Sie verwenden. Ich schicke Ihnen den Brief durch einen Boten, sagte er. Das war nun wirklich ein Abschied.

Ich kann vorbeikommen und ihn abholen, sagte sie.

Nein, nicht nötig.

Während sie auf die Treppe zuging, hörte sie das Gelächter der beiden Frauen noch durch die geschlossene Tür.

Das war am zwanzigsten Juni. Draußen der helle Nachmittag, der Schock der gleißenden Sonne, als sie in die Rue des Carmes hinaustrat.

Wie war es, fragte Leclerc, der auf sie gewartet hatte. Wie sind sie? fragte er. Aber sie konnte nichts sagen.

Immer, wenn sie an den Besuch in der Intendantur dachte, erlitt sie diesen Hitzeschock, diesen Anfall von Blindheit, aus dem sie sich allmählich wieder in den von Sonnenflecken erhellten, dämmrig grünen Raum zurückfand, in dem sie die Girondisten gesprochen hatte. Dieses Treibhaus der Unterröcke und Mieder, Pomadentiegel, Parfumflakons und leergetrunkenen Gläser, in dem die Frauen wie Pflanzen wucherten und Blüten trieben. Das Stück, das sie dort probten und in dem sie so kläglich durchgefallen war, dies unbedeutende kleine Schäferspiel, erschien ihr als Intermezzo, ein verzweifelt heiteres Singspiel, das den Untergang der Helden nicht aufhält, nur hinausschiebt, einen schrecklichen Untergang, man hörte schon in der Ferne die Wölfe heulen, die sie zerfleischen würden, die Schatten der Blutgerüste, auf die man sie schleppen würde, zeichneten sich schon ab. Aber die Helden merkten nichts. Sie stritten, scherzten und liebten und gaben sich noch mit kleinen Bauernmädchen ab, zerbrachen sich noch die Köpfe über Empfehlungsschreiben, Machtkämpfe und Intrigen. Wie das auf der Bühne so ist.

Sie wartete eine Woche. Dann wartete sie noch einmal ein paar Tage. Es kam kein Bote von Barbaroux. Er hatte sie vergessen.

Ihre Beschämung, zunächst noch geringfügig und unbewußt, bekam Zeit zu wachsen. In einem Moment geschah es, daß sie in ihr Bewußtsein einbrach wie eine lang eingedämmte Flut. Was ist, sagte Madame de Bretteville. Marie warf die Klöppel hin, als habe sie sich die Finger daran verbrannt, und lief ohne Erklärung in ihr Zimmer, wo sie sich mit dem Rücken zur Tür stellte, sich fest dagegen stemmend, im Hause Madame de Brettevilles gab es nämlich keine abzu-

schließenden Türen. Aber es folgte ihr niemand. Es rief auch niemand nach ihr. Die Stimme, die sie gehört hatte, kam wirklich aus der Erinnerung, jetzt war sie in ihr Bewußtsein gedrungen, wo Marie ihr tagelang jeden Zutritt verwehrt hatte. Die Stimme sagte vernehmlich: blöde Gans. Sie gehörte einer Frau, die Julia oder Zelia oder Anna hieß, auf unnachahmliche, elfenbeinfarbene Weise schön und anmutig, etwas gelangweilt und träge war, eine Lilie, die unfehlbar ihren Duft verströmt, eine Kamelie, die weiter nichts tut als blühn. Dem Duft der Schönheit ist immer auch ein Bestandteil Verachtung beigemischt: blöde Gans. Marie hatte es deutlich gehört.
Und sie trat jetzt vergeblich vor ihren Spiegel. Was glaubte sie denn? Erfolge können verwandeln. Sieger sehen in den Spiegel und erkennen sich nicht mehr. Lange, voller Interesse betrachten sie sich selbst: Wem gehört dies Gesicht? Beschämungen verändern nicht. Im Gegenteil, die Beschämte sieht unrettbar wie sie selbst aus, und sie wendet den Blick ab von diesem Bild eines sich abwendenden Blickes, der nicht standhält. Ihr Blut klopft in den Schläfen. Sie greift hinter den Spiegel, wo sie ein Stückchen Stoff aufbewahrt, mit dem sie sich jetzt die Stirn reibt.
Werde ich es tun oder nicht?
Ich werde es tun, denkt sie, ich muß es tun. Jetzt erst recht.
Und sie beschließt, noch einmal in die Rue des Carmes zu gehen. Wie ein Artist, dessen Nummer nicht gelungen ist und den das Publikum auspfeift, tritt sie noch

einmal an, holt tief Luft, konzentriert sich: dasselbe wieder von vorn. Und diesmal wird es gelingen.
Sie wird noch einmal am Tor stehen. Wie war Ihr Name? d'Armont? Ach ja, ich kann mich erinnern. (Das Bauernmädchen. Das Gänschen.) Noch einmal wird sie den großen Salon betreten, sich anschauen lassen, sich umschauen, feststellen, daß sie allein mit Barbaroux ist, sie sind alle im Garten, Julia, Zelia und Anna, Meillan, Guadet und die anderen, ein Schwarm lebhafter Vögel, der in den alten Park der Intendantur eingefallen ist, aber drin wird es still sein, ma belle citoyenne, wird Barbaroux sagen und ihr in die Augen sehen, ich habe Sie nicht vergessen. Das wird gelogen sein, aber darauf wird es nicht ankommen. Er wird sie leicht berühren in der Gegend des Ellbogens, zum Sessel führen und sie durch die Verstärkung des Drukkes in ihrer Armbeuge nötigen, sich zu setzen. Dann wird er sagen: ja, der Brief an Duperret. Und sie wird diesmal wissen, daß sie sagen muß: Ich weiß, Sie werden mir helfen. Und daß er antworten wird: Mit dem allergrößten Vergnügen. Darauf wird eine Pause gespielter Nachdenklichkeit sein, möglicherweise ein Seufzen. Unsere Lage ist ernst, wird er sagen und dem Bedürfnis stattgeben, sich bemitleiden zu lassen, denn er wird ja allein mit ihr sein, ohne Zeugen, die dieses Lied alle kennen, die es sich gegenseitig Tag für Tag vorsingen, seit sie in Caen sind: Es war entsetzlich, wird er sagen, ich kann es noch nicht begreifen, das kann doch nicht das Ende sein, was soll jetzt aus uns werden? Und aus dem Vaterland, wird er schnell hin-

zufügen, damit sie richtig versteht. Und sie wird die Geschichte der Girondisten von ihm hören. Von Barbaroux, der dabei war. Wie sie die Revolution liebten, wie sie für die Republik kämpften. Welche Schlachten sie im Konvent schlugen, nur mit der Waffe des Wortes. Allein wenn Vergniaud sprach. Bürger, so tief ist der Abgrund, den man unter euren Füßen gegraben hat... O sie hätte Vergniaud hören sollen. Oder ihn selbst, Barbaroux, wenn es auf den Tribünen still wurde, alles lauschte. Damals wußten sie noch nicht, wie tief der Abgrund war. Und dann der Sturz, unbegreiflich... Und er wird wieder von vorn beginnen. Und sie wird sagen: Wer war es? Wer ist schuld daran? Und er wird sagen: Marat.
Es ist allein Marats Schuld, wird Barbaroux sagen. Er hetzt das Volk auf. Er will den Bürgerkrieg. Wissen Sie, was Marat sagt? Er ruft nach einem Diktator. Das ist das Ende von allem, was wir gehofft haben: der Despotismus der Freiheit. Das ist es, was Marat will. Der Augenblick ist gekommen, den Despotismus der Freiheit zu errichten, um den Despotismus der Könige zu vernichten. Das sagt Marat, und er meint es. Er ist mächtig. Das Volk auf den Tribünen jubelt ihm zu. Und Barbaroux wird sie ansehen bei diesen Worten, nicht mit dem Blick des Verführers, sondern mit den weit geöffneten und trotzdem seltsam verengten Augen dessen, der Angst hat. Sie wird erkennen, daß Barbaroux sich wirklich fürchtet.
Und sie wird sagen: Marat muß sehr gefährlich sein. Und er wird antworten: der Gefährlichste von allen.

Und dann wird er versichern, daß er ihr gern zu Diensten sein werde, heute oder morgen, wann immer sie den Empfehlungsbrief brauche, als ginge es darum, sie vor den Anschlägen Marats zu schützen. Als sei er, Barbaroux, der einzige, der ihr helfen könne.
Sie wird in ihren Schoß blicken. Das ist sehr freundlich von Ihnen, wird sie sagen.
Und wenn sie Tür hinausgeht, wird diesmal kein Gelächter sein und kein Erröten, im Gegenteil, sie wird blaß sein, als habe sie eine Todesnachricht empfangen und könne es noch nicht fassen. Im Grunde, wird sie sich sagen, habe ich es ja gewußt. Aber den Brief wird sie immer noch nicht bekommen.
So wurde es Anfang Juli. Ein Sommer, schön wie die Sommer der Erinnerung, wolkenlos blaue Tage ohne Zahl, ohne Ende. Marie fuhr nach Verson zur Erbsenernte. Frühmorgens brach sie die Schoten. Während die Sonne stieg, stand sie in ihren Holzschuhen, trug einen Strohhut und band sich die Röcke hoch, bis man die Knie sah. Nachmittags saß sie im Schatten, ließ mit dem Daumen die Schoten aufspringen, streifte die glänzenden kleinen Kugeln ab und atmete ihren kühlen, grünen Duft ein. So ging die Zeit in Verson hin. Die Ewigkeit besteht aus ein paar blauen Tagen im Juli. Am siebten ist sie zu Ende.
An diesem Tag, einem Sonntag, ließ sie schon früh am Morgen den Wagen Madame de Brettevilles vorfahren, küßte die Kinder der Pächterin und fuhr nach Caen zurück. Am siebten Juli fand nämlich in Caen ein großes Ereignis statt, und Marie wollte dabeisein.

Es war ein Tag wie die anderen, die ihm voraufgingen, wolkenlos, noch im Frühdunst, als Marie auf dem Wagen saß mit einem Sack voller Erbsen und die Stadt sich vor ihr aus dem Dunst hob, die Abbaye-aux-Dames auf dem Hügel, das Château und die Türme von St. Pierre davor, St. Étienne und St. Jean, die Turmspitzen, als stiegen sie frei in die Luft empor, immer höher, wie die Lerchen, die über den Feldern standen. An diesem Morgen schien es ihr zum letztenmal, daß vielleicht noch alles gut werden könne. Sie war erfüllt von Ahnungen, einer Unruhe, wie sie großen, festlichen Ereignissen vorausgeht, halb Freude und halb Befürchtung, das Allerschönste und Schlimmste kann geschehen, jeder Gedanke, den sie dachte, verwandelte sich unwillkürlich in ein Stoßgebet und verlor sich in den blauen Räumen über ihr sofort ins Allgemeine. Laß es gelingen, dachte sie, laß es diesmal gelingen, und sie wußte selbst nicht genau, was sie meinte. Der Gott, an den sie sich wandte, war auch unendlich weit weg.

Kurz darauf fielen die Schatten der ersten Häuser von Caen auf sie, und sie fröstelte. Als sei es, während sie weg war, von den Bewohnern verlassen worden, so kam ihr Caen vor. Als sei dort etwas verändert, und sie allein wisse nichts davon. Dabei war es nur die sonntägliche Stille, die sie am frühen Morgen des siebten Juli in Caen empfing, diese Stille, die dem gleichzeitigen Läuten sämtlicher Glocken der Stadt vorausgeht. Da fuhr sie schon durch den Torbogen in den Hof Madame de Brettevilles.

Und sie wusch sich am Brunnen, wie sie es in Verson getan hatte. Dann löste sie ihre Haare und ließ sie in der Sonne trocknen. Sie zog das gestreifte Kleid an und sah im Spiegel, daß sie etwas gebräunt war. Das macht nichts, dachte sie, eigentlich sieht es ganz hübsch aus. Und sie trug nur die Haube, keinen Sonnenschirm, als sie gegen Mittag das Haus verließ. Marie, rief Madame de Bretteville, wollen Sie keinen Schirm mitnehmen? Sie drehte sich gar nicht um.
So kam sie zum Paradeplatz auf den Wiesen am Orne-Ufer. Alles drängte dorthin. Die Carabots waren aufmarschiert und die Nationalgarden. Die Luft war erfüllt von Trommelwirbeln, Fanfaren und dem gleichmäßigen Summen, das eine große Menschenmenge erzeugt. Das feine Sirren der Fächer, die von den Damen bewegt wurden, dies rasche Schlagen so vieler Flügel verstärkte den Eindruck des Bienenschwarmhaften. Die Luft über den Köpfen stand heiß und unbewegt. Die Trikoloren, die sieghaft im Sommerwind flattern sollten, hingen schlaff herab, und die Mütze, die auf der hohen Stange des Freiheitsbaumes aufsaß, schien ebenso schlaff, so müde, als habe sie schon zu lange als Kopfbedeckung für eine Vogelscheuche gedient.
Krieg den Tyrannen und Anarchisten! Man wußte gar nicht, woher die Flugblätter kamen, die man plötzlich in der Hand hielt.
Aus unserer Asche wird auferstehen ein neuer Brutus, um das Vaterland zu retten! So sprach das Departement Eure.

Auf anderen Flugblättern stand: Bürger! Vorsicht! Euer Aufstand wird erfolglos sein! Denn ihr habt nicht genug Rückhalt in den Departements. – Wo kamen die her? Sie schienen wie zahme Vögel jedermann in die Hand zu flattern.

Ein Stimmengewirr, ein Drängeln, ein Hinundherfliegen, das war die kleine Bewegung der Menschen, Fächer und Flugblätter unter dem hohen, stillen, erbarmungslos heißen Sommerhimmel am Orne-Ufer, wo jetzt die große vaterländische Erhebung stattfand, bei der Marie dabei war. Caen war im Aufbruch. Das Heer des Generals Wimpfen brauchte Freiwillige, wenn es den Nationalkonvent aus den Fängen der Pariser Kommune befreien wollte. Die feierliche Aushebung der Freiwilligen des Calvados beging man heute in Caen, die Stadt seit einer Woche voller Plakate, die dazu aufriefen: nur keine Aristokraten und Maratisten. Ansonsten ist jeder willkommen. – Selbst in der größten patriotischen Bedrängnis verlor man nicht den Humor.

Marie stand in der Menge. Ihre Erregung vom Vormittag hatte sich noch gesteigert. Unter so vielen Menschen fühlte sie sich allein, bis zur Unsichtbarkeit unbedeutend, gleichzeitig aber empfand sie sich als ein Teil des Ganzen, dazugehörend, wie die Biene zum Schwarm gehört, der in Wahrheit ein einziger Körper ist, aus vielen Körpern gebildet. Am liebsten wäre Marie nach vorn gegangen, wo nah am Fuß der Tribünen auf einer leichten Erhebung der Altar des Vaterlandes stand, über und über mit Blumen in Blau-Weiß-

Rot dekoriert, Kornblumen, Margeriten und rote Nelken, von woher die Redner sprachen, und hätte eine Rede gehalten. Sie fühlte sich dazu fähig. Unwillkürlich drängte sie sich näher zu den Tribünen. Die Musik brach ab, ebenso die Gespräche rechts und links von ihr. Ein Trommelwirbel. Dann Stille.
Jemand trat in den Rednerstand. Sie konnte ihn nicht erkennen, weil sie die Nachmittagssonne blendete. Erst als er seine Stimme hob, Bürger, der Tag ist gekommen, da erkannte sie ihn. Es war Bougon-Longrais.
Hinter ihm war ein Musikcorps aufgestellt, und einige Instrumente reflektierten das Sonnenlicht derartig, daß der Redner von hellen Feuern umlodert war, die aufblitzten und erloschen und wieder aufblitzten, ein Sternenregen, ein Feuerwerk mitten am Tage. Und so sprühten die Funken seiner Beredsamkeit. Soldaten, rief er, greift zu den Waffen, marschiert! Ein einziger Schrei der Entrüstung läßt sich vernehmen. Sämtliche Republikaner erheben sich auf einmal, um die Verbrecher zu strafen. Beeilen wir uns, o Bürger, laßt uns als freie Männer des Calvados nicht die letzten sein, die ihre Pflicht tun. Die Souveränität des Volkes ist im Begriff, in die Hände dieser schmutzigen Partei zu geraten, dieses Bündnisses aller, die nach Gold oder Blut dürsten. Morgen schon werden wir alle Vasallen von Paris sein, tributpflichtige Kolonien! Bürger, greift zu den Waffen!
Beifall brandete auf und wollte nicht verstummen. Fahnen wurden geschwenkt, und Mützen flogen in

den Himmel. Mit einem einzigen, gewaltigen Aufflammen der Trompeten setzten die Musikanten die Instrumente an. Der Gesang in den Kehlen war nicht länger zurückzuhalten: aux armes, citoyens, marchons, marchons, und sie nutzte die Erstarrung der Massen im Gesang, diesen Bann, unter dem alle standen, solange sie sangen, um vorwärtszudringen in Richtung auf die Tribünen. In Trance traten die Singenden vor ihr zur Seite, bildeten eine Gasse, ohne sie anzusehen, alle blickten nach oben, als werde eine Erscheinung erwartet. So tauchte sie durch ein Meer der Begeisterung, und sie fühlte sich wohl darin, fühlte sich davon getragen, ließ sich bis an die Tribüne spülen, wo Bougon-Longrais jetzt stand, zu ihm wollte sie, ihm wollte sie sagen, wie wunderbar er gesprochen hatte, ach, sie wollte ihm zeigen, daß sein Zaudern verziehen war, sie fühlte, daß sie schon lange bereit gewesen war, ihm zu verzeihen, er mochte sein, wie er wollte, ein Patriot war er doch. Ja, der Zwang mitzusingen hatte auch sie erfaßt, nur saß es nicht in der Kehle, ihr Lied, es saß woanders, ihr Verstand, ihre Vorsicht war aber ebenso außer Kraft wie bei den anderen.

Nichts hielt sie darum zurück, als sie die Stufen zur Tribüne hochstieg. Erst als sie wieder aufsah und nach Bougon-Longrais suchte, fand sie ihn zwischen Gorsas und Louvet stehen, umringt von Barbaroux, Meillan und Guadet, sie sah Buzot und Pétion, und sie sah Julia und Zelia und Anna unter den Sonnenschirmen, die ihre Blässe schützten. Jetzt gab es kein

Zurück mehr. Und sie wäre auch nicht mehr zurückgewichen. Sie stieg zu ihnen hoch.
Währenddessen steigerte sich der Gesang zu einem einzigen Brüllen. Sie sangen die Marseillaise der Aufständischen, nous marchons contre l'anarchie, dieses Lied der Stadt Caen, cité républicaine et fière, und so war es beileibe nicht nur die Sorge ums Vaterland, was sie einte, sondern auch die Begeisterung, mit der sie alle Normannen waren, alle Nachfahren Wilhelms des Eroberers, geflügelte Löwen, wie sie auf dem Teppich in Bayeux zu sehen sind, und sie brüllten, die Löwen. Aber sie schwiegen auch alle, als die letzte Strophe verklungen war. Die Stille, die darauf eintrat, war nicht weniger eindrucksvoll als das Gebrüll. Der Redner, der jetzt am Altar des Vaterlandes stand, hielt noch beschwörend die Hände erhoben, aber das war gar nicht nötig, und so begann er, Soldaten, Freunde der Freiheit, Patrioten, Verteidiger der Republik, die eins und unteilbar ist, wir werden unsere Waffen nicht niederlegen, bevor der Konvent nicht befreit ist und Frankreich nicht gerächt! Es war der General Wimpfen.
Marie war es jetzt gelungen, bis zu Bougon-Longrais vorzudringen, aber er war vertieft in ein Gespräch mit Guadet und beachtete sie gar nicht. Niemand auf der Tribüne bemerkte sie, obwohl sie mitten unter ihnen stand, sie unterhielten sich, lachten und ließen sich von den Frauen kühle Luft ins Gesicht fächeln, nehmen Sie sich doch in acht, rief eine von ihnen, man hatte ihr Limonade ins Décolleté geschüttet.

Niemand achtete darauf, was auf dem Platz geschah. Keiner auf der Tribüne hörte dem General zu. Wir schwören es, rief er gerade und hob die eigene Hand hoch. Es ging um die Pflicht zur Rache an den Feinden des Vaterlandes. Krieg den Anarchisten und Krieg den Maratisten! rief er. Der Rest ging unter im Jubel.
Der Lärm ließ jetzt auch die Männer auf der Tribüne aufhorchen. Bougon-Longrais, ausgerüstet mit einem Sensorium für politische Stimmungen, das empfindlich reagierte, wie das für Karrieristen unerläßlich ist, wandte sich von Guadet ab und suchte sich einen Überblick über die aktuelle Situation zu verschaffen. Dabei sah er Marie. Er war zuerst irritiert, beinah ärgerlich, dann – sie sah es – erfreut. Der Karrierist läßt sich gerne beim Feiern seiner Triumphe ertappen. Er mag es, wenn man ihm zusieht, wie der Erfolg ihn nach oben trägt, dahin, wo die Prominenz ist. Und nur indem er gerade diesen Triumph genießt, den Augenblick der Bewunderung, mit der ihn eine Frau ansieht, diese Befriedigung, die ihm ihre rückhaltlose Zustimmung endlich verschafft, denn er hat darauf gewartet, schmerzlicher, als ihm bewußt ist, hat er die Anerkennung dieser Frau entbehrt, die sie ihm viel zu lange vorenthalten hat und die ihm jetzt zuteil wird, nur indem er den Augenblick, als das geschieht, etwas zu lang ausdehnt, läßt er in seiner Aufmerksamkeit nach, die er sonst stets dem Geschehen um sich herum widmet, und es entgeht ihm etwas. Irgend etwas Entscheidendes hat er verpaßt.
Was ist denn? Viel zu spät merkt er, daß es gar nicht

mehr um ihn geht. Die Bestürzung ist allgemein. Marie, sagt er, was ist geschehen? Jede Begrüßung erübrigt sich. Statt dessen sehen sie hinunter auf den Platz, auf dem Wimpfen jetzt nicht mehr am Altar des Vaterlandes steht, sondern den freien Raum im Vorfeld der Truppen durchschreitet, die aufmarschiert sind, die Stelle, an der die Freiwilligen sich versammeln sollen, die Rächer, die tapferen Befreier des Konvents aus dem Calvados, die Nachfahren der Normannen, deren Ruhm die Tyrannen immer noch erblassen läßt – es waren siebzehn. Sie lösten sich aus der Menge, ein paar Zivilisten und vier bis fünf Carabots. Siebzehn, und keiner mehr. Ein paar Minuten verstrichen, in denen lautlos gewartet wurde, niemand rührte sich, keiner sagte ein Wort, der General stand nur da, den Kopf erhoben, als suche er nach irgend etwas den Horizont ab. Doch es geschah nichts mehr. Die siebzehn, die sich im ersten Augenblick gemeldet hatten, standen inmitten des großen freien Platzes, sie rückten näher zusammen, drängten sich aneinander und hatten die Schultern angehoben, als wollten sie ihre Köpfe dazwischen verstecken. Sie waren etwas zu schnell gewesen. Sie waren die Dummen.
Es war der Augenblick strengsten Aneinandervorbeisehens. Niemand auf dem Paradeplatz sah irgend jemanden an. Die meisten blickten zu Boden, andere sahen in den Himmel, als suchten sie im vollkommenen Blau nach Anzeichen eines Gewitters, oder sie folgten dem Schwalbenflug mit den Augen, ja, selbst die Girondisten brachen ihre Unterhaltungen ab und

sahen angestrengt ins Leere, nur Marie sah Bougon-Longrais an, und er blickte zurück, und so fand nicht nur der einzige Blickwechsel weit und breit statt, sondern ein solches Erröten, wie es Marie noch niemals heimgesucht hatte, es kam in mehreren Schüben, verweilte lange auf seinem Höhepunkt, während sie in totale Erstarrung fiel, unfähig, den Kopf zu wenden, es war, als habe sie ihren Körper verlassen, ihn aufgegeben, ein lichterloh brennendes Haus, dessen Bewohner geflohen sind, um nicht darin umzukommen. Am Ende kehrte sie zögernd in die ausgebrannte Ruine ihres Gesichts zurück, sah wieder mit ihren Augen, und erst da merkte sie, daß auch Bougon-Longrais errötet war, genauso wie sie selbst. Und diesmal verstand sie ihn.
Und sie sahen jetzt gemeinsam auf den Platz hinab, wo sich die siebzehn Freiwilligen von Caen in das Register eintrugen, das auf dem fahnengeschmückten Tisch lag, an dem General Wimpfen Platz genommen hatte. Der schlaffe und in den Falten kaum erkennbare Totenkopf der Carabots hing darüber. Ein trauriger Verlierer.
Wenn ich ein Mann wäre, sagte sie –
Davon verstehen Sie nichts, sagte Bougon-Longrais schnell. Im Anschauen dieser Szene waren sie doch ein Paar.
Unterdessen klang wieder die Militärmusik auf. Ça ira, ça ira. Die Munterkeit, die geherrscht hatte, der Volksfestcharakter des Ganzen stellte sich wieder ein, als sei alles nach Plan verlaufen, es wird gehn, es wird

gehn, nur die siebzehn Freiwilligen standen noch immer herum, unbewegt, wie benommen, niemand richtete das Wort an sie, die Menge hielt sich auf Abstand.
Auch oben auf der Tribüne setzten sie die Unterhaltungen fort. Es war, als sei nichts geschehen. Barbaroux kam zu ihnen, Guadet und Pétion. Sie beglückwünschten Bougon-Longrais zu der Rede, die er gehalten hatte.
Sehr gut, sagte Pétion, sehr gut gesprochen. Überhaupt scheint mir alles ausgezeichnet arrangiert.
Aber –, sagte Marie. Pétion kannte sie noch nicht, und sie wurde ihm vorgestellt. Ach, sagte Pétion, die schöne Aristokratin, die gern die Republikaner aufsucht.
Aber nein, sagte Marie. Pétion hatte sich wieder Bougon-Longrais zugewandt. Sie sprachen über die Aussichten des Unternehmens, die sie durchaus sehr günstig beurteilten. War nicht am Vortag noch eine Delegation aus Paris dagewesen? Hatte man nicht versichert, daß viele Pariser Sektionen mit den Aufständischen sympathisierten? Zwar hatte der Konvent am dritten Juli beschlossen, Truppen in die Departements Eure und Calvados auszusenden, doch die liefen ja geradewegs ins Messer der tapferen Normannen.
Aber, sagte Marie, die paar Freiwilligen. Niemand hörte ihr zu. Wissen Sie, sagte Guadet, wie Wimpfen neuerdings auf die Anweisungen aus Paris reagiert? Ich kenne eine Depesche, die er ans Justizministerium geschickt hat – und niemand fragte sich offenbar,

woher Guadet sie kannte. – Anweisungen des Ministers dankend erhalten, hatte Wimpfen geschrieben. Was die Ereignisse in Caen betrifft, sie sind stärker als der Minister.

Das fanden nun alle fabelhaft. Nur Anna, Julia und Zelia wollten nach Hause gehen. Es wurde ihnen zu heiß.

In diesem Augenblick, als die Aufmerksamkeit der Männer ganz dem Befinden der Frauen galt, Barbaroux hatte den Arm um Zelia gelegt und sah ihr besorgt in den Ausschnitt, während Pétion und Guadet sich um Julia und Anna bemühten, die nah daran schienen, vor Langeweile in Ohnmacht zu fallen, und kaum noch fähig waren, ihre Fächer zu bewegen, in diesem Augenblick, der sehr ungünstig war, wie sie fühlte, aber doch eine Lücke im lückenlos von den Männern bestrittenen Gespräch bot, sagte Marie plötzlich: Aber es sind doch nur siebzehn!

Darauf trat eine Pause ein. Bougon-Longrais wollte etwas sagen, doch es war Pétion, der ihm zuvorkam, indem er von Julia und Anna abließ und sich jetzt zu Marie wandte: Mademoiselle, sagte er, und er sagte nicht Bürgerin, er sagte Mademoiselle – seien wir doch ehrlich, sagte er, wären Sie wirklich traurig, wenn sie gar nicht marschieren würden?

Monsieur, rief Marie, ich bin eine Patriotin!

Aber! sagte Pétion, aber, das sind wir doch alle.

Wenn ich ein Mann wäre, rief Marie –

Aber! sagten sie alle wie aus einem Mund, Pétion, Guadet, Barbaroux und auch Bougon-Longrais, während Julia, Zelia und Anna sich schon zum Gehen gewandt hatten. Übrigens, sagte Barbaroux, bevor er sich ihnen anschloß, warum sind Sie nicht gekommen, um sich den Brief abzuholen, den ich für Sie geschrieben habe?

Und so ging sie am selben Abend noch einmal in die alte Intendantur. Sie waren alle im Garten. Draußen war es noch hell, doch im Salon saß die Dunkelheit schon in den Ecken. Ich warte hier, sagte sie, während jemand hinausging, um Barbaroux zu benachrichtigen.

Allein zurückbleibend fühlte sie sich geborgen an diesem Ort, von dem aus sie die da draußen sehen konnte, nah bei ihnen und doch weit weg wie die Toten, die mit der Dämmerung wieder dorthin zurückkehren, wo sie einmal gewesen sind, als hätten sie dort noch irgend etwas verloren, als würden sie noch von irgend jemandem erwartet. Selber unsichtbar, unhörbar, doch alles sehend und hörend. Auf einmal sah sie Pétion. Er stand in einer Fensternische und blickte in den Garten hinaus. Die eine Hand hielt ein Stöckchen, die andere hatte er, wie es seit kurzem Mode war, unter die Weste geschoben. Es war die Pose des Herrschers, in der er dastand. Als sei die Szene im Garten, die er betrachtete, seine eigene Schöpfung, ja, als erfinde er eben alles, was dort getan und gesprochen wurde. Und seltsam, von hier betrachtet, sahen die Personen dort draußen wie stumme Marionetten aus, ihr Hinundhergehen, Sich-Neigen und Sich-Verbeugen, Zurücktreten und Sich-Nähern, ein fremdgesteu-

erter Tanz, der aus seinen Figuren geraten ist, eine wirre, unordentliche Quadrille.
Und plötzlich sah sie, daß alle Herren in der gleichen Haltung wie Pétion standen, einen Fuß vorgeschoben, eine Hand in der Weste, und jedem zuckte sein Stöckchen in der anderen Hand. Welches Stück probten sie dort? Für welchen Auftritt? Woher bezogen sie alle die Überzeugung, mit Macht ausgestattet zu sein? Ja, wie die Toten, die mit ihr in der Dämmerung anwesend waren, sah sie den Irrtum, der herrschte, wußte sie auch, wie man retten und bewahren kann, aber wie sie war sie stumm. Ohne Mund, ohne Stimme geisterte sie durch Räume, die von Lebenden bewohnt waren, und als sich jetzt Pétion zu ihr umdrehte: Kann ich etwas für Sie tun?, da sagte sie nur: Nein, danke, ich warte hier auf Barbaroux, anstatt zu sagen: Sie irren sich, merken Sie nicht, daß längst alles verloren ist? Sie sind doch so gut wie tot! Und wie Pétion so dastand, seiner selbst sicher, gewissermaßen von oben auf sie herabblickend, obwohl er kleiner als sie war – schon wieder hier? sagte er, die kleine Aristokratin wiedererkennend, die er bei der Parade am Nachmittag gesehen hatte –, da erlag sie dem Wunsch aller Toten, noch einmal lebendig zu werden, nur für ein paar Augenblicke, nur solange man braucht, um die paar Worte zu sprechen, mit denen alles richtiggestellt wäre:
Bürger, sagte sie, Sie urteilen über mich, ohne mich wirklich zu kennen. Aber Sie werden mich kennenlernen. – Sie wußte gleich, daß es falsch war. Da kam zum Glück Barbaroux.

Verführer sind nie verlegen. Sie wissen nicht, was das ist. Wenn sie die Anzeichen von Verlegenheit in ihrer Umgebung wahrnehmen, glauben sie, es handle sich um ein geheimnisvolles Leiden, und da von Natur aus gütig, sind sie bestrebt, es zu lindern. O Mademoiselle, sagte er, wenn ich gewußt hätte, daß Sie da sind..., und aus ihrer Verlegenheit zog er sie in ein Gespräch. Pétion ging in den Garten.
Und als sie etwas später die Intendantur verließ, war sie gerüstet mit einem Empfehlungsschreiben an Duperret, ein paar Büchern, die sie ihm überbringen sollte, und guten Ratschlägen von der Art, wie Barbaroux sie gern den Frauen gab: Passen Sie gut auf sich auf!
Sie wollen doch wohl nicht ganz allein reisen, hatte Barbaroux gesagt.
Nein, meine Tante begleitet mich. Und sie hatte versprochen, ihm bei der Rückkehr ausführlich Bericht zu erstatten.
Halten Sie Ihre Augen auf, sagte er, Paris ist nämlich gefährlich.
Da wußte er noch nicht, wie gefährlich sie selbst war.

Im Gefängnis L'Abbaye,
am zweiten Tag der
Vorbereitung des Friedens:

»Sie haben, Bürger, die Einzelheiten meiner Reise zu erfahren gewünscht, ich werde Ihnen nicht die kleinste Anekdote ersparen. Ich reiste mit guten Montagnarden zusammen, die ich ganz nach Herzenslust reden ließ, und ihre Reden, die ebenso töricht waren wie ihre Person unangenehm, trugen nicht wenig dazu bei, mich einzuschläfern, ich wachte sozusagen erst in Paris auf.«

Anekdoten für Barbaroux. Die hübschen kleinen Geschichten von einem Ausflug, den sie nach Paris machte. Die schöne, junge Mörderin war unterwegs. Wollen Sie wissen, wie's weiterging, Bürger Barbaroux? Es war zu amüsant. Ist das nicht seltsam, das Leben nimmt auf Wunsch die Gestalt von Anekdoten an und wird erzählbar. Den Briefen zuliebe, die man verfassen will, leistet es sich die Pointen, ohne die Briefe so trocken ausfallen, als handelten sie vom wirklich Erlebten.
Nicht etwa, daß gelogen werden muß. O nein, genauso war es. Die Verfälschung der Geschichte fängt viel früher an, dann nämlich, wenn sie geschieht:
»Einer unserer Mitreisenden, der ohne Zweifel ein Freund von schlafenden Frauen ist, glaubte, ich sei die Tochter eines seiner alten Freunde und hätte ein Vermögen, das ich nicht habe, er gab mir einen Namen, den ich niemals gehört habe, und bot mir am Ende Hand und Vermögen an.« Ach, diese lustigen, kleinen Verwechslungskomödien, die auf Schritt und Tritt geschehen. Kann man denn eine Reise tun, ohne daß dieser Verwechslungskomödiant mitreist, der einem mit seinen Heiratsanträgen lästig wird? Die schöne Mörderin gähnt. Langsam fallen ihr die Augen zu.
»Die Nacht durch sang er Klagelieder, über denen ich

einschlief. In Paris wurde ich ihn endlich los, lehnte es ab, ihm meine Adresse zu geben oder die meines Vaters, bei dem er um mich anhalten wollte, und er verließ mich in sehr schlechter Laune.«

Soweit, Barbaroux, die Reise. Sind Sie zufrieden? Hat Ihnen das Stück gefallen? Wollen Sie noch mehr wissen? Wo war denn die Erzählerin? Richtig. Sie schlief ja. Sie war ja gar nicht zugegen.

War sie überhaupt abgereist? War das möglich? Konnte sie einfach verschwinden? Warum nicht.

Niemand wird etwas verlieren, wenn ich verloren bin, hatte sie einmal an Anne-Armande in Rouen geschrieben und hinzugefügt: Wenn man nicht, liebe Freundin, Sie ein wenig mitzählen dürfte. Nein, Anne-Armande zählte nicht. Niemand würde verlieren. Und wenn das wahr war, dann war es ja ein Glück.

Und sie gab eine Handarbeit weg, indem sie dafür bezahlte, daß sie zu Ende geführt wurde. Es hätte sie sehr geschmerzt, Unvollendetes zurückzulassen. Sonst gab es nichts zu besorgen. So einfach war das.

Und sie packte die Reisetasche, mit der sie vor zwei Jahren aus Cauvigny gekommen war. Es schien ihr beinah, als kehre sie nach Cauvigny zurück. Als führe sie endlich nach Hause.

Sie vergaß nichts. Sie packte einen gestreiften Überwurf ein, zwei Unterröcke aus Seide, einen Morgenmantel aus weißem Leinen, dazu die passenden Hauben, Schultertücher und Bänder in zarten Farben, die zu dem übrigen passen mußten. Fächer und Lockenschere und was ein Mädchen sonst noch braucht. Und

zum Schluß fiel ihr ein, daß sie für alle Fälle gerüstet sein müsse, auch den äußersten Fall, daß ihr Kleid Schaden nähme, und sie steckte einen silbernen Fingerhut ein, ein Garnknäuel und drei Nadeln in einem winzigen Nadelkissen.
Sie zog ihr braunes Reisekleid an, setzte den hohen Hut mit drei Kordeln auf und nahm Abschied von dem Spiegelbild in ihrem Zimmer. Aus ihrer Unähnlichkeit mit Julia, Zelia und Anna schloß sie, daß sie sehr wenig à la mode de Paris aussah, und sie sagte sich, daß das nicht ungünstig sein müsse. Etwas Ländlichkeit öffnet einem die Türen. (Und in der Tat: In Paris trug niemand mehr diese Hüte.)
Es war ein schwüler früher Nachmittag, als sie in die Kutsche einstieg, die vor dem Hotel des Messageries hielt. Ein müder Aufbruch. Die Pferde waren frisch, doch die Straße steigt bis Mondeville an, ein langer, zerdehnter Abschied von der Stadt, die kein Ende nehmen will. Erst wenn das freie, flache Land erreicht ist, auf der Höhe, unter der Caen zurückbleibt, ein ferner gelber Dunst, aus dem nur ein paar Türme herausragen, die auch bald im Dunst verschwunden sind, erst dann fallen die Pferde in Trab, und die Reisenden fühlen plötzlich, daß sie fliegen.
Am Tag vorher, am Montag nach der Parade, waren die Freiwilligen abgezogen, die dem Kommando Puisayes unterstellt worden waren und auf Évreux zumarschierten. Zu den siebzehn Freiwilligen waren noch hundertdreizehn mehr oder weniger Unfreiwillige gestoßen, Ärmste unter den Armen, die der beschei-

dene Sold lockte und die Aussicht auf eine Uniform, die man ihnen versprochen hatte. So waren es hundertdreißig, die sich in Marsch gesetzt hatten. Sie hielt nach ihnen Ausschau. Manchmal meinte sie, sie in der Ferne zu sehen. Waren sie beritten? Ach nein, sie waren zu Fuß. Immer hatte sie sich einen Aufbruch zu Pferde vorgestellt. Den Aufbruch der Soldaten, wie sie in eine Schlacht ziehen, sehr früh am Morgen. Das warme, zärtliche Schnauben aus Pferdenüstern, der freundliche Abschied der Bäume, die mit Zweigen berühren, festliches Glitzern der Gräser. Und Trompeten. Der Aufbruch der Soldaten ist von Trompeten begleitet, vom Klang des strahlenden Sieges über die Müdigkeit und die Halbheit und das Zwielicht.

Ach, der Aufbruch in Mittagshitze und Schwüle. Das heftige Rütteln der Kutsche, unsanft, aber einschläfernd, ein gewaltsames Wiegen. Die Wachheit ist nur im Innern. Wo Gedanken und Traum sind, da ist die Reisende wach. In einen seltsamen Zustand ist sie geraten, seit sie Caen verließ. Es ist der Zustand der Trägheit und gleichzeitigen Schwerelosigkeit, in dem die Reisende manchmal glaubt, sich selbst in der Kutsche sitzen zu sehen, hineingepreßt in das Polster. Ihr Körper fährt so dahin. Wie ein entweichender Flaschengeist verläßt ihn das Bewußtsein und dehnt sich frei im Raum aus.

So stand Marie, seit sie Caen verließ, unter dem Gesetz der Trägheit. Sie handelt, indem sie träg ist, sitzen bleibt, hin und her schwankt und sich rütteln läßt. Ein abgeschossener Pfeil ist träge, indem er fliegt. So war

die Müdigkeit beschaffen, die sie einhüllte von der Abfahrt bis zur Ankunft, ja bis zur Ankunft des Pfeiles im Fleisch des Gegners.
Ihre Müdigkeit stärkte sie. Der Schlaf machte sie sicher. Träumende sind unangreifbar. Sie wissen, daß es ein Traum ist. Daß sie beim Aufwachen wüßten, daß es ein Traum ist. Aufwachen als letzte Rettung. Im freien Fall des Entsetzens gibt es noch eine Möglichkeit, ein Netz, das hält: das Erwachen. Die Träumerin selbst ist ihr Gott, ihr eigener Deus ex machina: Ruf mich, wenn du mich brauchst! Im freien Fall kann die Träumende nicht zerschellen. Der Gott, der sie selbst ist, fängt sie auf.
Darum fühlt sie sich so sicher. Darum bleibt sie nicht, wo sie ist. Sie macht sich auf und geht dahin, wo der gefürchtetste Feind ist. Kein Abgrund kann sie schrekken. In den äußersten Fällen breitet sie einfach die Flügel aus, wozu sie nichts als ihre Arme braucht, und vertraut auf das Wunder, das nicht ausbleiben kann.
Vielleicht fuhr sie auch wirklich nach Argentan, um Papa zu besuchen. Bis Vimont war nichts entschieden. Noch in Vimont hätte sie den Wagen nach Argentan nehmen können über St. Pierre-sur-Dives. Aber da schlief sie schon. Da war sie schon zu weit in die Zonen des Traums gelangt.
So fuhr sie über Vimont weiter nach Moult und Croissantville. Es ging ja ganz von selbst. Als sie das nächste Mal wieder ihre Augen aufmachte, war sie schon in St. Aubin. Und sie ließ sich sofort dahin zurückgleiten, wo sie eben gewesen war, tief im eigenen Innern.

Und da waren sie, die sie auf der Reise begleiteten. Papa. Bougon-Longrais. Barbaroux. Manchmal Pétion. Selbst Mama war gekommen, um ihr diesmal Adieu zu sagen, sehend auf beiden Augen, auf beiden Augen vor Liebe und Verständnis blind. Hinter ihr tauchte sogar der Abbé Gombault auf und nickte mit seinem Kopf, als müsse er beweisen, daß er ganz fest saß. Der kleine Kreis von Personen, die immer mitreisen. Diese illustre Gesellschaft, die sich einfindet, sobald man unterwegs ist. Dieselben, die man zurückgelassen hat – immer sind sie da, wo man gerade ankommt. Geduldige Adressaten der Selbstgespräche, die Alleinreisende führen, unaufhörlich, erregt, die Augen mögen offen oder geschlossen sein, immerzu geht die Rede nach innen, wo man nie allein ist, wo das Konversationsstück des Lebens stattfindet. Denn Selbstgespräche führt man ja nicht mit sich selber. Papa, Bougon-Longrais, Mama und Barbaroux. Begierig, alles zu teilen, was ihr wichtig ist, stumm und voller Interesse, aufmerksam im Zuhören, selbst Barbaroux, selbst Pétion, der ohne Überheblichkeit ist, durchaus bereit zu begreifen. Und Papa. Papa, wie er übers Feld geht und zum Abschied seinen Hut schwenkt, kleiner werdend, sich immer weiter entfernend, bis er zum Schluß wie ein Hase, der gejagt wird, in der Furche verschwindet, irgendwo in der Tiefe der Erde und des Raumes verloren, im Unsichtbaren noch immer seinen Hut schwenkend, unbesiegbar, beinah fröhlich, ein ewigwährender Abschied, und wie die Furchen, in denen Papa, der Bauer, verschwunden ist,

parallel laufen, sich erst im Unendlichen treffen, so wird sie ihn nicht erreichen, nie im Leben, pardonnez-moi, cher Papa, alles, was sie je versucht hat, ihm zu sagen, war ein verzweifeltes Hinter-ihm-Herrufen, ohne Antwort verhallend, während er sich, seinen Hut schwenkend, langsam entfernte. Pardonnez-moi, cher Papa. Sie öffnete ihre Augen und sah die fast reife Saat bis zum Horizont stehen. Hoffentlich gibt es kein Unwetter mehr bis zur Ernte, dachte sie. Sie war das Kind eines Bauern.
So machte sie die Reise in den Schlaf, in den Traum, in die Erinnerung, als sie von Caen nach Lisieux fuhr. Dort mußte sie übernachten. Zum erstenmal im Leben allein in einem Hotel.
Schöner Schlafwandel, wie sie zur Table d'hôte tritt, die Augen der anderen Gäste in überwachem Interesse auf sich gerichtet. Von irgendwoher der Luftzug eines Mißtrauens, das ihr nicht unbekannt ist. Aber das weckt sie nicht auf. Ein plötzliches Sich-Finden in der Zone der Zweideutigkeit. Die Träumende blickt im Traum an sich herunter, die kleine Traumangst, nicht angezogen zu sein, im kurzen Hemdchen zu stehen, erweist sich als unbegründet. Darf ich Platz nehmen, fragt sie. Und indem die Gesichter am Tisch zurücklächeln, spürt sie die traumerprobte Macht ihres eigenen Lächelns. Und sie ißt mit gesegnetem Appetit.
Versonnen gibt sie Auskunft über den Zweck ihrer Reise. Waren Sie schon einmal in Paris?
Nein, noch nie.
Wovor soll sie Angst haben? Um das Gespräch zu

beenden, erfindet sie eine Tante in Paris, eine Art Madame de Bretteville. Aber die Zeit der Tanten in ihrem Leben ist endgültig vorbei. Madame de Bretteville begegnet ihr nicht einmal mehr im Traum.
Und obwohl sie die Nacht in tiefem Schlaf zugebracht hat, fällt sie am nächsten Morgen, kaum daß sie in der Kutsche sitzt, die nach Évreux fährt, wieder in den schlafähnlichen Zustand des Reisens.
Nur ein Gedanke kam ihr manchmal zwischen die Träume und war angetan, sie zu wecken. Dann machte sie die Augen auf und sah angestrengt aus dem Fenster. Sie suchte Wald, Busch und Gräben ab, den schmalen Feldwegen folgte sie bis zum Horizont, doch die Soldaten sah sie nicht. Das Heer des Generals Wimpfen blieb unsichtbar bis Paris.
Und langsam wuchs ihre Ungeduld. Um bei Fontaine-la-Soret über die Risle zu gelangen, warteten sie eine Stunde am Brückenzoll. Marchez donc, marchez donc. So war es Nachmittag, als sie in Évreux ankam, und sie entschloß sich, den Nachtexpreß nach Paris zu nehmen. Sie hatte keine Zeit zu verlieren, und in dem Gasthof, in dem sie schnell einen Imbiß nahm, lief sie mehrmals zum Fenster, um zu sehen, daß der Wagen nach Paris noch nicht ohne sie abgefahren war.
Keine Angst, Bürgerin, sagte jemand am Nebentisch. Keine Angst, wir fahren auch mit.
Und so war sie in dieser Nacht nicht allein. Die lange kurze Sommernacht vom zehnten zum elften Juli, durch die sie mit weit ausgebreiteten Traumschwingen nach Paris flog, verbrachte sie in Gesellschaft fröh-

licher, redseliger Männer, die immer wieder versuchten, sie in ihr Gespräch zu ziehen. Und sie führte eine Art doppelter Konversation, nach innen und nach außen, mit den sichtbaren und mit den unsichtbaren Begleitern. Je weiter die Nacht fortschritt, desto unnachgiebiger fühlte sie sich bedrängt.
Sie wollen mir also nicht verraten, warum Sie nach Paris fahren, sagte ihr Gegenüber.
Was willst du in Paris, sagte Bougon-Longrais, und wie konntest du überhaupt wegfahren ohne Abschied? Und dazwischen noch Barbaroux, wie er sie auslachte: Habe ich Sie nicht gewarnt?
Sie blieb einsilbig, lehnte sich zurück und seufzte auf die Art, wie geseufzt wird, wenn die Belästigungen ein gewisses Maß überschreiten. Sie schloß die Augen. Verzeihung, sagten alle auf einmal und zogen sich zurück. Aber nach kurzer Zeit spürte sie das Nachlassen der Ruhe. Schlafen Sie wirklich? Sie schlafen ja gar nicht! Und so versagte ihr langsam die Müdigkeit ihren Dienst.
Wie hätte ich mich verabschieden sollen? Von dir habe ich mich lange schon verabschiedet. Hast du das nicht gemerkt?
Bougon-Longrais begriff nicht. Was hast du vor? sagte er. Du kommst doch wohl zurück. Ich brauche dich, sagte er, du weißt doch, daß ich dich brauche. Und da mußte sie weinen, als sie ihn das sagen hörte. Ja, antwortete sie ihm, das habe ich immer gewußt.
Ich hatte es ganz vergessen, sagte er. Wie war das möglich, daß ich es ganz vergessen konnte?

Ja, sagte sie unter Tränen, wie war das möglich?
Fehlt Ihnen etwas, sagte ihr Gegenüber.
Nein, sagte sie, mir fehlt gar nichts. Lassen Sie mich in Ruh'.
Da waren sie alle tief gekränkt und ließen vorerst von ihr ab.
Und sie wandte den Kopf weg, lehnte die Stirn ans Fenster und suchte die schwarze Nacht ab nach den Anzeichen einer heimlichen Truppenbewegung. Hohe Baumschatten fegten an ihr vorbei. Manchmal glomm in der Ferne ein Licht auf und schien eine Zeitlang mitzuwandern. Aber dann blieb es zurück. Was sie sah, war nichts anderes als ihre eigene Reise durch die Nacht, ihr Spiegelgesicht im Fenster, wie es mit geisterhafter Geschwindigkeit durch den Raum flog, als sei es schon nicht mehr ein Teil der Welt. Als könne es schon ganz anderen Gesetzen gehorchen. Und in der blauen Morgendämmerung sah sie es langsam verblassen, durchscheinend werden für die Phänomene des Tages, Hügelketten und Waldränder, während es sich mit den Gespenstern der Nacht bei anbrechendem Tageslicht in Nichts auflöste.
Guten Morgen, sagte ihr Gegenüber.
Guten Morgen, sagte Marie, wo sind wir?
Wir werden bald in Versailles sein.
In Versailles, sagte sie. Und da empfand sie zum erstenmal eine Art Schwindel. Die Welt hatte sich über Nacht wirklich verändert. Kurz darauf fuhren sie in das noch schlafende Versailles ein, in dem die rollende Kutsche und die hallenden Pferdehufe das erste Signal

des Tages waren, und während Marie zur Linken, halb verdeckt durch die Köpfe ihrer Mitreisenden und ohnehin durch die Fenster der Reisekutsche kaum auszumachen, die Fassade des Schlosses ahnte, dieses Schlosses aller Schlösser, fern am Horizont eines riesigen Platzes aufragend aus der Geschichte all dessen, was hier geschehen war, leer, verlassen, so verlassen wie sie selbst – da bestand sie gleichzeitig einen heftigen Anfall von Heimweh, und sie sah, daß von jetzt an keine Umkehr mehr möglich war. Nach kurzem Aufenthalt fuhren sie die Avenue de Paris hinauf. Den Weg des Königs in seine Hauptstadt, den er an einem regnerischen Oktobertag vor vier Jahren ohne Wiederkehr antrat, die königliche Karosse langsam rollend wie ein Leichenwagen, am Ende des langen Zuges von Nationalgarden, Marktfrauen und entwaffneten Leibwachen, alle etwas ekstatisch, mit überreizter Wahrnehmung, wie sie nach durchwachten Nächten auftritt, und nur der König gut ausgeschlafen, er war am letzten Abend, den er in Versailles verbracht hatte, rechtzeitig zu Bett gegangen.

So zog sie diesen Königsweg einer großen Niederlage. Aber sie zog in den Sieg. Denn so fand sie am Morgen nach dem Spuk dieser Nacht die Sicherheit ihres Aufbruchs wieder, indem sie daran dachte, daß sie ja an der Spitze eines unsichtbaren Heeres einzog. In einer geheimen Kommandosache war sie ja unterwegs. Und das veränderte alles. Diese breite Allee mit den alten Palais der Hofbeamten zu beiden Seiten – das war ihr Weg. Versailles hatte sich schon ergeben, und die

Armee, die sie selbst war, befand sich jetzt im Vormarsch auf Paris. Die entscheidenden Truppenbewegungen finden frühmorgens statt, während das Volk noch ahnungslos in seinem Schlaf liegt. Getarnt mit grünen Ästen, rücken die Truppen, ein lebender Wald, langsam vor.
Und getarnt war auch sie. Wer sollte sie erkennen? Die beste Tarnung für eine Operation, wie sie sie durchführte: Frau zu sein, jung zu sein, schön. Eine bessere gibt es nicht.
Da saß sie, getarnt mit Schönheit, eingeschnürt in das Mieder ihres Reisekleids mit schokoladefarbenen Streifen. Der schwere Saum gab die Füße in ihren zierlichen Lederschuhen frei, die leicht und spielerisch wippten. Ihren Hut hatte sie abgenommen und trug die etwas zerzausten braunen Locken der Schönheit, die gerade aus ihrem Schlaf aufgewacht ist.
Ich weiß genau, wer Sie sind, sagte ihr Gegenüber, das sich herüberbeugte und vorgab, flüstern zu müssen. Die anderen Fahrgäste schienen sich ihrem Morgenschlaf zu überlassen. Ich habe Sie gleich erkannt, sagte er. Wissen Sie nicht mehr? Es ist ein paar Jahre her, daß wir uns sahen. Sie waren fast noch ein Kind. Und wie schön Sie geworden sind. Ich habe Sie sofort erkannt, als ich Sie in Évreux sah. So schutzlos. So allein. Der Zufall schickt mich Ihnen, Sie zu beschützen. Was für ein Glück. Welch ein Zufall. Sagen Sie selbst, kann das Zufall sein? Nein, nein, sagen Sie nichts –
Sie ahnen gar nicht, wie sehr Sie sich irren, Bürger, sagte Marie.

Es wirkt also tatsächlich, dachte sie. In diesem Kleid meiner Schönheit kann ich tun, was ich will. Nehmen wir an, ich wollte diesen Mann töten. Keine Spur von Gewarntsein, von Vorsicht und Verteidigung. Er würde mir ohne weiteres seinen Hals bieten, nackt. Und mit einer Art Mitleid, einem tiefen Bedauern dachte sie an die vielen Kriege, die geführt worden waren und noch geführt wurden, diesen gewaltigen Aufwand, um einen Feind zu vernichten, dieses erfindungsreiche Aneinanderanschleichen, Sich-Jagen, Sich-Überrennen, Sich-Wunden-Beibringen, diese Bereitschaft zum Leiden und zur Entbehrung, unbegreiflich, die ganze Generationen junger Männer aufbrachten, diese Schübe von Opfermut und irrer, düsterer Begeisterung, das unablässige Mühen um immer wirkungsvollere Maschinerien des Tötens, in dem sich die genialsten Wissenschaftler verzehrten, Tag und Nacht das Verhältnis von Schub- und Explosionskraft berechnend, in bezug gesetzt zu der Menge des Blutes, das vergossen wird, von der Menge der Tränen nicht zu reden, die auch vergossen werden müssen, um einen Krieg zu gewinnen. Und sie begriff nicht, daß niemand darauf gekommen war, wie einfach es auch gehen konnte, außer ihr und der Judith, die am Hotel d'Escoville gegenüber St. Pierre in Caen in Stein gehauen stand, schön, schlank, mit runden Brüsten, die sich deutlich unter ihrem Steingewand abzeichneten, in ihrer Rechten das Schwert haltend und in der Linken den Kopf des Holofernes, ihr Gewand noch gebauscht von einer entschiedenen

Bewegung, die sie gerade gemacht hat. Wie lange war das schon her? Und voller zärtlicher Nachsicht dachte sie an die Männer General Wimpfens, wie sie um diese Stunde irgendwo biwakierten und von der schneidenden Stimme eines Sergeanten geweckt wurden, die Zelte abbrachen, unter verschlafenem Gemurmel ihr Marschgepäck aufnahmen und sich auf den Weg machten, fremd, fremde Wälder durchquerend, nicht wissend, was sie dort suchten, nur hoffend, daß sie eins nicht fanden: ihren Tod. Inzwischen war sie gewiß schon an ihnen vorbei. Wenn ihre Mission gelang, hatten sie nichts mehr zu fürchten.
Und sie würde gelingen. Es würde leichter sein, als sie es sich gedacht hatte. Sie kam doch gut voran. Im Kostüm ihrer Schönheit, diesem perfekten Inkognito, wird man sie überall einlassen. Der Anblick einer Schönen besänftigt und macht gefügsam. Das ist ausreichend erprobt. Türen öffnen sich, Hilfe wird ihr zuteil, bevor sie noch darum bittet. Selbst der Mißtrauischste vergißt alle Vorsicht und läßt die Schöne herein, die nicht nur schön, sondern auch sittsam ist, von einer sittsamen Schönheit, für die noch keine Verteidigung ersonnen ist. Die sittsam Schöne macht wehrlos. Unausdenkbar, was geschehen kann, wenn sie es weiß.
Aber wie soll sie es wissen? Wie sollte sie darauf kommen? Die sittsam Schöne hält ihre Augen niedergeschlagen und blickt in den eigenen Schoß. Dort sieht sie nichts als ihre gefalteten Hände. So ist es recht. Und so nimmt sie die Huldigungen für ihre Sittsamkeit und

ihre Schönheit entgegen. Kaum, daß sie lächelt. Kaum, daß ihre Lider sich heben. Schläft sie? Sie schläft gewöhnlich. Ihr Leben ist gewöhnlich ein tiefer traumloser Schlaf, begleitet von den Gesängen, die sie nur zu gut kennt:
Ich bin nicht wie die anderen. Zu mir können Sie Vertrauen haben.
Die sittsam Schöne lächelt in ihren Schoß. »Die Nacht durch sang er Klagelieder, über denen ich einschlief«, wird sie im Stil der Sittsamen später berichten. Aber dann fährt sie plötzlich aus ihrem Schlaf auf. Kein Kompliment, keine Bitte, kein Antrag konnte sie wekken. Aber dies:
Ich werde Sie nicht allein lassen, wenn wir in Paris ankommen. Jemand muß sich um Sie kümmern.
Da reißt sie ihre Augen auf, löst die gefalteten Hände, die sie abwehrend hochhebt: Das, Bürger, werden Sie nicht! Alle Sittsamkeit hat sie auf einmal verlassen.
Ich will Ihnen nur helfen, sagt der Entgeisterte, der nicht weiß, was geschieht.
Und ich helfe mir selbst, sagt sie. Haben Sie das verstanden?
Schon gut, sagt der Entgeisterte. Beruhigen Sie sich doch, sagt er, indem er versucht, die Schöne wieder in Schlaf zu singen. Die Sittsamkeit hat entschieden auch ihre Tücken.
Inzwischen aber, als sei ein Funke von ihnen übergesprungen, ist die Unruhe unter den Reisenden allgemein. Wo sind wir? Man hörte Stimmen von der Straße her.

Porte de Versailles. Paßkontrolle.
Sie war in Paris!
Ihre Papiere, Bürgerin. Wie aus dem Hinterhalt hatten zwei Gardisten den Wagen gestürmt. Was ist der Zweck Ihrer Reise?
Wie bitte?
Was wollen Sie in Paris?
Und sie gab ganz ruhig Auskunft. Ich bin gekommen, um Marat zu töten. Das wird sie fünf Tage später ebenso ruhig auf dieselbe Frage, die man ihr noch einmal stellen wird, antworten, ihren Blick unverhüllt auf den Fragenden gerichtet. Da war sie längst enttarnt. Jetzt aber sah sie noch in der Art der sittsam Schönen an sich nieder und nickte leicht mit den Fußspitzen, während sie die geforderten Erklärungen abgab. Untadelig saßen ihr Mieder und die Frisur, auf die sie den Provinzlerinnenhut gedrückt hat. Ihr Paß war genauso makellos wie ihr Lächeln. Kein Grund zur Beanstandung. Die Bürgerin durfte passieren. Und so hatte Paris sie in seinen Mauern. So einfach kann das sein, Herr General.
Inzwischen stand die Sonne schon hoch am Himmel, und es begann wieder einer dieser strahlenden Julitage, ein Tag in diesem Sommer, der unvergänglich schien, eine unendliche Kette wolkenlos blauer Sommertage, einer dem anderen vollkommen gleichend wie in der Ewigkeit, gnadenlos heiß und herrlich, als wenn es nie wieder anders sein würde, ein endgültiger Stillstand der Jahreszeiten. Die Wechselfälle der Witterung schienen für immer besiegt und eingemündet in

den vollendeten Sommer, wie er manchmal im Juli herrscht. Irgendwann einmal kommt ein gewaltiges Gewitter.

Haben Sie das gehört?
Ja, sagte Jean Jacques Hauer, das ist noch sehr weit weg.
Aber selbst in den dicken Mauern der Conciergerie hörte man, daß draußen Wind aufgekommen war, eine Unruhe, die nicht nur in der Luft lag, auch in den Schritten und Stimmen, die plötzlich auf allen Seiten zu sein schienen, wie vom Wind aufgewirbelt, ein Kommen und Gehen und Rufen, als gelte es, sich vor dem Unwetter zu retten, das offenbar im Heraufziehen war, und einen Moment lang schien es, als wollten beide, der Maler und sein Modell, aufspringen und hinauslaufen, aber sie blieben sitzen, indem sie sich beide sagten, daß ja nichts mehr zu retten war.
Jetzt dauert es nicht mehr lange, sagte Marie. Sind Sie fertig?
Die Frage traf Jean Jacques Hauer, als sei er es, dessen Hinrichtung bevorstand. Ich werde fertig sein, sagte er. Aber im Augenblick saß er untätig, unfähig, etwas zu tun. Ein Gefühl beschlich ihn, als sei er mit ihr das Opfer eines Irrtums geworden, als habe man sie vergessen, ja, als habe sie längst schon die Schwelle zur Ewigkeit übertreten, und er mit ihr, für immer in diesem Raum eingeschlossen, ihre Geschichte anhörend, sie malend, ein ewig unvollendetes Bild, mit dem er nie an ein Ende kommen wird – war das nicht seine

Strafe, die immer schon auf ihn gewartet hatte, in alle Ewigkeit weiter malen zu müssen –, er horchte, ob er nicht Schritte zu seiner Erlösung nahen hörte. Er war versucht zu rufen, wie man in schweren Träumen rufen will, und man ruft auch, aber es gibt keinen Ton.

Ich glaube, sagte sie plötzlich, man hat mich vergessen.

O nein, sagte er, das glaube ich sicher nicht. Und erschrak, wieviel falschen Trost er in seine Stimme gelegt hatte. In diesem Augenblick hörte man den ersten Donner.

Sie werden warten, bis das Gewitter vorüber ist, sagte er, und eine Zeitlang lauschten sie auf den nächsten Donnerschlag, die nächsten Sturmböen, als enthielten sie die Botschaft, die zu entschlüsseln war. Es kommt näher, sagte er.

Ich weiß, sagte sie. Ich bin froh, daß Sie da sind.

Draußen krachte und stürmte es jetzt, aber im Innern, hinter den gewaltigen Mauern, in denen Charlotte Corday mit Jean Jacques Hauer saß, geschah etwas wie ein Zusammenrücken, als Zunahme der Wärme wahrnehmbar, mit der der Maler sein Modell ansah und das Modell seinen Maler.

Ich bin froh, daß Sie da sind, sagte es, und der Maler fühlte sich plötzlich herausgehoben aus der unendlichen Menge von Malern, denen das nicht widerfahren war. Nicht von Malern, von Männern. Er wußte gar nicht, was er erwidern sollte. Und wie das oft geschieht, rettete er sich in eine verschämte Zärtlichkeit, die allerdings nur dem Bild und nicht dem Modell zuteil werden konnte: Er nahm nämlich ihr Haar, das braune, kastanienfarbene Haar, das nur wenig später zu Boden fallen würde, abgeschnitten von der Schere des Scharfrichters, die in dem Augenblick, wenn sie in seiner Hand aufblitzt, ein grausames, verfrühtes Hinrichtungsschwert zu sein scheint, ein Folterinstrument, angewandt ohne Gnade und einen Schmerz zufügend, der darin besteht, zu zeichnen und zu entwürdigen – dieses Haar, das sie jetzt noch unter ihrer Haube trug, nahm er und legte es dem Bildnis über die Schulter, leicht gelockt, sanft gebreitet. So blieb es ihr doch erhalten.

Und sie sah es nicht, aber sie spürte etwas von der Rückkehr des Eifers, mit dem er sich dem Bild zuwandte. Ich bin Ihnen sehr dankbar, sagte sie, bevor es dazu zu spät war.

In Sturm und Nacht und Gewittern geschieht es manchmal, daß Fremde eine Zeitlang zu Gefährten werden, die das Gefühl miteinander teilen, gerettet zu sein, vorübergehend und flüchtig. Denn gerettet ist man ja immer nur kurz. Es ist die Nähe und nicht die Entferntheit des Todes, die das Gefühl der Geborgenheit gibt. Und während draußen der Sturm tobt, werden drinnen Geschichten erzählt. Das hilft. Alle Geschichten handeln ja von einer wundersamen Errettung: wie es dem, was geschehen mußte, wirklich gelang zu geschehen.

Diese alte Geschichte der Überwindung von Hindernissen, die sich zu wahren Gebirgen auftürmen: die weite Reise, die Fremde, Gefahren für Leib und Leben,

Feinde, die es genug gibt und die sich in den Weg stellen – all das meistern die Helden, weil sie es einfach geringachten und all die Kämpfe auf Leben und Tod im Innern ausfechten, wo es nur einen einzigen Feind gibt: die Angst, die immer wieder besiegt wird, niedergehalten und neu besiegt, wenn sie aufsteht.

Und dann erscheint auf einmal ein Hindernis, mit dem niemand gerechnet hatte: kein Feind. Nein, ein Bewunderer. Keine Gefahr. Eine Chance. Einer, der sagt: Sie gefallen mir. So eine wie Sie habe ich schon lange gesucht. Und dieses Hindernis, unvorhersehbar, auf das sie durch keine ihrer vielen Tapferkeitsübungen vorbereitet war, trifft ausgerechnet die Heldin. Kein Anschlag auf ihr Leben findet statt – damit hat sie ja gerechnet, das weiß sie ja aus den Abenteuergeschichten der Helden, daß das geschehen wird. Nein, ein Anschlag ganz anderer Art wird verübt, dem mit Tapferkeit gar nicht begegnet werden kann. Aber wie? Im Augenblick ihrer Ankunft am Schauplatz der Geschichte macht man ihr einen Heiratsantrag. Werden Sie doch die Meine!

O nein, bitte nicht jetzt.

Da hat sie gerade den Fuß auf das Pflaster von Paris gesetzt. Sie verläßt eben die Kutsche im Hof des Bureau des Messageries, Rue des Victoires, indem sie sich auf die dargebotene Hand stützt, nicht ahnend, was ihr damit zugleich widerfährt. Wohin die Schönheit führt. Wohin sie auch führen kann. Statt Paris zu erobern (und nichts Geringeres ist ihre Absicht), erobert sie einen Mann, der sich ihr in den Weg stellt,

indem er seinen Schatten auf sie wirft und bis zum Himmel ihr ganzes Blickfeld verdunkelt. Keine Angst. Keine Unsicherheit mehr. Keine Gefahr. Kein Alleinsein. Ich will Ihr Beschützer sein, sagt er.
O nein. O nein, bitte nicht.
Und, sagte Jean Jacques Hauer, der ja mit ihr im Bunde sein darf, weil er sie doch nicht halten kann außer als Bild, und was taten Sie?
Draußen tobte das Gewitter. Als wenn es sich nicht über, sondern mitten in Paris entlüde, nah bei der Conciergerie, wo Hauer und sein Modell jetzt beinah im Dunkeln saßen, nur hin und wieder flammte ihr Gesicht im weißen Licht eines Blitzes vor ihm auf und war Gestalt und war Bildnis und schien ihm beides zugleich zu sein.
Es war nicht leicht, sagte sie. Denn die Beschützer sind sicher, daß sie uns auch vor uns selber beschützen. Je heftiger wir uns sträuben, desto sicherer sind sie, daß sie gebraucht werden. Komm, sagt der Beschützer, komm, du mußt mir nur folgen, und dann wird alles gut werden. Sehe ich aus, als wenn ich dir etwas zuleide tun wollte? Nein, sagt das Mädchen, das nicht. Siehst du, sagt er, und nimmt das schon für den halben Sieg. Ich will aber nicht! sagt sie, und indem sie sich losreißt und davonläuft, hört sie ihn fassungslos fragen: Aber was willst du denn?
Ein Blitz erhellte die Zelle.
Sie sind sehr schön, sagte Hauer. Wenn ich Ihr Reisebegleiter gewesen wäre, hätte ich Sie bei der Ankunft auch nicht einfach gehen lassen. Nein, ich hätte ver-

sucht, Sie festzuhalten. Ich wäre Ihnen gefolgt, wohin Sie immer gegangen wären. Ihnen wäre nichts geschehen. Wenn ich Sie eher gekannt hätte – und ihm war, als sähe er sich hinter ihr herlaufen, die Rue des Victoires entlang, wo er sie immer wieder aus den Augen zu verlieren drohte im Gewühl der Passanten, ihr weißes Schultertuch auftauchend und verschwindend, und ihre Haube bald nicht mehr unterscheidbar von anderen Hauben, die ihm vor Augen tanzten, während er schon zurückfiel, immer schwerer ankämpfend gegen den Strom der Menge, die sich heranschob und ihn abdrängte. Er hörte jetzt auch die Schritte, die unweigerlich näher kamen, feste, eilige Schritte.

O nein, bitte nicht jetzt,

und er machte noch einen Versuch, sie zu übertönen, indem er weitersprach, hastig, so laut wie möglich. Wenn ich Sie eher gekannt hätte, wäre das alles nicht passiert. Ich hätte Sie gern gerettet, wollte Hauer noch sagen,

aber da ging die Tür auf, und sie sagte nur: Schon?

Monsieur Sanson war kein Schlächter. Er war auch keiner von den lichtscheuen Gesellen, die hier und da auf dem Lande das Amt des Henkers versehen. Er war Monsieur de Paris. Zu den Hinrichtungen trug er sich immer sehr korrekt. Schmaler Rock, Weste und Zweispitz und enge, dunkle Culottes. So kam er mit der Würde eines Arztes daher, der bei einer Patientin Visite macht, und etwas von der gezwungenen Herablassung eines Arztes war in seinem Verhalten, wie umgekehrt im Verhalten des Arztes etwas von der

Unerbittlichkeit des Henkers ist. Sie müssen beide berühren, ohne berührt zu sein. Sie arbeiten an der Grenze, die Tod und Leben trennt, und wissen beide, wie haarscharf sie verläuft. Ja, es gab sogar Zeiten, als die Henker auch Ärzte waren, heimlich Heilkundige, die zum Tod und zum Leben hinüberhalfen, je nachdem, was angesagt war. Monsieur Sanson war dagegen viel zu beschäftigt, er stand zu sehr im Licht der Öffentlichkeit, um sich solchen Zweideutigkeiten zu überlassen.
Bei dieser düsteren Visite war er von einem Helfer begleitet, dem jungen Sanson, der unter seiner Anleitung den Beruf seiner Väter erlernte, denn die Sansons waren seit Generationen Scharfrichter, und ihre Frauen entstammten anderen großen Scharfrichterfamilien, den Deiblers, den Desfourneaux, so daß sich mit den Zeiten nicht nur das Amt vererbte, sondern auch eine gewisse Eignung dafür, die nicht allein in der Stärke ihrer Muskulatur bestand, ihrer physischen Robustheit, sondern auch in der Robustheit ihrer Seelen. Seit zwei, drei Generationen war schon niemand von ihnen mehr wahnsinnig geworden. Keiner hatte versucht, seinen Hals unter einen Mühlstein zu legen oder sich öffentlich zu geißeln. Vor und nach den Hinrichtungen betranken sie sich nur mäßig. So war die Guillotine für den gegenwärtigen Sanson etwas wie die Erfindung der Pflugschar für die Bauern gewesen, die den Grabstock ablöste und erst eine systematische Bebauung des Bodens ermöglichte. Es kam nicht mehr auf die Kraft an und das Augenmaß. Jedes Kind hätte ja

den Zug betätigen können, mit dem das Messer sich lösen ließ, so daß es mit der Wucht seiner Schwerkraft herabsauste. Und auch für das Gewissen, die robuste Moral der Sansons, schien mit fortschreitender Technik alles leichter zu werden, denn wie kann man für etwas, das sozusagen von selbst geschieht, noch in demselben Maße verantwortlich sein, wie es der Täter einer Tat ist? Und trotzdem wirkte Sanson in letzter Zeit etwas angestrengt und überlastet. Er war nervös, was er früher nicht gewesen war. Er war ein Opfer des Fortschritts, der mit dem Wachstum der Möglichkeiten und der Verringerung der Mühen die Reizbarkeit, den Kopfschmerz und die Schlaflosigkeit gebracht hat, diese seltsame, unerklärliche Auszehrung der Kräfte, die man Nerven nennt und die mit der Erfindung des Fortschritts überhaupt erst entdeckt werden mußten. Nach Ablauf eines Jahres würde Sanson pensionsreif sein. Man sah es ihm schon an.

Aber so sehr sein Metier sich auch verändert hatte, seitdem auf Guillotine umgestellt worden war – in der Phase der Vorbereitung für die Hinrichtung kam doch noch alles auf ihn an, auf seine Hand, seine Stimme, auf die Art, wie er sich den Verurteilten näherte. Es gab Henker, bei deren Anblick allein die Opfer in starre Krämpfe fielen, verrenkte Scheintote mit gräßlich verdrehten Augen, an denen die Vollstreckung nur als groteskes Debakel möglich war, von dem die Zuschauer sich enttäuscht und angewidert abwandten. Monsieur Sanson dagegen besaß die Fähigkeit, Vertrauen zu erwecken, die von der Arzt-Aura seines

Berufes herrührte. Die meisten seiner Opfer ließen sich widerstandslos von ihm anfassen. Und er vertraute auf dieses Unwägbare an sich selbst, wenn er die Todeszellen betrat, in denen die Delinquenten auf ihn warteten wie auf den Tod persönlich. Es war kein Knochenmann. Es war Monsieur Sanson. Und so sah er vergleichsweise immer noch gut aus.

Ich bin es nur, schien Monsieur Sanson zu sagen, als er auf die Verurteilte zuschritt, sehe ich aus, als wenn ich Ihnen etwas zuleide tun wollte?

Sehe ich aus, als wenn ich mich vor Ihnen fürchtete, sagte Charlotte Corday.

In Wirklichkeit fand eine kurze und förmliche Begrüßung statt. Und dann erlebte Sanson, was ihm in seinem ganzen Berufsleben noch nicht passiert war. Wir müssen, sagte Monsieur Sanson wohl gewöhnlich, Ihre Frisur etwas ändern. Sie werden verstehen. Und dann griff er zur Schere, während sie selbst, sofern sie dazu fähig war, ihre Haube abnehmen und ihr Haar lösen mußte.

Und das tat sie. Soweit war diesmal alles nach Plan verlaufen. Doch dann fühlte Sanson viel zu spät, wie ihm etwas aus der Hand genommen worden war. Nicht nur die Regie des Ganzen, seine Vollmacht, mit der er den Ablauf der Ereignisse von jetzt an steuern würde, nein, sogar seine Schere, die einzige Waffe, die er bei diesem ersten Treffen trug, war ihm von ihr entrissen worden, so schnell, so überraschend, daß er nichts mehr dagegen tun konnte, und es war unausdenkbar, was alles hätte geschehen können in diesem

Augenblick seiner mangelnden Wachsamkeit und unverzeihlichen Schwäche. Sanson war starr vor Schrecken – und dann geschah nichts weiter, als daß sie sich, bevor noch irgend jemand eingeschritten war, eine Locke abschnitt und sie zugleich mit der Schere, die sie in Monsieur Sansons beinah zitternde Hände legte, Jean Jacques Hauer gab:

Ich möchte Ihnen danken, sagte sie. Vergessen Sie mich nicht.

Er würde sie nie vergessen.

Bald darauf hatte sie sich so überraschend gewandelt, daß diese sanfte und helle, junge Frau, deren Porträt er gemalt hatte, schon Erinnerung war, schon Bildnis und Gedächtnis.

Ihr kurzes Haar stand im Nacken weit vom Kopf ab. Es war mit ein paar schnellen Schnitten abgetrennt, und wie vor lauter Entsetzen über seine Mißhandlung stellte es sich zu der wüsten Scharfrichterfrisur auf, die die verurteilten Frauen der Lächerlichkeit preisgibt und das Mitleid für sie dämpft. Auch trug sie nicht mehr das helle Kleid, in dem er sie gemalt hatte, sondern sie hatten darüber ein rotes, langes Gewand gestreift, das Schandkleid der Vatermörder, was als Teil der Obsequien für Marat zu verstehen war, der tags zuvor unter großer Beteiligung aller Abgeordneten, Vertreter der Sektionen und des Volkes von Paris im Garten der Cordeliers in einem eigens und rasch gebauten Mausoleum beigesetzt worden war, nachdem man ihn in der Kirche der Cordeliers für ein paar Stunden zum großen Defilee aufgebahrt hatte. Vater

des Vaterlandes war er, und sie trug dieses Kleid zu Ehren seiner Unsterblichkeit.
Sie schien es aber zu Ehren der eigenen Schönheit zu tragen. Und als sie nach der Haube griff, die auf dem Tisch lag und sie sich ohne alle Umstände auf den Kopf setzte, als mache sie sich zum Ausgehen fertig, verbot Sanson ihr das nicht, obwohl es zwar nicht ausdrücklich gegen die Vorschrift, aber durchaus unerwünscht war, die verunstaltete Schönheit auf solche Art wiederherzustellen. Er zog den Strick aus der Tasche, mit dem er ihr die Hände im Rücken band, und sie bat ihn, ihre Handschuhe anziehen zu dürfen. Denn sie hatte seit Tagen schon aufgerissene Gelenke, und jede neue Fesselung quälte sie.
Selbstverständlich, sagte Sanson und fesselte sie behutsam.
Wirklich, sagte sie, Sie sind sehr rücksichtsvoll.
Sanson verbeugte sich. Genau darin bestand seine Professionalität.
Es wurde still in der Zelle. Nur von der Cour du Mai her ertönte jetzt ein Brausen, das an- und abschwoll wie Sturmböen. Das Unwetter war einstweilen vorübergezogen. Es war der Lärm, den die Menge machte, die draußen auf die Verurteilte wartete. Und Jean Jacques Hauer hörte, wie er sich jetzt seinem Höhepunkt näherte. Er wußte, was dort geschah. Doch er saß reglos und fühlte ihre Augen auf sich gerichtet, ruhig, ohne das geringste Ausweichen, so daß auch ihm nicht erlaubt war auszuweichen. Ja, er hielt ihrem Blick stand und spürte gleichzeitig etwas von dem

Spott, mit dem sie ihn die ganze Zeit schon verunsichert hatte. Lächelte sie? Sie machte sich doch nicht lustig über ihn? O nein, das war vorbei. Sie sah eher voller Mitleid ihren Maler an. Als sei nicht sie es, die ihn verlassen mußte, sondern er, der sie verließ, um nie mehr wiederzukehren. Bleib doch, sagte sie, aber du kannst ja nicht bleiben. Komm doch mit, sagte sie, aber du willst ja nicht. Er war schon lange allein.
Er war allein mit dem Bildnis, als säße er bei der Toten, als sei nun unvermittelt die Ewigkeit angebrochen, während er noch ein Lebender war. Wie lange saß er schon in der verlassenen Zelle? Und plötzlich fiel Jean Jacques Hauer ein, daß auch er nicht bleiben konnte. Er packte hastig sein Malzeug weg, schloß die Tiegel, wickelte seine Pinsel in ein Stück Tuch, ohne sie auszuwaschen, deckte vorsichtig das Bild ab und nahm es unter den Arm, während er seine Tasche mit Malzeug über die Schulter hängte. So trat er ins Freie.

Ab jetzt war Jean Jacques Hauer in einen fremden Traum eingetreten. Ein Traum, der nicht von ihm selbst geträumt wurde, sondern von ihr. Er kannte diesen Traum wieder, als sei er ihm schon geschildert worden. Doch er übertraf alles, was er von ihr gehört hatte.

Es war ihr letzter Traum

der vom vollendeten Leben, aus dem sie nicht mehr aufwachen sollte. Der freie Fall ihres Traumflugs hat schon begonnen. Die Arme, die sie sonst immer als

Flügel ausgebreitet hat, sind ihr im Rücken gebunden. Diesmal wird sie zerschellen.
Es war ein Traum von großer, nie geahnter Farbigkeit, den Jean Jacques Hauer jetzt sah – nein, in dem er vorkam. Er war der Mann, der das Bild trug. Schwer und sperrig drückte ihn diese Last eines verhüllten Abbildes, dessen Ähnlichkeit er von Minute zu Minute abnehmen fühlte. Sie glich ihm kaum noch. Am Ende würde sie ihre vollkommene Unähnlichkeit mit dem Bild enthüllen. Das war eine der Botschaften dieses Traumes. Schon jetzt war sie von einer so düsteren Leuchtkraft, daß Hauer spürte, wie das pastellfarbene Mädchen, das er gemalt hatte, auf seiner Leinwand verblaßte.
Die Luft war nach dem Gewitter von einer grüngoldenen Helligkeit, die ihre wechselnden Lichter warf. Denn es zogen immer noch Wolken über die Stadt, und irgendwo bei der Vorstadt St. Antoine kam wieder eine dunkle Unwetterfront auf, so daß die Atmosphäre klar und gereinigt war, aber sich gleichzeitig wieder auflud zu neuen Gewittern.
Hauer atmete tief, als sei er selbst im Gemäuer der Conciergerie ein Gefangener gewesen, dem es erst jetzt möglich war, die Lungen wieder zu füllen. In den Gefängnissen ist die Luft immer verpestet. Und er sah, wie auch sie sich das Glück, tief zu atmen, erlaubte. Ihre Brust hob und senkte sich, was durch die rückwärts gebogenen Arme ganz unverborgen blieb, und befeuert durch dieses herrliche Schauspiel bei rasch wechselnder Beleuchtung, in der sie aufflammte,

erlosch und wieder aufflammte und ihr Gesicht im Widerschein der Abendsonne und ihres blutroten Kleides glühte, befeuert durch diesen Anblick von einer großen und unerträglichen Schönheit, brachen die Frauen, die sich auf der breiten Treppe vor der Galerie Marchande drängten, in lautes Rufen aus, in das immer mehr einfielen, Mörderin, riefen sie, Hure, und Jean Jacques Hauer merkte, daß auch sein Mund offenstand, ohne daß etwas herauskam.

So schien sie in dem wilden Tumult, der sie umgab, in all der wüsten Bewegung auf der Erde und am Himmel das einzig Ruhige und Stille zu sein, wie sie hochaufgerichtet auf dem Wagen stand, als stände sie auf der Bühne, weit sichtbar, hinausgehoben über die Köpfe der Menge und unberührbar, wie es eine Gestalt auf der Bühne ist, wieviel Bewegung und Leidenschaft sie auch erregt. Sie hatte sich geweigert zu sitzen, wie es sonst der Brauch ist. Sie blieb hinter der Bank stehen und stützte nur ihre Knie dagegen. Es war eine Art Leiterwagen, wie sie die Stellmacher auf den Dörfern zimmern. Wer jemals eine Fuhre Heu oder Getreide begleitet hat, weiß, welche Stöße auf solcher Fahrt zu ertragen sind. Und ihre Fahrt würde lang sein. Wie soll sie das durchhalten, dachte Hauer.

Kurz darauf fand er sich eingekeilt in die dichte Menschenmenge, die ihr folgte. Der Wagen hatte sich langsam in Bewegung gesetzt. Von da an galt seine Sorge dem Bild, das er unter dem Arm trug. Es war noch feucht, und er durfte nicht zulassen, daß es verwischt wurde. Er hielt es ganz behutsam, nicht zu dicht an seinem Körper, und wenn er gestoßen wurde, stieg dieser Zorn in ihm hoch, den unerwünschte Berührung auslöst. Am liebsten hätte er um sich geschlagen, aber er mußte das Bild halten. So blieb er etwas zurück. Und er verlor den Wagen aus dem Blick, als er auf den Pont au Change fuhr. Doch er hörte die Rufe aus den Fenstern der Brückenhäuser: La voilà! La voilà! Das war das Signal, das ihr auf ihrem Weg vorauseilte und wiederkehrte und wieder ein Stück vorauseilte, den Quai de la Mégisserie entlang, die Rue St. Honoré, la voilà, la voilà. Bis sie am Ende auf der Place de la République sein wird, wo sie der Tod und die Menge schon erwarten und sie laut nach ihr rufen werden, so daß es beinah Gesang ist, ein Hymnus, ein Gebetsruf, in den sie alle einstimmen, um die leibhaftige Erscheinung herbeizuzwingen. Da kommt sie. La voilà.

Aber noch hatte sie diesen langen Weg vor sich, ihren Weg durch Paris. Denn sie war jetzt erst wirklich in Paris angekommen. Dieses war der Empfang, den die Hauptstadt ihr schuldete. Den sie ihr bei der Ankunft vor sechs Tagen schuldig geblieben war, als sie, eine junge Frau von etwas ländlichem Aussehen, in Paris ausstieg, atemlos von der Flucht vor einem lästigen Verehrer das Hotel de la Providence suchte, Rue des Vieux Augustine, das man ihr bei der Poststation empfohlen hatte, Appartements à tous prix. Niemand hatte sie beachtet. Außer denen, die jede junge Frau beachten, die an ihnen vorbeigeht. Und im Hotel hatte sie wieder etwas gespürt von der Herablassung, mit der sie empfangen wurde. Ganz allein in Paris? Ja, allein.

Und sie war auch zu naiv. Gott, diese Mädchen vom Lande sind so direkt in der Weise, wie sie auf ihre Ziele zugehen, so ganz ohne Raffinesse. Überhaupt dem Hoteldiener beim Beziehen des Bettes zuzuschauen, wie sie es getan hatte, und ihn sofort zu fragen: Was sagt man über Marat?
Er ist beliebt bei denen, die patriotisch gesinnt sind, nicht bei den Aristokraten, will der Garçon geantwortet haben. So hatte er es bei seiner Zeugenvernehmung zu Protokoll gegeben. Aber das diente wohl eher dem Beweis seines eigenen Patriotismus. In politischen Prozessen ist jeder Zeuge ein Angeklagter, und er weiß es, wenn er den schmalen Grat zwischen Zeugenschaft und Rechtfertigung der eigenen Person betritt. Was hatten Sie im Umfeld dieses Verbrechens zu suchen? Die Frage klingt in jeder Frage der Richter mit.
Man würde das auch Duperret fragen, den sie aufgesucht hatte und der zweimal im Hotel de la Providence war.
Was hatte der Abgeordnete Duperret mit ihr zu tun?
Und er würde beteuern, daß er sie nicht gekannt hatte, bis sie zu ihm kam und ihm Bücher und einen Brief von Barbaroux brachte.
So? Von Barbaroux?
Barbaroux war sein Freund. Jeder wußte, daß er mit ihm befreundet war.
Ach, das war interessant.
Ja, er wurde gebeten, der jungen Dame behilflich zu sein.
Behilflich? Wobei behilflich?

Er sollte sie beim Minister des Inneren einführen. Es ging um die Pension einer Freundin der jungen Dame, einer ehemaligen Klosterschülerin.
An dieser Stelle erlaubte sich der Ermittlungsbeamte ein Lächeln. So? sagte er, ging es nicht vielmehr um eine Verschwörung? Ging es nicht um ein abscheuliches Attentat? Um die Ermordung Marats?
Nein, sagte Duperret. Nein, davon wußte ich nichts.
Und? Was wollten Sie von ihr, als sie zu ihr ins Hotel gingen?
Ich holte sie zum Besuch beim Minister ab.
Und? Wurden Sie empfangen?
Nein, das wurden wir nicht.
Danach suchten Sie sie ein zweites Mal auf.
Um ihr zu sagen, daß ich ihr nicht mehr nützlich sein könne. Ich wurde ja am Tag darauf schon verhaftet.
So ein Zufall, sagte der Ermittlungsbeamte. Kontakte zu den Verschwörern im Calvados und Kontakte zur Täterin, die eindeutig im Auftrag der Verschwörer gehandelt hat. Wie wollen Sie das erklären?
Duperret war verloren.
Und Hauer spürte, indem er sich seinen Weg im Gedränge erkämpfte, wie sein Zorn auf sie wuchs, wenn er an Duperret dachte, an die Gleichgültigkeit, mit der sie ihn vernichtet hatte. War das nötig? Hatte sie das nicht gewußt, als sie am Tag ihrer Ankunft in Paris noch zu Duperret ging, wo ihr seine zwei Töchter die Tür aufmachten, kichernde junge Mädchen, Papa ist im Konvent, und sie neugierig ansahen: Die kommt sicher vom Lande. Was will die hier? Und sie gleich

wieder vergaßen. Am Abend lag dann das Bücherpaket da, als der Abgeordnete heimkam. Wer hat das abgegeben? Und schon war er nicht mehr zu retten. Warum tat sie das?
Hauer versuchte, sich ihre Einsamkeit in Paris vorzustellen. Dieses Gefühl des Ausgeliefertseins, wie es einen in großen fremden Städten befällt, wenn man in ihnen allein ist. Dieses Gefühl einer fortschreitenden Zersetzung, bis man nur noch den Wunsch hat, sich aufzugeben und in den Labyrinthen dunkler Gassen zu verlieren, leichte Beute für Taschendiebe und Mörder. War es ihr so ergangen? Hatte sie Duperret gebraucht, um sich zu vergewissern, daß sie gekommen war, um etwas zu erledigen, etwas nachweisbar Gutes und Unverdächtiges, indem sie sich an die einzige Kontaktperson wandte, die sie in Paris hatte? Und wußte sie überhaupt schon, was sie tun würde? Wann hatte sie sich entschieden, Marat zu töten? In Paris? Schon in Caen? Immer schon? Oder erst, als sie ihn vor sich sah, fast nackt in seiner Wanne, die ihn bis zur Brust umschloß, eine feste Umhüllung, die Teil seines Körpers zu sein schien, als sei er so geboren, ein sehr seltenes Wassertier, eine Muschel, die unvorsichtigerweise halb geöffnet ist, eine gepanzerte Kröte, die ihren Hals zu weit vorgestreckt hat und ihn einziehen wird, sobald sich etwas regt. So mußte sie behutsam sein. Das Mißtrauen der Schalentiere mußte sie in ihm besiegen. Die Namen, sagte er, und sie begann: Larivière, Gorsas, Pétion, Buzot, Barbaroux, und er schrieb, als verleibe er sich eine Nahrung ein, als sei

Schreiben die Weise, in der ihm von der Natur aufgetragen war, sich Nahrung einzuverleiben, indem er sie sich in Form von schwarzer Tinte anverwandelte, er schrieb auf einem Brett, das quer über die Wanne gelegt war, weiter, sagte er schreibend, sie werden guillotiniert werden, und sie fuhr fort, Valady, Kervélégan, Guadet, und sie kam an die Namen der Regierenden des Calvados, Lévêque, Bougon-Longrais – war es da? War es da erst, daß sie sich entschloß zu töten, im Augenblick, bevor sie es dann tat?
Hauer hätte sie fragen können. Vor einer Stunde noch hätte er sie fragen können. Sie hätte es ihm gesagt, freimütig, wie sie alle Fragen beantwortet hatte. Er wußte viel über sie, mehr als sonst irgend jemand. Aber er hatte vergessen, ihr die wichtigste Frage zu stellen, die eine, auf die es ankam.
Es war vorbei. Sie konnte es ihm nicht mehr sagen.
Hauer sah sie weit vorne auf dem Wagen stehen im Gegenlicht des glutroten Abendhimmels über Versailles – St. Denis, an dem ihr rotes Gewand sich zu entzünden schien, umlodert von diesem Feuer sah er sie, während sich eine neue Gewitterfront aus dem Osten herandrängte, die bald schon ihren Schatten auf sie werfen würde, und Hauer hatte den Wunsch, sie noch einmal von nahem zu sehen, noch einmal ihr Gesicht. Und so kämpfte er sich den Quai de la Mégisserie entlang, links das Seine-Ufer, gesäumt von all den Kähnen, die dort festgemacht lagen, den freien Blick auf die Ile de la Cité, von rechts bedrängt durch die Menge, die, dichter werdend, dem Wagen folgte. Er

kam nur langsam voran, zumal er ja das Bild schützen mußte, diese Last, die er trug und die es ihm schwermachte, sich ihr zu nähern. Manchmal hätte er es gern einfach irgendwo abgestellt. Aber das durfte er ja nicht.

Als er endlich den Wagen eingeholt hatte, bog er schon in die Rue Honoré ein, vormals St. Honoré. Es fielen eben die ersten schweren Tropfen. Die Menschen flüchteten in Torbögen und Hauseingänge, so daß sich das Gedränge lichtete und Hauer ohne Mühe vorankam und sie überholte.

In Höhe der Rue d'Orléans drehte Hauer sich um. Gleichzeitig trat er ein wenig zurück in den Hausschatten, um unsichtbar zu sein. Ja, er hatte auf einmal Angst, von ihr gesehen zu werden. Es passierte ihm manchmal, daß er sich zu weit vorgewagt hatte und plötzlich ganz ohne Deckung ausgeliefert war. Es geschah in seinen Träumen. Dann war er wie ein Tier auf einem Fluchtweg, der rückwärts führte, bis zum Eingang einer Höhle, in der er sicher war. So drängte Hauer sich jetzt mit dem Rücken zur Hauswand, Ecke Rue Honoré/Rue de Grenelle.

Wer ist es, fragte auf einmal jemand, der neben ihm stand, ohne daß er ihn bemerkt hatte. Und bevor er noch etwas erklären konnte, hörte er sich ganz schnell sagen: Ich kenne sie nicht.

Es ist die Mörderin Marats, sagte ein anderer, jeder kennt sie.

So, sagte Jean Jacques Hauer. Und da sah sie ihn an. Und als sie schon vorbei war, stand er immer noch dort. Er stand im Regen mit seinem Bild, das er an sich gepreßt hielt. Hatte sie ihn gesehen? Er war nicht sicher. Er wußte nicht einmal mehr, ob sie sich überhaupt zur Seite gewandt hatte, als sie an ihm vorbeikam. Und indem er versuchte, sich diesen Augenblick zu vergegenwärtigen, sah er nichts als eine Statue, die unbewegt, nur leicht schwankend, durch die Straßen getragen wird. Ja, eine Prozession sah er. Der heiligen Statue, obwohl geradeausblickend, bleibt nichts verborgen. Sie sieht durch Wände. Vor allem sieht sie in Herzen und spürt darin die Sünde und die Feigheit auf. Aus fernen Zeiten, in denen er einmal dem Aberglauben der Religion anhing, fühlte Hauer den Wunsch, sich zu bekreuzigen, dem er zum Glück widerstand. Ich bin einfach überanstrengt, dachte er, das alles nimmt mich mehr mit, als ich geglaubt hatte. Ich könnte nach Hause gehen, dachte Hauer. Warum ging er nicht einfach nach Hause? Doch dann sah er sie, aufrecht, unter den Stößen des Wagens schwankend, ihre Hände im Rücken. Und als man weiter vorne Spottlieder auf die Gironde sang, au diable les Buzot, les Vergniaud, les Brissot, und anfing, die Carmagnole zu tanzen, schien sie sich leicht im Rhythmus mitzuwiegen, ihr Hinundherschwanken paßte sich ihm langsam an. Hauer traute den Augen nicht. Aber es war so.

Und dann merkte er plötzlich, daß er selber im selben Rhythmus ging und daß er schon lange nicht mehr selbst bestimmte, was er tat. Er folgte einfach. So tanzten sie miteinander, die Müßiggänger der Seine-

Quais, Passanten, die vorbeikamen und sich wie zufällig einreihten in den Zug, Kinder, die unbemerkt ihren Müttern abhanden kamen, berittene Gardisten, die hier und da aus der Menge aufragten, als trieben sie auf den Pferdeleibern im Strom, Bettler, auf die niemand achtgab, wenn sie mechanisch die Hände ausstreckten, Limonadenverkäufer, Schuhputzer, Handwerker, die auf dem Heimweg von ihrer Arbeit vergaßen, daß sie hungrig nach Hause wollten und sich dem Zug anschlossen, Liebespaare, die sich ohne Blick füreinander an der Hand hielten, einer den anderen nachziehend, nicht mehr wissend, wer wen zog, angeführt von der roten Gestalt, die ihnen vorausfuhr – so tanzten sie miteinander und Jean Jacques Hauer mit ihnen, denn er hatte sich längst wieder eingereiht und war ein Teil des Ganzen. Dansons la Carmagnole.

Auf beiden Seiten der Rue Honoré wurden die Läden geschlossen. Es interessierte sich niemand für die Auslagen der Tailleurs, Silberschmiede und Hutmacher. Dafür waren die meisten Fenster darüber weit geöffnet, und man sah die Bewohner der teuren Wohnungen dieses Viertels, Geschäftsleute und ihre Dienstboten, elegante Gemahlinnen von Offizieren, alte Damen, die ihre Augengläser vorhielten, und Kinder, die sich weit über die Brüstungen beugten. Der Himmel riß wieder auf, als sie an der Place du Palais Royal vorbeifuhr, aber die Sonne stand jetzt zu tief, um sie noch einmal zu treffen in dieser Schlucht einer Straße mit fünf-, sechsstöckigen Häusern.

Dafür leuchtete sie selbst. Dieses Stück Himmel, das man zwischen den hohen Fassaden sah, strahlte wider vom tiefen Blutrot der Vatermörderin und strahlte auf sie zurück. Und Hauer spürte von neuem, daß dies ein Traum war, nicht sein Traum, sondern ihrer, in dem er mitgeträumt war als einer von vielen. So hatte sie ihn geträumt in den zwei Nächten, die sie im Hotel de la Providence verbracht hatte, tief schlafend, von keiner Angst und keiner Unruhe heimgesucht, nur von diesem Traum, in dem er jetzt mit ihr war und mit ihnen die vielen, die sie begleiteten, ihr die Gesichter zuwendend, in denen offenbar war, was sonst immer verborgen ist, Haß und Hingabe und der Kampf zwischen beidem und ein Leuchten, das nicht aus ihnen selber kam, sondern ein Abglanz der Röte, ihrer Röte war, des feuerfarbenen Kleides, das sie in ihrem Traum trug. Und selbst der Himmel leuchtete in diesem Rot auf.
Das war der Traum, in dem Hauer unerkannt von ihr vorkam, er und das Volk von Paris, wie es la voilà rief, la voilà, wenn sie vorbeifuhr, sie begrüßend: Willkommen, willkommen Mörderin, willkommen heimliche Heldin, schöne Täterin, schreckliches Mannweib. Willkommen, Engel des Mordes, zu deinem eigenen Tod. La voilà. La voilà.
Sie sah nur noch von oben. Ein Stück weit war sie erhöht, schon nicht mehr auf der Erde, wo die Lebenden sind, auch noch nicht zu den Toten aufgestiegen, sie war jetzt in der Mitte, und nur Monsieur Sanson durfte bei ihr sein. Er stand mit auf dem Wagen. So sah

sie in die aufwärts gewandten Gesichter, die schließlich nur noch als weit geöffnete Blüten in einem Strom trieben, der sie selbst mit sich forttrug, wie sie es im Hotel der Vorsehung geträumt hatte, ausgestreckt auf dem Bett, im Licht der roten Damastvorhänge, in diesem düsteren Glühen, das in den Traum eingegangen war. Und als sie aufstand, ein weißes Blatt nahm und schrieb: »Wie lange noch, o unglückliche Franzosen, wollt ihr in Wirrwarr und Spaltungen fortfahren! O Unselige –«
und sich als Opfer anbot: »O mein Vaterland, ich habe nichts als mein Leben« – und mit ein paar großen Worten aus einem Drama Voltaires schloß, einem Aufruf, die Ketten der Sklaverei zu zerreißen, und noch einmal die Feder eintauchte, um darüber zu setzen:
»An die Franzosen! Amis des loix et de la paix« – da hatte sie sich im roten Kleid dieses Traums gesehen, ein Stück weit über den Köpfen und den Himmel in helles Blut getaucht. Sie hatte das Blatt gefaltet und es unter ihr Mieder gesteckt zu dem Messer, das sie dort aufbewahrte. Es mußte ein sehr starker, farbiger Traum wie dieser sein, der sie trieb.
Ein Schriftstück und ein Messer in ihrem Mieder. Wie kam das Messer dorthin?
Hauer kannte es. Es war ein Messer mit schwarzem Ebenholzgriff, nicht zu lang, nicht zu kurz, mit spitz zulaufender Klinge, die wie mit Rost bedeckt braun war von getrocknetem Blut, als man es im Gerichtssaal hochielt, daß alle es sehen konnten, auch die Täterin. Ich kenne es, ja, ich kenne es, hatte sie schnell gesagt.

O sie kannte es gut. Sie hatte es getragen, wo man das heimlich Bedeutungsvolle trägt, Medaillons oder Briefe, Liebespfänder und duftende, zarte Tücher. Da hatte sie das Messer getragen, da, zwischen ihren Brüsten. Und es war warm wie ihr Körper gewesen, als sie es da herauszog.
Woher hatte sie es?
Sie hatte es gekauft. Nichts einfacher, als ein Messer zu kaufen.
Ganz am Ende, als alles schon geregelt war, ein Zeitplan von ihr erstellt, ein Plan, nach dem sie angreifen wollte, der Aufruf an die Franzosen schon geschrieben, aux amis des loix et de la paix, fiel ihr ein, daß sie gar nicht bewaffnet war, und ohne zu überlegen, entschied sie sich nicht für Gift oder Pistole, sondern für ein solides, ganz gewöhnliches Küchenmesser.
So stand sie früh am Morgen des dreizehnten Juli auf, kam direkt aus den Träumen, in denen sie, ein Stück weit über die Menge erhoben, durch die Straßen von Paris geschwebt war, eine Statue am Tag ihres Festes, an dem die Prozession zu ihren Ehren stattfindet, und noch klangen die Rufe in ihr nach, die sie im Traum gehört hatte, la voilà, la voilà, da zog sie ihr braunes Kleid an, nahm eine saubere Schürze und ein weißseidenes Brusttuch, setzte ihren Hut auf und rüstete sich mit Schönheit. Sie verließ das Hotel der Vorsehung ohne Frühstück.
Die Stadt befand sich im Zustand morgendlichen Erwachens. Es war zu früh. Die Geschäfte waren noch geschlossen. Als sie zum Palais Royal kam, fand sie die

Galerien menschenleer. Die Boutiquen lagen noch hinter den Bretterverschlägen, die nachts die Auslagen schützen. So lief sie eine Zeitlang durch die angrenzenden Straßen, Rue des Bons Enfans, Rue de Richelieu, Rue neuve des Petits Champs, sah sie langsam erwachen und kehrte wieder in die Galerien des Palais Royal zurück, wo die ersten Boutiquen geöffnet wurden. Sie ging an den Parfümerien, den Strumpfgeschäften und Läden mit Chinoiserie vorbei und blieb am Schaufenster des Messerhändlers Badin stehen, Galerie de Valois Nummer einhundertsiebenundsiebzig. Dort verweilte sie beim Anblick im Morgenlicht blitzender Klingen, die sie entzückten wie Schmuckstücke und dieselbe Besitzgier in ihr weckten.
So betrat sie den Laden und sah die zierlichen Dolche in den Vitrinen, Federmesser aus Gold, elegante Stilette von unnachahmlicher Schlankheit, Jagdmesser mit Hirschhorngriffen, Schnitzmesser, Brotmesser, Scheren, Fleischermesser, Rasiermesser, Tafelbestecke aus Silber mit elfenbeinernen Griffen und kleine türkische Krummsäbel, von denen goldene Kordeln mit dicken Quasten herabhingen, dazu die Futterale, Scheiden aus farbigem Leder und aus Goldbrokat, Scheiden mit echten Perlen besetzt und mit falschen Rubinen oder mit echten Rubinen und falschen Perlen – sie hatte beinah vergessen, wozu sie hergekommen war, als schließlich Monsieur Badin aus dem angrenzenden Hinterzimmer trat. Sehen Sie dieses Stück, sagte er, und zeigte ihr einen schönen, schlanken Ebenholzstock mit Silbergriff, den er waagerecht in

die Hand nahm, worauf er kurz verharrte und den Griff abzog – augenblicks sprang ein Messer heraus, das Monsieur Badin sofort wieder verschwinden ließ, um es dann noch einmal hervorspringen zu lassen.
Sie können das auch als Sonnenschirm haben, sagte er. Oder als Fächer.
Ich brauche ein Küchenmesser, sagte Marie.
Monsieur Badin beendete seine Vorführung, als habe sie niemals stattgefunden. Ohne Übergang zeigte er eine Kollektion Küchenmesser, die er mit ungeheurer Fixigkeit nicht hinlegte oder -warf, sondern einfach hinzauberte. Monsieur Badin hatte etwas unbestreitbar Artistisches im Umgang mit seiner Ware. Vielleicht dies? Oder dies?
All diese blitzenden Dinger schienen in einer Art Schlaf dazuliegen, zu warten, daß man sie aufweckt, indem man sie in die Hand nimmt. Wie empfindlich sie waren. Wie sie so leicht reagierten. Minimale Impulse, die von ihr ausgingen, führten schon zu einer Drehung, die die Klinge im Licht aufleuchten ließ, und für Augenblicke sah sie etwas von sich selbst in ihnen gespiegelt.
Sie wählte das Messer, das sich am besten in ihre Hand fügte.
Ein schönes, ein scharfes Messer, sagte Monsieur Badin. Allerdings vierzig Sol.
Sie erwarb noch ein festes Lederfutteral und bezahlte mit der Eilfertigkeit, mit der man zu teure Käufe bezahlt, indem man sich vom schlechten Gewissen freikauft, bevor es sich noch meldet. Sie war ver-

schwenderisch gewesen. Sie hatte einmal der Lust nachgegeben, etwas Begehrtes zu besitzen. Und als sie aus dem Laden trat, war noch etwas vom Glanz der Messer in ihren Augen. Etwas vom Glück der Elster.

Monsieur Badin, der ihr nachblickte, sah sie vor einem benachbarten Schaufenster stehenbleiben und vor der spiegelnden Scheibe das Messer unter ihr Brusttuch schieben, als probiere sie ein Schmuckstück. Es schien zu passen. Ein bißchen steif ging sie weiter.

Niemand achtete auf sie. Wie sie mit etwas Kostbarem zwischen den Brüsten durch die Straßen lief, etwas, das sie bedrängte und frei machte zugleich. Mit jedem Luftholen spürte sie seine Gegenwart, einen Druck, der den Druck ihrer atmenden Brust zu erwidern schien, einen Schmerz, der kein Schmerz war, sondern das Gefühl einer, wenn auch gewaltsamen Zärtlichkeit, von etwas Unerhörtem, das, während sie für alle sichtbar war, unsichtbar mit ihr geschah. Und wie sich ihre Brüste darum herumlegten, wie sie über dem Messer zusammenwuchsen, um es ganz zu verbergen, fühlte sie es zu einem heimlichen Leben erwachen, anschwellen und sich regen und ganz von ihr Besitz nehmen. Ich tue es gleich, dachte sie. Jetzt, dachte sie. Es muß gleich sein.

Und auf der Place des Victoires ging sie zu einem Droschkenkutscher. Fahren Sie mich zum Abgeordneten Jean Paul Marat.

Er wußte nicht, wo er wohnte.

Dann finden Sie es heraus, sagte sie. Das Messer in ihrer Brust vollführte kaum wahrnehmbare kleine

Stöße. Sie mußte es beruhigen, indem sie einen leichten Gegendruck ausübte.
Fragen Sie, sagte sie. Sie müssen jemanden fragen. Und wie um dem Befehl, den sie erteilt hatte, genügend Nachdruck zu geben, nahmen sie und ihr Messer im Fond der Kutsche Platz. Sie saß dort sehr gerade. Ich warte, sagte sie.
Kurz darauf kam der Kutscher, bestieg den Bock, nahm die Peitsche, schnalzte leicht mit der Zunge, Rue des Cordeliers dreißig, sagte er.
Also, sagte sie. Fahren Sie mich dorthin.
Es war schon gegen neun.
Es wird wieder heiß werden, sagte der Kutscher.
Der Fahrtwind brachte kaum Kühlung, und das Messer war jetzt naß vom Schweiß, der sich zwischen ihren Brüsten sammelte und nicht ablaufen konnte. Es sandte selbst immer neue Hitzewellen aus und begann sie zu quälen.
Sind wir bald da? sagte sie.
Und als sie etwas später vor dem Hôtel de Cahors, Rue des Cordeliers 30 ausstieg, ins Hoftor trat und die Stufen zur Wohnung Marats im ersten Stock nahm, wütete es in ihr mit scharfen, schmerzhaften Stichen.
Der Bürger Marat ist krank, sagte die Frau, die ihr aufmachte. Der Bürger Marat empfängt nicht. Und schlug vor ihr die Tür zu.
Das Messer in ihrer Brust beruhigte sich nur ganz langsam. Sie mußte jetzt ins Hotel zurück und sich davon befreien. Vorsichtig ging sie den ganzen Weg bis ans andere Seine-Ufer, zur Rue des Vieux Augu-

stines, und kaum in ihrem Zimmer, griff sie sich unter das Mieder, wo ihre Brüste noch immer fest das Messer umschlossen hielten wie eine Faust, die nicht loslassen will, was sie hat.
Da wußte sie, daß es keine Ruhe mehr geben würde. Sie legte es auf den Frisiertisch neben den Kamm und die Bürste und einen Topf mit Pomade. Was nun? dachte sie. Was sollte sie jetzt tun? Und sie sah in den Spiegel und war mit ihrer Frisur unzufrieden. Ihr Haar sah strähnig und unordentlich aus. Sie ging zur Rezeption und ließ nach einem Coiffeur schicken. In der Zeit, die ihr blieb, schrieb sie ein kurzes Billett, das sie an Jean Paul Marat adressierte.
»Ich komme aus Caen«, schrieb sie. »Dort plant man ein Komplott. Sollte Sie das nicht als Patriot interessieren? Ich warte auf Ihre Antwort. Charlotte Corday. Hôtel de la Providence.«
Und sie ließ es von der Tagespost expedieren. In zwei, drei Stunden sei der Brief beim Empfänger, versicherte man ihr an der Hotelrezeption. Aber sie traute der Post nicht. Und so schrieb sie ein zweites Billett:
»Den Morgen habe ich Ihnen geschrieben, Marat. Haben Sie den Brief bekommen? Darf ich hoffen, daß Sie mich kurz empfangen, wenn sie ihn bekommen haben? Sie werden mich nicht zurückweisen. Die Sache ist zu interessant. Genügt es nicht, daß ich unglücklich bin, um ein Recht auf Ihre Hilfe zu haben? An den Bürger Marat in Paris. Faubourg Saint-Germain, Rue des Cordeliers 30.«
Und sie steckte es zu sich, nachdem sie es geschrieben

hatte. Dieses Billett würde sie selbst überbringen. Dann kam der Coiffeur.
Und noch einmal sah sie an sich selbst die Verwandlung unter der Lockenschere, die Verwandlung der Schönen in eine Schönheit, die sich aus dem Spiegel entgegenkommt. Ja, so wollte sie aussehen. Und als der Coiffeur, den Geruch von Pomade, Puder und angesengtem Haar hinterlassend, gegangen war, griff sie schnell zu dem Messer auf dem Frisiertisch, das dort die ganze Zeit gelegen hatte, und mit einer Bewegung, als vollende sie damit ihre Aufmachung, brachte sie es an den ihm bestimmten Ort. Sie prüfte lange und ohne Einwände ihr Erscheinungsbild. Sie konnte sich wirklich sehen lassen. Und das würde sie tun.
Sie verließ das Hotel, zurechtgemacht für ein großes, lange ersehntes Rendezvous, das über alles entscheidet.
Als sie zur Place des Victoires ging, folgten ihr ein paar Blicke, wie sie rasch, ihre Röcke leicht gerafft, vorüberging, etwas steif, so als trüge sie eine sehr kostbare Last an sich selbst. Noch war sie unerkannt. Noch war sie nichts als eine hübsche junge Frau auf ihrem Weg durch Paris. Aber sie würde erkannt werden. Es würde ein großes Aufblicken zu ihr geben. Das Messer in ihrer Brust regte sich wieder, es wand und dehnte sich, eine gefährliche Schlange. Sie hielt es mit ihren Brüsten fest umklammert und zwang es, ruhig zu sein. Mit harter, eiserner Brust umschloß sie dieses Messer, das in ihr lebendig war. Es durfte sie nicht verraten. Die äußerste Verstellung war jetzt von ihr verlangt.

Und noch, als sie dann später vor der Haustür Marats stand – ich muß ihn sprechen – das geht nicht – aber ich habe ihm geschrieben – er empfängt nicht – es ist wichtig –, da sah sie seltsam verirrt aus, so als suche sie in Wahrheit einen anderen, als müsse es einen geben, der sie gerade erwartete, so schön, wie sie jetzt war, herausgeputzt wie zu einer sicher endgültigen Umarmung. Laßt sie herein, rief Marat aus seinem Badekabinett, ich will sie sprechen.
Und als Simonne Évrard, die die Frau war, die ihn liebte, einen Schritt vor ihr zurücktrat, um sie, obgleich widerstrebend, einzulassen, hatte sie das Gefühl, daß diese Fremde sich nur in der Tür geirrt habe. Kommen Sie, sagte sie und führte sie durch ein kleines Eßzimmer. Die zweite Tür geradeaus. Und eine plötzliche wilde Eifersucht durchfuhr Simonne Évrard, scharf wie ein Messer. Es war ein Irrtum begangen worden. Sie wußte nur noch nicht, welcher. Und als sie kurz darauf einen furchtbaren Schrei hörte und herbeistürzte, sah sie als erstes das Messer voller Blut auf dem Boden liegen, und es war ihr, als erkenne sie es wieder.
Jetzt wußte sie, wer die Fremde war. Von da an wußten es alle. Alle, die da auf einmal den kleinen Raum füllten, herbeiströmten, als hätten sie sich schon lange bereit gehalten, fremde Männer und Frauen, die sie anstarrten, nicht wagten, sie zu berühren, bis einer einen Stuhl griff und sie damit zu Boden schlug. Da kamen sie alle näher, schlossen einen Kreis um sie, sahen auf sie herab und erkannten sie: Sie war die

Täterin. Sie war die Mörderin Marats. Von da an brauchte sie sich nie mehr zu verstellen.
Und sie verstellte sich nicht, nicht vor der Polizei und nicht vor den Vertretern des Sicherheits- und des Wohlfahrtsausschusses, die sie die Nacht lang verhörten. Ja, sagte sie, ich habe ihn getötet. Und sie erklärte ihnen ausführlich, wer sie war. Bald würde es ganz Paris wissen. Und etwas später auch Caen. Barbaroux, Guadet, auch Pétion, dem sie noch vor ein paar Tagen gesagt hatte: Sie werden mich kennenlernen, worauf sie heftig errötet war. Aber die Zeit des Errötens war jetzt für immer vorbei. Pétion würde sie kennen. Und Leclerc und die arme Madame de Bretteville, der nun auch dies nicht erspart blieb. Ja, und einen Tag später würde es nicht nur in Caen, sondern auch in Argentan offenbar sein, wer sie war, für Eleonore, die nichts verstehen würde, und für Papa, der auf einmal viel zu gut verstand: Wie konnte ich mich so täuschen! würde er sagen und zum erstenmal alles so sehen, wie es war. Nur einer sollte sich nicht wundern, wenn er erfuhr, was geschehen war. Denn er kannte sie. Sie hoffte, daß er sie kannte.
»Ich fürchte, daß ihn mein Tod traurig machen wird«, schrieb sie an Barbaroux.
»Ich weiß, wie er den Frieden ersehnt hat«, schrieb sie. »Habe ich nicht seine eigenen Wünsche erfüllt, indem ich dazu beitrug? Damit soll er sich trösten. Geben Sie meinen Brief dem Generalprokurator zu lesen«, schrieb sie an Barbaroux. Und sie schrieb nicht an Bougon-Longrais selbst. Mochte er wissen, warum.

Die Menge, die sie zum Tod begleitete, wurde dichter. Hauer sah sie noch einmal, als ihr Wagen in die Rue Nationale (früher Rue Royale) einbog, die von der Rue Honoré zur Place de la République führt. Dann fand er sich im Gedränge, von dem er selbst ein Teil war. Wie ein einziges Wesen waren die vielen von einem einzigen Willen beherrscht: nicht zu spät zu sein. Noch rechtzeitig zu kommen. Und auch Hauer dachte an nichts weiter als voranzugelangen. Der Wunsch, nah vor dem Tod einzutreffen, war in ihm so übermächtig, als gehe es darum, das eigene Leben zu retten. Und wer an diesem Abend von oben herabgeblickt hätte, dem wäre dieses Drängen aller zu einem Punkt vorgekommen wie Sand, der durch ein Stundenglas rinnt und ganz zum Schluß den bestürzend eiligen Strudel der Vergänglichkeit bildet. Vielleicht sah sie ihn. Erhöht auf ihrem Wagen, sah sie vielleicht sich selbst als Mitte dieser Bewegung, den dunklen Schlund, in dem bald alles verschwindet.
Plötzlich Stillstand. Plötzlich war Hauer angekommen. Weiter vor ihm erhob sich ein großes Tor in den Abendhimmel. Schwere Pfosten, darüber ein stählerner Türsturz, und er sah sie zu diesem Tor hinaufsteigen. Man schlug die Trommeln. Und immer noch war er Gast in dem Traum, der von ihr und nicht von ihm geträumt wurde. In diesem Traum geschah es, daß man ihr jetzt Gewalt antat. Auf dem Gerüst, auf das man sie hinaufgeführt hatte, näherte sich ihr einer und legte Hand an sie, indem er nach ihrer Brust griff und das Tuch wegzog, das sie bedeckte, als wenn er nach-

sehen wolle, ob sie dort nicht noch ein Messer verborgen hielt. Aber da war nichts. Nur ihre nackte Brust. Und Hauer schloß seine Augen, weil er den Anblick nicht ertragen konnte. Und das taten sie alle, die das sahen. Einen Moment lang schlossen sie alle die Augen. Und sie nutzte diesen Moment zur Flucht.
Sie warf sich, da die Hände in ihrem Rücken gebunden waren und ihr nichts mehr helfen konnten, auf das Brett, auf dem sie sofort festgeschnallt wurde. So entzog sie sich den Blicken.
Kurz darauf fühlte Hauer, daß er aus dem Traum entlassen war. Die Trommeln schwiegen. Er schlug seine Augen auf, und was er sah, war von einer so unglaublichen Wirklichkeit, daß er gleich wieder wegsah. Aber er hatte es gesehen. Und mit ihm hatten es alle gesehen. Ein kurzer Schrei war vernehmbar, wie wenn alle auf einmal, die dichtgedrängt auf dem Platz standen, geohrfeigt worden wären und es nicht fassen könnten. Sie starrten auf das Schafott, wo einer von den Gehilfen des Henkers den Kopf genommen und ihm zwei Ohrfeigen gegeben hatte. Rechts und links. Sie hatten es alle gesehen.
So standen sie unbewegt und wußten auf einmal nicht mehr, wie ihnen geschah. Sie fühlten, wie das Blut in ihnen hochstieg. Eine Hitze fühlten sie, von der ihre Gesichter zu brennen anfingen. Was ist mir? dachten sie. Wie wird mir plötzlich? Die meisten von ihnen waren ganz ungeübt im Erröten. Es erröteten Männer, die nie in ihrem Leben errötet waren, Polizisten und Richter, Abgeordnete, Kaufleute, die ohne Zögern so

oft wie möglich betrogen hatten, Advokaten, die vom Rechtsverdrehen lebten, Ärzte erröteten, denen nichts unbekannt war, was die Scham verletzt, alte Zotenerzähler und junge, käufliche Frauen, Klatschweiber, deren Lust kleine obszöne Geheimnisse waren – sie alle griffen sich jetzt an die Köpfe, betasteten ihre eigenen heißen Gesichter, keinen verschonte die Welle steigenden, drängenden Blutes. Und in einem Moment beinah ausbrechender Panik fühlten sie sich erblinden. Mit wiederkehrender Sehkraft fanden sie sich vorsichtig in eine neue Wirklichkeit zurück, die sie langsam erkannten. Aber es dauerte lange, bis sie einander ansehen konnten. Habt ihr gesehen, sagten sie, als sie wieder bei Bewußtsein waren, habt ihr das gesehen? Der Kopf ist noch errötet! Doch Hauer wußte es besser.

Und er behielt eine Zeitlang die Gewohnheit bei, rot zu werden. Er konnte nichts daran ändern.

Als ein paar Tage später irgend jemand zu ihm sagte: Wissen Sie, daß sie Jungfrau war?

Wer?

Die Mörderin Marats. Ihr Körper ist untersucht worden. Man hat ihn zur Charité gebracht, um den Beweis ihrer Libertinage zu erbringen. Aber man hat sie intakt gefunden, eine richtige Jungfrau.

Ich weiß, sagte Hauer da und wurde über und über rot. Entschuldigen Sie mich bitte, sagte er. Aber es war schon zu spät.

Und so ging es ihm immer, wenn er das Bild von ihr sah, das er gemalt hatte, auch die vielen Kopien, die

bald davon in Umlauf waren. Er konnte sie nicht ansehen, ohne etwas zu erröten.
Er malte kaum noch. Flüchtige kleine Skizzen, die er nach dem Entstehen sofort wieder vernichtete.
Und nach Jahren, gegen Ende seines Lebens, geschah es manchmal, daß Hauer noch errötete. Er lief dunkelbläulich an in der Art alter Männer. Eher aus Zorn und Verachtung, doch war auch immer etwas Scham dabei. Er konnte es nicht erklären.

Sibylle Knauss

Ach Elise
oder Lieben ist ein einsames Geschäft
Roman. (1981). 200 Seiten, gebunden

Das Herrenzimmer
Roman. (1983). 208 Seiten, gebunden

Erlkönigs Töchter
Roman. (1985). 221 Seiten, gebunden

Charlotte Corday
Roman. (1988). 288 Seiten, gebunden

Ungebetene Gäste
Roman. (1991). 288 Seiten, gebunden

Die Nacht mit Paul
Roman. (1994). 224 Seiten, gebunden